教育部中等职业教育改革创新示范教材
中等职业学校课程改革教材

导游讲解
（第4版）

中国旅游协会旅游教育分会　组织编写

主　编　董朝霞　李小华
副主编　李志军

Travel services
专业核心课

旅游教育出版社
·北京·

图书在版编目（CIP）数据

导游讲解 / 董朝霞，李小华主编． -- 4版． -- 北京：旅游教育出版社，2023.12（2025.8重印）
"十四五"职业教育国家规划教材
ISBN 978-7-5637-4614-9

Ⅰ．①导… Ⅱ．①董… ②李… Ⅲ．①导游－中等专业学校－教材 Ⅳ．①F590.633

中国国家版本馆CIP数据核字(2023)第222362号

"十四五"职业教育国家规划教材
中等职业学校课程改革教材

导游讲解
（第4版）

董朝霞　李小华　主编

策　　划	景晓莉
责任编辑	景晓莉
出版单位	旅游教育出版社
地　　址	北京市朝阳区定福庄南里1号
邮　　编	100024
发行电话	（010）65778403　65728372　65767462（传真）
本社网址	www.tepcb.com
E - mail	tepfx@163.com
排版单位	北京旅教文化传播有限公司
印刷单位	天津雅泽印刷有限公司
经销单位	新华书店
开　　本	787毫米×1092毫米　1/16
印　　张	16.25
字　　数	283千字
版　　次	2023年12月第4版
印　　次	2025年8月第3次印刷
定　　价	39.80元

（图书如有装订差错请与发行部联系）

编委会

主　任：段建国（原中国旅游协会旅游教育分会会长）
副主任：徐锦祉（原港澳中心总经理）
成　员：（排名不分先后）
　　　　　北京市振华旅游学校
　　　　　北京市外事学校
　　　　　北京市劲松职业高中
　　　　　北京教育学院朝阳分院
　　　　　广东省旅游职业技术学校
　　　　　贵州省旅游学校（现"贵州文化旅游职业学院"）
　　　　　桂林市旅游职业中等专业学校
　　　　　海口旅游职业学校（现"海口旅游职业学院"）
　　　　　湖北省旅游学校
　　　　　南京旅游职业学院
　　　　　秦皇岛职业技术学院
　　　　　山东旅游职业学院
　　　　　陕西省旅游学校
　　　　　上海旅游高等专科学校
　　　　　上海市商贸旅游学校
　　　　　上海市振华外经职业技术学校
　　　　　上海现代职业技术学校
　　　　　四川省旅游学校
　　　　　太原旅游职业学院
　　　　　武汉市旅游学校
　　　　　云南旅游职业学院
　　　　　旅游教育出版社

总码

目 录

二维码资源索引 ·· 1
第 4 版　出版说明 ··· 1
第 3 版　出版说明 ··· 3
第 2 版　出版说明 ··· 5
第 1 版　出版说明 ··· 7

单元 1　走进导游的讲解工作 ·· 1
项目 1　导游在哪些情况下需要进行讲解工作 ·· 2
任务 1　熟悉分类，明确定位 ·· 2
任务 2　好的讲解助你事业成功 ··· 3
项目 2　我们要做什么准备工作 ·· 5
任务 3　我与导游有哪些差距 ·· 5
任务 4　强化沟通技能 ··· 6
任务 5　学会克服怯场 ··· 8
特级导游的 N 个力荐 ·· 12

单元 2　致欢迎词和欢送词 ·· 13
项目 3　导游的首次亮相——致欢迎词 ··· 14
任务 6　了解欢迎词的构成 ·· 14
任务 7　掌握欢迎词的表达方式 ·· 16
任务 8　掌握致欢迎词的小窍门 ·· 18

项目 4　留下深刻的回忆——致欢送词 ··· 20
　　任务 9　化解游客心中的不满 ··· 20
　　任务 10　如何让游客成为回头客 ··· 22
　　特级导游的 N 个力荐 ··· 27

单元 3　沿途风光讲解 ··· 29

项目 5　拉近你我的距离——首次沿途导游讲解 ······························ 30
　　任务 11　了解首次沿途导游讲解内容 ··································· 30
　　任务 12　掌握沿途风光讲解方法 ·· 34
　　任务 13　掌握首次沿途讲解技巧 ·· 36

项目 6　一个不可忽视的环节——短距离沿途导游讲解 ····················· 38
　　任务 14　揭开神秘的面纱——沿途城市风光介绍 ···················· 38
　　任务 15　掌握沿途风光讲解原则 ·· 44

项目 7　多种能力的综合体现——长距离沿途导游讲解 ····················· 47
　　任务 16　语言宜幽默——营造轻松的旅途气氛 ······················· 47
　　任务 17　内容宜深入——及时传递游客渴望得到的信息 ·········· 48
　　任务 18　讲解有风格——展现导游语言的魅力 ······················· 51
　　任务 19　赠送旅游附加值——组织活动 ······························· 52
　　特级导游的 N 个力荐 ··· 55

单元 4　游山玩水——自然景区景点讲解 ··································· 57

项目 8　高山仰止——山岳景观讲解 ·· 58
　　任务 20　山岳景观探秘 ·· 59
　　任务 21　灵活引导游客游山 ·· 64
　　任务 22　做好山岳景观讲解 ·· 67

项目 9　智者乐水——水体景观讲解 ·· 77
　　任务 23　水体景观知多少 ··· 77
　　任务 24　水体景观讲解内容与方法 ····································· 78
　　任务 25　水体地貌讲解有技巧 ··· 84

项目 10　神奇的自然力量——特殊地貌景观讲解 ···························· 88
　　任务 26　数数特殊地貌景观有多少 ····································· 88

任务 27　特殊地貌讲解有高招 ································ 92
项目 11　跃动的生命——动植物景观讲解 ································ 96
　　任务 28　植物景观知多少 ································ 97
　　任务 29　植物景观现场讲解 ································ 99
　　任务 30　动物景观知多少 ································ 106
　　任务 31　动物景观讲解 ································ 107
　　特级导游的 N 个力荐 ································ 116

单元 5　徜徉历史长河——人文景观讲解　117

项目 12　凝固的音乐——古代建筑遗存讲解 ································ 118
　　任务 32　古代建筑 ABC ································ 118
　　任务 33　古代建筑讲解法式 ································ 124
　　任务 34　做一个建筑讲解的能工巧匠 ································ 134
项目 13　师法自然——古典园林讲解 ································ 138
　　任务 35　走进中国古典园林 ································ 138
　　任务 36　中国古典园林讲解 ································ 142
　　任务 37　学习中国古典园林的讲解原则 ································ 151
　　任务 38　掌握中国古典园林讲解技巧 ································ 154
项目 14　人类智慧的积淀——宗教景观讲解 ································ 157
　　任务 39　了解我国的宗教旅游资源及相关宗教政策 ································ 157
　　任务 40　宗教旅游资源的讲解内容和注意事项 ································ 158
　　任务 41　宗教景区讲解的原则和技巧 ································ 166
项目 15　多姿多彩——民俗风情讲解 ································ 169
　　任务 42　做个民俗知识的小行家 ································ 169
　　任务 43　讲好民俗风情故事 ································ 179
项目 16　多元时尚——都市风光讲解 ································ 183
　　任务 44　讲解都市风光的中国速度和中国技术 ································ 183
　　任务 45　都市风光讲解注意事项 ································ 192
　　特级导游的 N 个力荐 ································ 196

单元6　文旅融合——主题性讲解·················197

项目17　寓教于游——研学旅行主题讲解·············198
  - 任务46　研学旅行内容知多少·····················199
  - 任务47　研学旅行的讲解内容与方法·················199
  - 任务48　研学旅行讲解的基本要求···················203

项目18　红色记忆——红色旅游主题讲解·············207
  - 任务49　了解"红色旅游"与"红色旅游景点"···········207
  - 任务50　红色旅游景观的讲解内容和原则···············208
  - 任务51　红色旅游景点的讲解原则与技巧···············212

项目19　阅读建筑——城市微旅游主题讲解···········215
  - 任务52　走进城市微旅游·······················215
  - 任务53　城市微旅游讲解·······················218

项目20　仁者传承——"非遗"主题讲解···············223
  - 任务54　熟悉世界和中国"非遗"名录类别·············224
  - 任务55　中国"非遗"文化的讲解内容·················226
  - 任务56　中国"非遗"文化的讲解方法·················233
  - 特级导游的N个力荐···························237

参考资料·····································238
后　记·······································239

二维码资源索引

一、导游带团百宝箱
  1. 中华人民共和国旅游法 /5
  2. 旅行社条例 /5
  3. 行业标准 – 旅游投诉处理办法 /5
  4. 行业标准 – 旅行社行前说明服务规范 /14
  5. 旅行社服务对象满意度调查表 /20
  6. 团队境内旅游合同（示范文本）简化版本 /30
  7. 团队出境旅游合同（示范文本）简化版本 /30
  8. 大陆居民赴台湾地区旅游合同（示范文本）简化版本 /30
  9. 杭州市单项委托合同示范文本 /38
  10. 国内游行前通知单 /47
  11. 我国旅游资源国家标准分类 /58

二、能力训练微课堂
  1. 微笑礼 /113
  2. 注视礼 /114

三、导游词创作微课堂
  1. 动植物景观讲解 /96
  （1）飞鸟的天堂：东滩湿地公园
  （2）青山绿水间的人文天地：上海佘山国家森林公园
  2. 古代建筑遗存讲解 /118
  （3）沪上第一桥：朱家角放生桥
  （4）南翔古镇
  3. 古典园林讲解 /138
  （5）豫园镇园之宝：大假山
  （6）豫园游廊的泥塑和砖雕

4. 宗教景观讲解 /157

（7）远东第一大教堂：徐家汇天主堂

5. 都市风光讲解 /183

（8）百年风云外白渡桥

（9）武康大楼：一艘载满故事的巨轮

（10）复古摩登新天地

6. 研学旅行主题讲解 /198

（11）上海博物馆

7. 红色旅游主题讲解 /207

（12）上海鲁迅纪念馆：俯首甘为孺子牛

（13）中共一大会址纪念馆：南陈北李相约建党

（14）中共一大会址纪念馆：《共产党宣言》与陈望道

8. 城市微旅游主题讲解 /215

（15）风尚衡山路 悠悠上海情

9. "非遗"主题讲解 /223

（16）非遗海派旗袍

（17）非遗上海美食小笼包制作技艺

第4版出版说明

导游是面向世界传播中国文化、讲好中国故事的重要力量。为充分发挥旅游业服务国家"高水平对外开放"的功能和作用，响应国家从以制造业为主的开放扩展到以服务业为重点的开放政策，我们将教材的编写与开发重点放在面向高水平对外开放旅游服务人才的培养上，先后开发了《西餐制作》《西式面点制作》《西餐原料与营养》《热菜制作》《冷菜制作与艺术拼盘》《食品雕刻》《酒水服务》《饭店服务情境英语》《导游讲解》《旅游服务礼貌礼节》《旅游概论》等外向型专业课精品教材。《导游讲解》就是其中一个品种。

本版教材通过大量精美的图片和中国古代建筑与园林的剖面图、手绘图，把对中国传统文化的审美融入各类景观资源的鉴赏中，把对学生职业素养、价值观念、理想信念的培养与语言技巧、职业能力的培养融为一体，体现了教材的先进性、思想性、艺术性和适用性，充分发挥了课程思政的功能和作用。

教材精选了与导游讲解相关的中国非物质文化遗产、红色旅游文化、革命传统文化、餐饮文化、古诗词、礼仪之邦的待客之道等内容，有机融入中华优秀传统文化、革命传统、民族团结、健康中国、法治意识及生态文明教育，面向世界传播中国文化，讲好中国故事，努力构建中国特色的话语体系。教材配有导游词创作微课堂，内容涉及红色记忆、仁者传承——非物质文化主题讲解等专题。

具体修订情况如下：

第一，更新或美化了插图。

第二，更新过时的信息。如将第3版教材第39页的"交通部"改为"交通运输部"。更新了第3版教材第91页有关中国列入《国际重要湿地名录》的数量，并将配图替换为名录中新增的"北京野鸭湖国际重要湿地"。更新了109页有关我国纳入联合国"人与生物圈计划"自然保护区的信息，将其全部替换为"我国加入联合国世界生物圈保护区网络的成员名单"：新增成员6个；将所在省份细化为所在区域；将保护对象具体化；新增保护区的"特殊标识"，以便导游在讲解中能抓住讲解重点。更新了第123页有关古代建筑形式讲解的导游词示例，改为"扬州瘦西湖莲花桥"的介绍。更新了184页有关世界著名商业街的信息。更新了222页"中国的非物质文化遗产一览表"，将中国"非遗"以世界级和中国级重新分类，并更新信息至2022年12月。

第三，进一步完善教材内容。如将第3版教材第8页有关有效沟通的三原则之三，由原来的"准确的原则"改为"有效原则"，同步替换相关内容。

第四，进一步完善讲解示例。如将第3版教材第123页有关上海石库门的示例替换为扬州瘦西湖莲花桥的讲解，使内容更贴合"古代建筑"这一讲解主题。

第五，勘误。如将第3版教材第67页有关神农架最高峰神农顶的海拔由3150.4米改为3105.4米；将第69页庐山风景区的山体面积由"282平方千米"改为"302平方千米"；将100页的"颈干"改为"茎干"。

第六，本书副主编、特级导游李志军于2023年3月23日不幸离世，教材同步更新相关信息，以示对逝者的尊重。

旅游教育出版社

2023年7月

第 3 版 出版说明

为满足旅游行业对专业人才的培养需求，贯彻落实国家教育体制改革和教材建设的最新精神，我们组织业内专家编写出版了该版教材。

导游讲解是中等职业学校旅游大类核心课程，教材秉承做学一体能力养成的课改精神，把导游资格证考试中对导游讲解能力的要求、知识、技能融入教材编写中，针对中职生的特点，采用项目引领的方式组织教材内容。

教材针对导游岗位要求，按照旅游行业标准，将导游讲解中的知识要求和能力目标相结合，总结了不同类型旅游资源的讲解规范、讲解方法，同时根据语言能力培养顺序，将提升普通话及表现能力分解到各个单元，实现为游客提供完整、准确、生动讲解服务的教学目的。教材共设 6 个学习单元、20 个学习项目、56 个学习任务、6 个专业能力训练及 16 个讲解技巧，内容涉及导游工作准备、致欢迎词和欢送词、沿途风光讲解、自然景区景点讲解、人文景观讲解和主题性讲解。每个单元以项目驱动、任务引领，从导游的角度引入学习目标，用图文并茂的形式对中职导游的讲解基本功、侧重点、讲解方法及技巧进行了深入浅出的总结。教材附有二维码学习资源，内容包括导游带团百宝箱、能力训练微课堂及导游词创作微课堂，学员可通过手机端扫码学习。

本教材以培养工作能力强、职业目标明确、爱岗敬业、有文化有素质的导游为编写目标，既可作为中职院校学生的专业教材，也可用于岗位培训，对旅游爱好者也有一定的参考价值。

旅游教育出版社

2020 年 12 月

第 2 版出版说明

2013年年初，教育部启动了中等职业教育改革创新示范教材遴选活动，根据《教育部办公厅关于组织开展中等职业教育改革创新示范教材遴选活动的通知》（教职成厅函〔2011〕41号）要求，作者对本教材进行了较大幅度的修订。经过此次修订，本书入围教育部"中等职业教育改革创新示范教材"。此版为第2版。

具体修订情况为：

第一，五个单元的能力训练部分根据专家的意见进行了如下调整：

（1）"单元一说好普通话"增加了"导游语言的特点"知识点，减少了语音的基础练习，但保证了基本的发音练习。

（2）将单元二的能力训练部分修改为"塑造自己的讲解风格"，通过了解导游语言的不同风格，告诉学生如何从音色等方面塑造自己的讲解风格。

（3）为增强讲解的感染力，单元三的能力训练部分分别从停顿、轻重和语速三个方面来进行讲解训练，训练内容紧密围绕景点讲解的内容来进行的。

（4）在单元四增加"融洽与游客之间的关系"内容。

（5）在单元五增加"增强导游讲解的现场感"内容。

上述修订试图紧密围绕导游讲解的核心能力来进行，并将这些能力按照由简单到复杂的顺序排列。

第二，每个项目增设了讲解技巧，根据不同类型的讲解内容，补充了需要特别注意和可以运用的讲解方法。具体为：项目3称谓的重要性、项目4"对不起"的价值、项目5画龙点睛法、项目6重点法、项目7话题的选择、项目8名人效应法、项目9虚实法、项目10问答法、项目11运用生动的比喻、项目12渗透法、项目13类比法、项目14敏感话题的讲解原则、项目15尊重民族习俗、项目16巧用数字、项目17触景生情法、项目18悬念法。希望能够针对不同的讲解内容，强化重点方法和技巧的运用，而不是所有的讲解方法一起运用，目的性强，重点突出。

第三，每个项目增设了"讲解训练"小模块，训练内容包含"领取任务""任务提示"和"评价表"三部分，旨在让学生在学习之后能够完成相应的讲解任务。任务的设置根据学生的学习能力并结合企业实践而给出，任务提示可以给学生必要的帮助，评价量表使得学生能够进行一定程度的自我检测。任务的选取和设计结合了当地实际和国内著名景点的特性，具有典型性，资料选取容易，在工作实践中运用也较为广泛，具有代表性。

第四，其他必要的修订：

（1）为每个项目增加了评价表格，有利于学生自主检测和互评检测，提高学生的自主学习能力，也为教师提供了一个评价参照体系，解决了讲解评价的难题。

（2）对于教材内容进行了更新，如删减了一些内容不合理的讲解案例，替换了部分案例，选择更具典型性的案例作为范文。同时保证每个案例之后都有点评分析，有利于拓宽学生的思路，做到举一反三。

（3）对每个单元后的能力训练进行了必要修订，使其更加贴近导游讲解专业实际。

（4）简化了复杂的发音发声训练，使其与相关单元教学内容结合。

（5）修订附录中的《世界遗产名录》，以2015年12月1日为截止日，更新了中国的48项世界遗产名单。

（6）随书增配了《导游讲解》电子课件和电子教案，让教材的呈现形式更加新颖多样。

本版教材由上海市商贸旅游学校董朝霞、李小华主编，全国特级导游、上海师范大学特聘教师李志军为副主编。湖北省旅游学校彭淑清，上海市现代职业学校戴晓琳，广东省旅游职业技术学校张永幸，四川省旅游学校汪文娴，上海市商贸旅游学校韩琴、宋玲洁、武文君参与编写。作者来自全国各个优秀的职业院校，均有多年的教学经验和丰富的社会实践经历。

旅游教育出版社
2016年1月

第1版 出版说明

为满足旅游行业对专业人才的培养需求，贯彻落实国家教育体制改革和教材建设的最新精神，受中国旅游协会旅游教育分会委托，根据教育部2010年修订的《中等职业学校教学目录》，我社组织编写了这套中等职业学校课程改革规划教材。

在编写出版这套教材的过程中，由中国旅游协会旅游教育分会段建国会长主持，全国20多所职业院校代表参加，共同听取了教育部职业技术教育中心研究所余祖光副所长和港澳中心徐锦祉总经理等专家对教材编写提出的意见和建议，讨论并确定了教材编写思路，力求使这套中职教材既能反映行业需求，又能贴近教学实际。

本套教材具有以下特色：

（1）编写理念以人为本，教学合一贴近实际。整套教材突出以人为本的编写理念，专业基础课教材减少了理论阐述的篇幅，加大了图表分量，力求图文并茂、讲练结合，以降低学习难度，具有较强的可读性、操作性和趣味性；专业核心课教材则以就业为导向，将学习任务与未来工作过程及职业生涯相对接，除了让学习者提前了解将要工作的环境和即将共事的同事，便于及早规划职业生涯外，还引导大家正确看待服务工作，树立职业荣誉感。整套教材从标题名称的拟定、教学环节的设计和案例的引入等方面，以学生愿意学习、快乐学习为宗旨，注重做中学、做中教，教学做合一，理论实践一体化，符合学生的认知规律和阅读习惯，贴近教学实际。

（2）教学内容易学易懂，对接岗位直观实用。专业基础课教材创新编写模式，通过不同单元，把学习内容任务化、把知识要点案例化。专业核心课教材把岗位任务的实施与工作过程完全对接，全程模拟工作场景，把完成一个工作任务所需的基础知识、服务准备、技能训练、任务实施、同步练习等内容用形象直观的操作图示及说明文字串联起来，易学易懂，直观实用。

（3）教材结构科学严谨，由易到难梯度明晰。整套教材按照职业领域工作过程的逻辑确定教学单元，以项目、任务、活动、案例等为载体组织各教学环节，在每个任务中，嵌入案例导入、看一看、说一说、想一想、做一做等环节，加大学生的参与性，提高学生的学习兴趣。通过基础模块、专业模块、拓展模块的分层次教学设计，由简到繁，由易到难组织各教学环节，符合中职学生的认知特点。

（4）编写人员构成合理，行业企业深度参与。本套教材由中国旅游协会旅游教育分会组织编写，由教育部门、酒店高级管理人员、特级导游、礼仪专家、中国芭蕾舞团原副团长等行业企业专家深度参与。第一作者均为业内专家，他们既奋斗在教学一线，又有在旅游企业挂职锻炼的从业经验。编写团队中还有行业专家和技术能手，如《形体及礼仪训练》主编蒋祖慧老师，曾任中国芭蕾舞团副团长，是我国著名女作家丁玲的女儿。《客房服务》主编之一的潘先才任海南文华大酒店客房部经理，《西餐服务》副主编姜蕌任上海国际会议中心东方滨江大酒店餐饮会议总监，《中餐服务》副主编鲍小伟任四川盛嘉饭店管理公司董事长、国家级饭店星评员，《酒水服务》副主编荆悦任北京贵宾楼酒店酒吧服务经理，《会议服务》副主编伊蕾任北京国际会议中心人力资源部经理，《导游操作实务》副主编廖荣隆是四川省十佳导游，《导游讲解》副主编是上海特级导游李志军，《景区景点服务》主编之一是武汉黄鹤楼五星导游王建权，《旅游情境英语》副主编邰传英是海南美兰海航酒店综合管理部经理，《饭店服务情境英语》副主编是中国大饭店培训部助理经理袁媛、广东珠海阳光机场酒店副总经理赵倩男。

（5）呈现形式新颖多样，教材界面亲切友好。整套教材装帧精美，符合中职生的年龄特征和阅读习惯。专业核心课程教材不仅有工作场景再现图片、专业设备用品图片，更有工作设备使用说明图示、专业技能操作流程图示、专业礼仪训练图示，部分教材还随书配有教学资源，使教材呈现形式新颖多样。标题名称的拟定、案例的引入、贯穿全文的人物设计……更是贴近中职生的实际生活，使教材界面亲切友好，为学生营造了一个轻松快乐的学习环境。通过这些人性化的设计，将枯燥的专业知识学习变成了一次又一次愉快的职场旅行，在旅途中，学生们边学边做，可以达到最佳的学习效果。

我们想借此套丛书的出版，探索一种全新的教材编写、出版模式，把一本本赏心悦目、专业实用的教材奉献给大家，使其真正成为您的贴心朋友。

旅游教育出版社
2011 年 8 月

单元 1
走进导游的讲解工作

亲爱的同学,欢迎你走进导游的天地,让我们为你揭开导游工作神秘的面纱,展示导游员讲解工作的风采。

旅游景点美不美,不仅要靠景点本身的吸引力,更要靠我们导游的一张嘴。作为导游工作的重头戏,导游讲解工作将充分展现我们的才华与魅力。

与住宿服务、餐饮服务等相比,导游服务是旅游接待服务的核心与纽带,是旅游接待服务中最具有代表性的和最为重要的服务。导游服务与其他服务最大的区别在于,导游是运用知识来满足游客需求的,而导游的知识水平主要是通过导游讲解来得以体现的,这其中也不乏表演的部分。如何演绎好讲解内容是导游的重要能力之一。

项目 1 导游在哪些情况下需要进行讲解工作

经过努力,小王通过了导游资格考试,成了一名导游!在他入职后不久,旅行社接到一个英国旅游团的项目,该团将在北京、承德游玩三日,单位决定选派小王为该团全陪。小王刚刚上岗,业务不熟练,他能胜任这项工作吗?

小王要过的第一关就是讲解关。讲解是导游工作的重头戏,平时生活中,我们看到很多导游侃侃而谈,就认为这个工作轻松而有趣,殊不知,导游为此要做多么艰辛的准备。真应了那句话:"台上一分钟,台下十年功。"

小王要怎样讲解,才能让外国友人充分了解中国优秀的文化呢?

任务 1
熟悉分类,明确定位

按照业务范围,我们可将导游划分为全程陪同导游、地方陪同导游和领队。业务范围不同,导游的讲解内容也不同。

受不同委派社委派的导游,他们的职业也略有不同。

(1)地方陪同导游,简称"地陪",受地接社委派,代表地接社实施接待计划。主要负责在旅游目的地的讲解工作,包括致欢迎词、致欢送词,沿途导游和景区景点讲解。

(2)全程陪同导游,简称"全陪",受组团社的委派,作为组团社代表,在领队和地陪配合下实施接待计划,为旅游者提供全旅程陪同服务。全陪的讲解工作包括在旅游者入境后,对境内的旅游注意事项及整个行程作概要性的介绍;在旅游团末站离境前做整个旅程的总结性发言;在旅游团旅游目的地转移过程中,做沿途讲解。

由于领队的工作范围与上述两种导游的工作范围有所不同,所以在此书中我们主要介绍前两类导游的讲解工作。

小王作为全陪,其讲解工作的重点和要求自然和地陪有所不同,至于有什么不同,我们将会在后面的章节予以介绍。

任务 2
好的讲解助你事业成功

讲解工作是不同分工导游最为重要和最为核心的工作。讲解工作看似轻松，实则对导游有着非常高的要求。对导游的知识储备、礼貌礼仪及语言表达能力等都提出了较高要求。导游讲解作为最能体现导游职业特色和专业水平的工作，对导游具有重要意义。

导游讲解能将不见变为可见，能将静止变为动态，犹如变魔术，让游客不断见证奇迹。如下面一段圆明园的导游词就将一百多年前的圆明园盛景通过导游精彩的讲解呈现在游客眼前。

圆明园位于北京市西郊，海淀区东部。原为清代一座大型皇家御苑，占地约3.5平方千米，平面布局呈倒置的品字形，由圆明、长春、绮春三园组成。它的陆上建筑面积和故宫一样大，水域面积等于一个颐和园。

圆明园汇集了当时江南若干名园胜景和中国古代造园艺术精华，以园中之园的艺术手法，将诗情画意融于千变万化的景象之中。

圆明园是一座珍宝馆，里面藏有名人字画、秘府典籍、钟鼎宝器、金银珠宝等稀世文物，集中了中国古代文化的精华。

圆明园也是一座异木奇花之园，名贵花木多达数百万株。完整目睹过圆明园的西方人把它称为"万园之园"。的确，如果今天还和以前一样，这座超巨型园林就是当之无愧的"世界园林之王"了。遗憾的是，1860年英法联军和1900年八国联军两次洗劫圆明园，园中的建筑被烧毁，文物被劫掠，奇迹和神话般的圆明园变成一片废墟，只剩残垣断壁，供人凭吊。

北京·圆明园

也许你会说，很多景点都出租语音导览设备，二维码也比比皆是，扫一扫，景点的介绍完整而精彩，而且想听哪儿就选择哪儿，为什么还需要导游讲解呢？

这个问题问得好！我想，还是通过一个实例来打消你们的顾虑吧！

一个日本旅游团因为嫌弃中国导游讲解水平"低"，特地请了日本富士电视台最优秀的播音员用最纯正的发音并按照该旅游团在北京的游览顺序录制了讲解词，只要领队到时候按播放键就可以了。中方导游接到项目后并没有慌乱，而是认真做好服务工作。车子从机场开上高速公路后，领队就开始播放录音，完全不顾导游的感受，但是游客很快就被不断变化的窗外景色所吸引，纷纷问导游这是什么、那是什么，导游要抓住这个大好机会为游客进行了精彩讲解。最后，游客纷纷表示不要再听录音讲解，而要听导游讲解。

这个案例告诉我们，导游的人工讲解不是随随便便就可以被现代化的机器所取代的。导游讲解有着传情达意、富于变化等人性化的优点。当然，导游也要善于借助高科技手段辅助讲解，如使用现代的入耳式讲解器，可以保证游客在安静的场馆环境下清晰听到导游的讲解。

导游的语言表达内容分为交际性语言和导游讲解两部分。其中，导游讲解最能体现导游的职业特色和专业水平，它要求语言准确、表达流畅、层次分明、语言鲜明生动、方法灵活多样，能针对不同的游客进行有针对性的讲解。

例如，上海"中共一大会址"专门针对儿童这一群体编写了童版讲解词。在大人看来并不生僻的一些词对儿童来讲就很难理解了，会址在编写童版的讲解词方面做了很多工作，对一些名词进行了生动的诠释，如对"故居"，他们是这样诠释的：

大家现在所在的位置是上海孙中山故居纪念馆。所谓故居，就是人们从前住过的地方。

又如对"流亡"，他们是这样诠释的：

邹韬奋一生中有三次流亡。流亡，就是指因为政治原因被迫离开家乡或祖国的意思。

针对不同的讲解对象，编写不同的讲解词，这样无微不至的服务怎能不让你脱颖而出！

导游讲解工作是一项需要我们用一生来不断充实完善的工作！不断地搜集资料，不断地充实讲解内容，不断地丰富讲解方法……这是一名出色导游的工作写照。

请问，成为一名导游，你做好准备了吗？

[试一试] 请你介绍一处景点（50字之内），先写下来，然后大声地对同学讲出来。不要说出景点的名字，看看同学们能不能猜到你介绍的景点名称。

中华人民共和国旅游法

旅行社条例

行业标准旅游投诉处理办法

学习了上面的内容,你一定对导游讲解工作既兴奋又紧张吧。

原来,导游讲解需要这么高的技能,可我现在还是一个性格内向、语言表达能力不是很强的人,我能不能成为一名优秀的导游呢?为了达到这一要求,我现在能做些什么呢?

我们现在还是在读学生,要想成为一个"能言善辩"的导游,就要明确我们与优秀导游的差距在哪里。

北京·故宫午门

任务 3
我与导游有哪些差距

在开始项目学习前,我们先做个测试,看看你现有的专业知识离成为一名合格的导游还有多大差距?

[试一试] 以下五道题你能完成几题?答对一题获得一颗星。(答案在本单元内找)

(1)中国的五岳是哪几座山?它们分别位于哪个省?

(2)我国目前现存最大、最完整的古建筑群是_____。

（3）藏族的_____是世界上最长的史诗。

（4）长江三峡中最险峻的是_____。

（5）世界三大宗教是_____。

通过上面的测试，你一定对导游的知识结构有了初步了解。

导游讲解工作需要同学们在讲解不同景观时要有根有据，不能信口开河。讲解自然景观时，需要掌握地理、气象、生物等学科知识；讲解人文景观时，需要通晓历史、建筑、宗教等知识……学海无涯，从现在开始，让我们一起努力吧！

如果说，知识的缺失可以通过学习来弥补，那么，生活经验的缺失只能在实践中锻炼和提高。作为中职生，生活经验的缺失是我们的一个硬伤，这给我们的学习带来了非常大的困难。积极参加社会实践，提高我们的生活能力，向优秀的导游学习……这些就成了我们在学习之外努力的方向。

任务 4
强化沟通技能

很多同学平时讲话滔滔不绝，但是到了正式场合就说不出话来了，所以，千万不要觉得自己平时挺会说、挺能说，而忽略导游讲解的专业性。正式的表达需要训练，有效的沟通亦需要强化。

沟通，是指为了设定的目标，把信息、思想和情感在个人或群体间传递的过程。旅游业是一个与人高度接触的行业，对于旅游从业人员尤其是导游来说，良好的沟通可以拉近游客和导游之间的距离。

下面，就让我们来测测你的沟通能力！

[测一测]

（1）你跟新同学打成一片一般需要多少天？

    A. 一天

    B. 一个星期

    C. 十天甚至更久

（2）当你发言时有些人起哄或者干扰，你会_____

    A. 礼貌地要求他们不要这样做。

    B. 置之不理。

    C. 气愤地走下台。

（3）上课时家里有人来找你，恰好你坐后排，你会_____

    A. 悄悄地暗示老师，得到允许后从后门出去。

    B. 假装不知道，但心里很焦急，老走神。

    C. 偷偷从后门溜出去。

（4）放学了，你有急事要快点走，而值日的同学想让你帮忙打扫教室，你会_____
  A. 很抱歉地说："对不起，我有急事，下次一定帮你。"
  B. 看也不看地说："不行，我有急事呢！"
  C. 故意听不见，跑出教室。

（5）开学不久你就被选为班长，你会_____
  A. 感谢同学们的信任和支持，并表示一定把工作做好。
  B. 觉得没什么大不了的。只是要求自己默默地把工作做好。
  C. 觉得别人选自己是别有用心，一个劲儿地推托。

（6）有同学跟你说："我告诉你件事儿，你可不要跟别人说哦……"这时你会说：_____
  A. "哦！谢谢你对我的信任。我不是知道这件事的第二个人吧？"
  B. "你都能告诉我了，我怎能不告诉别人呢？"
  C. "那你就别说好了。"

（7）老师布置你和另一位同学一起完成一个项目，而这位同学恰恰和你不怎么友好，你会_____
  A. 大方地跟他（她）握手："今后我们可是同一条船上的人哦！"
  B. 勉强接受，但工作中决不配合。
  C. 向老师抗议。宁可不做。

（8）你和别人为一个问题争论，眼看就要闹僵了，这时你_____
  A. 立即说："好了好了，我们大家都要静一静，也许是你们错了，当然，也有可能是我的错。"
  B. 坚持下去，不赢不休。
  C. 愤然退场，不欢而散。

[计分方法] 选A计3分，选B计2分，选C计1分。

[解析] 8~12分：表明你的沟通能力较低。你对沟通能力的重视不够，而且也没有足够的自信心，你应该以轻松、热情的心态与同学进行交流，把自己看作集体中的一员。经常与人交流，取长补短，改变自己拘谨封闭的状态。记住：沟通能力是成功的保证和进步的阶梯。

  13~19分：表示你的沟通能力较强，在大多数集体活动中表现出色，只是有时缺乏自信心。你还需加强学习与锻炼。

  20~24分：表明你的沟通技能很好，在各种社交场合都表现得大方得体。你待人真诚友善，不狂妄虚伪。在原则问题上，你既能善于坚持并推销自己的主张，同时还能争取和团结各种力量。你自信心强，同学们都信任你，你可以使你领导的班级充满团结和谐的气氛。

  知道了自己沟通能力的现状，下面就让我们了解一下导游和游客之间的三个沟通原则：

（1）尊重原则。受尊重是人的高层次需要，所有的人都有自尊心，都有受尊重的需要，在沟通中首先要贯彻互相尊重的原则，为以后的交流互动奠定基础。

（2）认同原则。有效沟通的关键在于是否能被对方接受，得到对方的认同。

（3）有效原则。在沟通中，只有当我们所用的语言和表达方式能为对方理解时，沟通才有效。这一点看起来简单，做起来未必容易。在实际工作中，信息接收方对信息发送方发送的信息未必能完全理解，这就要求信息发送方要具有较高的语言表达能力并熟悉不同客人的表达方式，注意信息的可读性，用客人容易理解的语言和传递方式发出信息。

试一试 做一棵发展树，对自己未来的导游讲解学习做个规划。

北京·颐和园玉带桥

任务 5
学会克服怯场

手心出汗、心跳加快、容易忘词……这些都是怯场的表现。一个人往往在工作之初都会遇到怯场的问题。

一次，一个刚毕业的学生要带一个团去杭州，他匆匆赶回学校问我："老师，我该怎么办？社里领导对这个团非常重视，我怕带不好这个团……"

为什么会怯场呢？怯场是由于过度紧张而产生的胆怯害怕心理。一般来说，准备不足、感到陌生、期望太高和自信心不足等都容易引起人的紧张情绪。在紧张状态下，人的大脑皮层会形成优势兴奋中心，从而使保持记忆中枢的内容处于被抑制状态，具体表现是回忆不起熟悉的知识，也就是我们通常说的一紧张就忘词儿。

1. 造成怯场的原因

造成怯场心理的原因多种多样，下面几个因素带有极大的普遍性：

（1）评价忧虑。这是造成怯场心理的最主要的因素。现代心理学认为，在任何存在评价的场合，人们一般很难发挥自己原有的水平。大多数人对自己在初次导游讲解中的表现不十分满意。由于评价是单向的，也就是说，游客在"裁判"导游，所以导游的忧虑更多，心理负担更重。

（2）游客的地位。如果我们面对的游客比我们的地位高，我们讲话时便感到特别紧张。如建筑专家团游览故宫，导游自然会感到怯场，因为在建筑方面这些游客是专家，具有权威性。

（3）游客人数。一般人都愿意在"小范围"内讲话，如果游客人数很多，讲解者便会倍加谨慎。因为他们觉得一旦出错或表现不佳，"那么多人"一下子都知道了。过分的小心谨慎加大了怯场的可能性和程度。

（4）对游客的熟悉程度。大多数人在"熟人"面前讲话比较自然。面对陌生的听众，我们之所以紧张，是因为对他们几乎一无所知，而他们却会在很短时间内便对我们作出评价。

（5）游客的观点。如果你知道游客或大多数游客所持观点和你的观点一致，那你便会信心十足；反之，你便会有很多担心。

（6）准备是否充分。若导游自己觉得对讲解准备得不充分，觉得有"出丑"的可能，那他的自我保护意识很可能出卖他。

2. 如何克服怯场

要想克服怯场，除充分准备讲解内容外，我们还可通过以下心理调控方法摆脱焦虑，消除记忆被抑制的状态。

（1）语言调节法。即自我暗示法，具体做法是通过一些有激励作用的内部语言，使积极意识潜入自我意识，直接对自己的思想、情绪产生作用。在怯场征兆刚出现时，可以通过简单、具体、带有肯定性的语言调节自己，比如"我一定能带好团""我有信心"，提醒自己不必紧张，要对自己抱有信心。在暗示的同时，也可在头脑中联想过去成功的情境，以激励自己。

（2）转移注意法。在遇到难题时，可以先采取主动的注意迁移法，减少焦虑，回避这个难题。这种做法可以使优势兴奋中心得以转移。也可以休息片刻或者活动一下四肢、头部，来调节中枢神经系统，从而使抑制状态得到缓解。运动能缓解人的焦虑就是这个原理。

（3）呼吸调节法。采用这种方法可以消除杂念、排除干扰，供给自己充分的氧气，帮助自己在讲解中更好地控制自己的声音。具体做法是，脚撑地，两臂自然下垂，闭合双眼，把注意力集中在呼吸上，静听空气流入、流出时发出的微弱声音。然后，以吸气的方式连续从1数到10，每次吸气时，注意绷紧身体，在头脑中反映出数字，在呼气时说"放松"，并在头脑中再现"放松"这个词，这样连续数下去，注意尽量放慢节奏。同学们也可以在平时有意识地做放松训练，这样，在怯场时，就更容易调控心理。

（4）肌力均衡运动。肌力均衡运动，是指有意识地让身体某一部分肌肉有规律地紧张和放松。比如可以先握紧拳头，然后松开；也可以压腿，然后放松。

（5）学会幽默。幽默是讲解中的调味剂。优秀的演讲人和有吸引力的演讲内容只有加上恰到好处的幽默才能创造出成功的效果。当怯场时，不妨将之"幽默"而去，在听众轻松的笑声中解脱自己。

能力训练①

说好普通话

1. 导游语言的特点

在实际学习过程中，有些同学用朗诵腔进行导游讲解，让游客感到很做作，这是为什么呢？

导游语言不同于一般的人际交流语言，它是一种工作和行业语言，是一种口头表达艺术，有着自己独特的特点，这些特点包括生动性、口语化、现场性等。

口语化，指导游讲解语言通俗易懂、亲切自然，具有鲜明的口语风格色彩。既要便于说、听，也要便于懂。因为口语语言瞬间即逝，如果频繁使用专业术语和晦涩难懂的语言，游客很难听得懂。

导游讲解在语音、词汇、语法、修辞等各个方面都应服从口头表达的特殊要求。

（1）多使用双音节或多音节词语。如可将"在少年时"改成"在我小的时候"。

（2）多运用简短、修辞成分和连带成分少的短句。如可将"南京是一座三面环山、一面临水、依中山而扼长江地理位置优越的城市"，改成"南京是一座地理位置优越的城市，它三面环山、一面临水，依中山而扼长江"。

（3）多从游客角度出发来看待问题，拉近彼此的心理距离。如可用"从大家的角度看"等用语。

（4）多使用设问句，吸引游客听讲的注意力。

2. 说好普通话

普通话是以北京语音为标准音，以北方话为基础方言，以典范的现代白话文著作为语法规范的现代汉语共同语。作为一名中文导游，导游语音应该是正确而且规范的。

我国地域广阔，不同地区的人在发音上的特点各不相同，如湖南人经常n、l不分，需要经过专门训练才能改善地域方言带来的影响。

带有方言味的普通话经常会闹出笑话，就拿下面的例子来说。一个山东人到北京出差，到了一家饭店，想吃葱蘸酱，于是便对服务员说："服务员，请给我扒（剥）根葱。"服务员听后非常纳闷，但是她还是去了。过了半天，服务员才从后面走出来，她将手上的托盘放在了桌子上："先生，您的八根葱来了"。山东人一脸茫然，边上的客人却都笑了。

作为旅游从业人员，我们要善于从客人的方言中获取有价值的信息，辨别游客的祖籍，以便为客人提供针对性的服务。

3. 声母的练习

普通话中的一个方块汉字就是一个音节，音节中起头的辅音就是声母，如"ben 奔"中"b"就是声母。声母有：b、p、m、f、d、t、n、l、g、k、h、j、q、x、z、c、s、zh、ch、sh、r。

我们来做声母的正音练习，目的是要改掉平翘不分，n、l不分，f、h含混等习惯。

4. 声母对比词组练习

（1）b和p的对比词组练习

被俘——佩服　毕竟——僻静　背脊——配给
备件——配件　火爆——火炮　七遍——欺骗

（2）g和k的对比词组练习

骨干——苦干　河谷——何苦　歌谱——科普
工匠——空降　个体——客体　感伤——砍伤

（3）d和t的对比词组练习

盗取——套取　吊车——跳车
赌注——土著　调动——跳动

（4）j和q的对比词组练习

手脚——手巧　迹象——气象　激励——凄厉
集权——齐全　居室——趋势　简陋——浅陋

（5）n和l的对比词组练习

千年——牵连　恼怒——老路　允诺——陨落　难住——拦住
门内——门类　南部——蓝布　蜗牛——涡流　无奈——无赖

（6）f和h的对比词组练习

开方——开荒　防空——航空　理发——理化　防止——黄纸
开发——开花　公费——工会　飞机——灰鸡　发现——花线

（7）平舌和翘舌对比词组练习（z、c、s与zh、ch、sh）

三头——山头　综合——中和　冲刺——充斥　自立——智力
栽花——摘花　私人——诗人　散光——闪光　俗语——熟语
死命——使命　姿势——知识　暂时——战时　增收——征收
桑叶——商业　食宿——实数　推辞——推迟

5. 平舌和翘舌绕口令练习

（1）上桑山，砍山桑，背着山桑下桑山。
（2）锄长草，草长长，长草丛中出长草，锄尽长草做草料。
（3）四是四，十是十，十四是十四，四十是四十，谁能说准四十、十四。四十四，谁来试一试。四十个十四十,十四个四十四。十四是十四,四十是四十。谁说十四是"时事",就打谁十四,谁说四十是"事实",就打谁四十。

(4)我说四个石狮子,你说十个纸狮子。石狮子是死狮子,四个石狮子不能嘶;纸狮子也是死狮子,十个纸狮子也不能撕。狮子嘶,撕狮子,死狮子,狮子尸。要想说清这些字,必须读准四、十、死、尸、狮、撕、嘶。

特级导游的N个力荐

李志军,1998年被评为全国特级导游,上海师范大学旅游学院客座教授,原上海市旅游培训中心专家委员会委员,原国家旅游局"名导进课堂工程"讲师。其于2023年3月23日不幸离世。他擅长将中国文学知识融于自然和人文景观讲解服务中,激发游客游兴,提高游客观赏水平

增强自信
培养服务意识
勇于表达
勤于实践
增长知识

答案 1.泰山　山东;华山　陕西;嵩山　河南;衡山　湖南;恒山　山西
2.故宫　3.格萨尔王传　4.西陵峡　5.佛教、基督教、伊斯兰教

单元 2
致欢迎词和欢送词

　　致欢迎词对导游来说非常重要,它好比一场戏的序幕、一篇乐章的序曲、一部作品的序言,会给游客留下深刻的"第一印象"。致欢迎词是导游第一次与游客进行信息交流和情感交流,成功地完成这一环节,能使导游在游客面前树立良好的形象和较高的威信,帮助游客迅速消除因陌生而带来的距离感,从而激发游客的游兴,为建立良好的客我关系和顺利完成旅游计划奠定心理基础。

　　致欢送词对导游来说也非常重要,它好比一场戏的落幕、一篇乐章的尾声、一部作品的结尾。好的欢送词能为优秀的导游服务锦上添花,能使旅游者谅解导游服务的缺憾;相反,虎头蛇尾的收场,不但起不到耐人寻味的效果,甚至会使导游工作前功尽弃。

行业标准
旅行社行前说
明服务规范

某日,国内某旅行社导游小黎接到社里下达的任务,让他接待来自外地的环卫工人旅游团。旅游团到达后,一位游客在出站时丢了手机,心情沮丧。小黎向旅游团致简短的欢迎词。接下来的游程中,他向游客打招呼时游客表现得非常淡漠。小黎非常不解,为什么会出现这种状况呢?

任务 6
了解欢迎词的构成

欢迎词的内容一般包括四个方面:

1. 欢迎游客,拉近距离

问候语:对旅游团或游客表示问候。

各位来宾,大家好!

各位朋友,大家好!

欢迎语:代表所在旅行社、本人及司机欢迎游客光临本地。

请允许我代表××旅行社及我本人欢迎大家来我们××(城市的名称)观光游览。

[分析]在问候语中选择适合的称谓。如"游客,嘉宾,贵宾"等,首次见面尽量不要选用"帅哥美女"或者"亲"这些网络称谓。

2. 人员介绍,加深印象

介绍语:介绍自己的姓名及所属单位,介绍司机等。

我是来自××旅行社的导游,我叫李××,大家可以叫我"李导"或"小李",坐在我旁边的这位司机是王师傅。

[分析]介绍时讲究完整性。介绍自己、司机的时候一般先介绍自己,有利于游客产生安全感。同时注意,介绍自己的时候要介绍全名,不要简单地介绍"我姓李,大家可以叫我'李导'"。

3. 竭诚服务,表达态度

希望语:表示提供服务的诚挚愿望。

在大家旅游期间我会竭尽所能为大家提供优质服务,令大家满意。

[分析]许愿适度。要注意,并不是游客的所有要求都能得到满足,导游只能满

足游客合理而可能的要求。

4. 预祝顺利，良好祝愿

祝愿语：预祝旅游愉快、顺利。

预祝大家此行游得开心，玩得尽兴！

[分析] 祝愿要简洁、明了、有力，以便进行接下来的首次沿途导游。

北京·天坛

各位团友，大家好！

见到各位很高兴，能够成为大家的导游我感到非常荣幸。先自我介绍吧，我是你们的导游，大家可以直接喊我"小导"。接下来为大家介绍的，在我身边的这一位呢，是我们的司机陈师傅，虽然我与陈师傅之前从未合作过，不知道他开车的技术如何，但我想，既然是旅行社为大家安排的，那一定没问题，你们说是不是啊？

在未来的两天里，我会和陈师傅一起为大家服务，一定会将大家旅途中的"食住行游购娱"安排得妥妥当当，不出丝毫差错。如果大家有什么需要帮忙的尽管说，我们一定满足大家的要求。

当然，我们也希望在座的每一位团友都配合我和司机的工作，服从我们的安排。

最后，预祝大家度过一个轻松愉快的旅程！

考一考 这是新导游"小导"在带团时向游客们致的欢迎词，你能指出这篇欢迎词存在哪些不当之处吗？

（1）_____

（2）_____

（3）_____

任务 7
掌握欢迎词的表达方式

导游致欢迎词时，其表达方式没有固定的模式。下面给大家介绍五种常用表达方式。

1. 规范式

规范式欢迎词浅显直白，中规中矩，是一种既没有华丽词汇，也不风趣幽默的欢迎词。这种表达方式只适用于旅游团规格较高、身份特殊的游客，对大多数游客不太适用。

各位来宾：

大家好！欢迎各位来北京观光游览，我是来自北京××旅行社的导游，我姓陈，大家叫我"陈导"好了。这位是我们的司机李师傅，在接下来的时间里将由我和李师傅为大家提供服务。旅途中大家有什么问题和要求，我们将尽力满足。希望我和李师傅能给大家带来一次开心的旅程。最后，预祝大家在北京住得舒适、吃得满意、玩得开心！谢谢各位。

2. 聊天式

聊天式欢迎词感情真挚、亲切自然、语气平和，像拉家常一样娓娓道来，易于被游客接受，在不知不觉中，导游与游客已经像老朋友一样熟悉了。聊天式欢迎词尤其适用于以休闲消遣为主要目的的旅游团。

各位朋友，欢迎您到海南来。大家一路辛苦了！我是来自××旅行社的导游，我叫黄晓蓉。在我们海南有个习惯，喜欢在人名前加个"阿"字，因此，大家可以叫我阿蓉。接下来就请各位游客按照这种方式相互认识一下。（阿琳、阿强、阿明……一阵笑声）

在此我想问问在座的各位哪一位是领导？哦，您是领导，不过在海南期间大家应该听我的，我是暂时的领导。开个玩笑，下面为各位介绍一位真正的领导，就是我们的司机高师傅，他的技术可谓一流，保证各位朋友能安全、放心地游玩。

［分析］聊天式的欢迎词多采用口头语和俗语，自问自答的方式有利于拉近游客与导游之间的关系。

3. 调侃式

调侃式欢迎词风趣幽默，亦庄亦谐，玩笑无伤大雅，自嘲不失小节，言者妙语连珠，听者心领神会。可以使旅游生活活跃、融洽，使游客轻松愉悦、情绪高涨，能够有效地消除彼此间的陌生感及紧张感。但这种形式的欢迎词不适用于身份较高的旅游团。

来自上海的朋友们：

你们好！欢迎大家来到我们美丽的城市游览观光，我是你们此次南昌之旅的导游，我来自××旅行社，名叫肖洒。大家可能认为我是洒脱的洒，其实是傻瓜的傻（大家笑）。因为我是24小时为大家服务，您说傻不傻。最后，祝大家此行玩得尽兴！

［分析］幽默式是最难掌握的表达方式之一，要掌握好分寸，做到不伤大雅。

4. 抒情式

抒情式欢迎词语言凝练、感情饱满，既有哲理的启示，又有激情的感染，引用名言警句自如，使用修辞方法得当。这种欢迎词能够激发游兴，烘托气氛，使游客尽快产生游览的欲望与冲动。

各位来宾、各位朋友：

大家好！欢迎到我们山西游览观光。山西这片土地，很少有人用美丽富饶来描述它，但在这里，您却可以嗅到中华大地五千年的芬芳。穿越山西南北，粗犷的黄土高坡向我们展开了一幅尘封的历史画卷。太行山的伟岸，吕梁山的淳朴，恒山、五台山的豪放，带给您满眼的绿和满腹的情。在这饱含着历史沧桑、充满着浓郁乡情的地方，它独特的文化气息将让您度过一个远离喧嚣的阳光假期。

［分析］可以通过比喻等修辞手法来抒发感情，可多运用排比句式。

山西·晋祠

5. 安慰式

安慰式欢迎词语气温和、入情入理，用一片善解人意的话语，拨开游客心中的阴云。

在旅途中常常会遇到一些不尽如人意的事情，如火车晚点，为某些小事与他人发生争执，行李物品损坏或丢失，以及旅行社内部的矛盾等，都会使游客心情变坏甚至愤愤不平。

安慰式欢迎词是在游客情绪低落、游兴锐减的情况下，有针对性地使用的，目的是使游客尽快消除不快，变消极为积极，为行程顺利进行奠定良好的基础。导游在接站时就要明察秋毫，能够通过对游客面部表情、言谈话语等的敏锐观察，发现苗头，做到心中有数，有的放矢。

西安·大雁塔

一个旅游团刚到旅游目的地天就下起了大雨，这使许多游客十分扫兴，情绪低落。导游安排大家上旅游车后开始致欢迎词。

各位游客：

大家好！欢迎来到西安，我是导游小王，在今后的几天里我将竭诚为您提供导游讲解服务。

刚才上车后我发现几位朋友情绪不对，是不是天下大雨感觉出行不便？其实在古代，皇帝出游时沿途的百姓都要端着盆往路上洒水，以消旅尘。现在我们不用麻烦别人，老天就为我们泼了水，空气清新了，皇家礼遇享受了，这是多么幸运呀！

［分析］安慰式多用于不可抗力等特殊场合，导游可通过温和诱导的方法激发游客的游兴。

任务 8
掌握致欢迎词的小窍门

1. 掌握时机

欢迎词的内容应视旅游团的性质及其成员的文化水平、职业、年龄及居住地区等情况而有所不同，一般应在游客放好物品、各自归位、静等片刻后再开始致欢迎词。游客新到一地，对周围环境有新奇感，左顾右盼，精神不易集中，讲解效果不好。导游要掌握时机，等大家情绪稳定下来后再讲解。

讲解技巧①

称谓要准确

称谓，也叫称呼，指的是在人际交往中彼此间的称谓语。选择正确、适当的称呼，反映着自身的教养及对对方的尊敬程度。

一般情况下，男子不管婚否，都称为"先生"（Mister）；对于女士，已婚的称"夫人"（Mistress），未婚的称"小姐"（Miss）；婚姻状况不明的，也可称"Miss"。在外事交往中，为了表示对女性的尊重，也可称其为"女士"（Madam）。如果知道对方职业，也可称之为医生、教授、法官等。

2. 灵活风趣

欢迎词切忌死板、沉闷，如能风趣、自然，会拉近导游与游客之间的距离，使大家很快成为朋友。另外，应注意引用一些谚语、名言，使导游词充满文采，这样会收到很好的效果。如下面的一些语句，导游在创作导游词时可参考使用："有朋自远方来，不亦乐乎""百年修得同船渡""千里有缘来相会""世界像部书，如果您没外出旅行，您可能只读了书中之一页，现在您在我们这里旅行，让我们共同读好这中国的一页"。

除了上述介绍的方式以外，还可以以歌曲的形式、朗诵的形式、猜谜的方式开头。不论采用何种方式，都应该做到因人、因地、因时地致欢迎词，要做到感情真挚。另外，还要掌握致欢迎词的时间，一般在1分钟左右。

课后任务

[领取任务] 近日，一个日本文化交流旅游团一行26人到我国上海进口博览会参观游览，你作为接待该团的导游，请准备一篇热情洋溢的欢迎词？

[任务提示] 你是_____旅行社的导游

　　　　　旅游车的司机姓名_____ 性别_____ 驾龄_____

　　　　　你选用的是第_____种表达方式。

　　　　　欢迎词：_____

　　　　　_____

　　　　　_____

致欢迎词评价表

编号	表现	Yes	No
1	欢迎游客时能选取正确的称谓		
2	人员介绍时能用全名介绍，规范正确		
3	表达服务意愿时不把话说满		
4	预祝顺利真诚友善		
5	根据游客的特点选择正确的表达方式		

讲解者_____ 评价者_____ 通过☐ 不通过☐

项目 4
留下深刻的回忆
——致欢送词

旅行社服务对象满意度调查表

导游小王接待一个贵宾团的项目基本完成，游客们也非常满意小王的服务。在前往机场的路上，小王看到大家都非常疲劳，就没有打扰大家休息。到了机场，小王立即帮游客办理登机手续。一位游客拍着小王的肩膀说："太可惜了，太可惜了。"小王一头雾水，你能不能帮小王分析一下，为什么这位游客会觉得整个行程留下了遗憾？

任务 9
化解游客心中的不满

游客不同，对游程的期待也不同。行程结束后，有个别游客的心中多少会有些遗憾甚至少许的不满，如何化解这些不满，成为导游工作的重头戏。导游要充分利用致欢送词的宝贵机会，化解游客心中的不满，为整个行程留下美好的印象。

欢送词一般包含：总结行程，表示惜别，感谢合作，表达歉意、征求意见，期待重逢五个部分：

1. 总结行程

是指与游客一起回忆所游览的项目、参加的活动，将许多感官的认识上升到理性的认识。

各位游客，过去的两天，我们在上海一起度过了愉快的时光。各位游览了外滩、东方明珠电视塔、豫园、玉佛寺、南京路、新天地，在大剧院观看了精彩的演出，品尝了上海名菜、风味小吃，还拍摄了许多珍贵的照片，购买了不少旅游纪念品，可以说，大家是高兴而来、满载而归。

[分析] 行程总结可以根据实际行程来进行，如果能加上精神上的收获，将锦上添花。

2. 表示惜别

是指致欢送词时应表达对分别的惋惜之情、留恋之意。表达惜别、不舍时，面部表情应庄重，要给客人留下"人走茶更热"的印象。

我们大家在这三天里结下了深厚的友谊，马上就要分别了，心中有些不舍，但是，天下无不散的宴席。分离是必然的，这次的分离代表下次的相聚。看，远处天边的落日把天染得通红，今天，它会落下去，明天，它仍然会升起。

[分析] 表达惜别之意和行程总结的顺序可以根据实际情况自由调整。

3. 感谢合作

是指感谢在旅游中游客和领队、司机给予的支持、合作、帮助、谅解。

很庆幸，我遇到了你们。你们是那么包容，那么善解人意。你们对我像朋友一样，你们的热情和友好让我深受感动。虽然说，我是个导游，但更多的时候，我感觉到是各位朋友在照顾着我。小曾在这里真诚地对大家说声谢谢了！

[分析] 感谢合作的时候最好感谢游客的包容和配合。作为导游，一定要牢记，导游服务成效是导游、游客和旅游情境相互作用的结果，没有旅游者的支持，顺利完成行程是不可能的。

4. 表达歉意、征求意见

在旅游接待中肯定存在着不尽如人意的事情，在致欢送词时导游真诚地道歉会让游客不计前嫌。征求意见也十分必要，一方面可表达对游客的尊重，另一方面对改善旅游接待服务也是非常有必要的。

接下来这个字是原谅的原，在这几天中，王导有做得不好的地方，希望大家多多包涵，在这里说声对不起了！如果在工作中有什么不足之处，请您知无不言，言无不尽。

[分析] "对不起"，既有做错事情表示歉意的意思，也有一种自谦的意思。不要害怕说"对不起"，它只会让自己身上充满光环。

5. 期待重逢

在旅游结束时发出"期待重逢"的真诚的邀请，可以让旅行社有意想不到的收获。一次旅游的结束同时就是另一次旅游的开始，作为导游，要有整体营销的意识。

古老的中国有一个美丽的丽江，美丽的丽江有一个你信任的旅行社，有机会再到丽江来，小王和我所在的××旅行社将为您提供更多、更好的服务。最后祝大家归途一切顺利、一路平安！希望有一天我们在丽江再相见！

[分析] 期待重逢是最佳的营销方法，最能打动游客的心。

知识链接

首因效应与末轮效应

首因效应，是指个体在社会认知过程中，通过"第一印象"最先输入的信息对客体以后的认知产生影响，它也称为第一印象作用，或先入为主效应。第一印象作用最强，持续的时间也最长，它比以后得到的信息对于事物整个印象产生的作用更强。

末轮效应，是相对于首因效应而言的，强调服务结尾的完美和完善，达到功德圆满的目的。在人际交往中，人们留给交往对象的最后印象是非常重要的，有时，它甚至直接决定着整体形象是否完美，以及完美的整体形象能否继续得以维持。末轮效应理论的核心思想，是人们在塑造单位或个人的整体形象时，必须有始有终，始终如一。

佳作欣赏

各位游客：

随着最后一站黄山之行渐近尾声，我们的华东之旅也即将结束。回顾我们朝夕相处的12天，在旅途中建立起的真诚友谊，使大家情投意合、难舍难分。这里我要特别感谢各位对我们工作的配合和支持，尤其是在遇到问题时大家给予我们的信任，才使华东黄金旅游线之旅圆满完成。由于我们的工作经验还比较欠缺，有些不尽如人意之处，希望得到各位的谅解。此次能为大家提供导游服务是我们的荣幸。最后祝大家万事如意，身体健康。让华东的城市风貌和名山名水留给您最美好的记忆。谢谢！

（钱钧《华东黄金旅游线导游词》）

江南水乡

任务10
如何让游客成为回头客

欢送词除讲究文采之外，还要讲究情深、意切。导游动之以情的言语能把旅游者的情感因素充分调动起来，使他们与导游产生情感共振，产生依依惜别之情。

欢送词的表达方法丰富多彩，借助大家耳熟能详的歌曲、诗词，都是非常好的表达方式。请大家一定注意，欢送词不可过于啰唆，在车子停下来的时候正好讲完，会在游客情绪的最高点产生最佳效果。

各位朋友：

时间过得真快，我们的行程到这就基本结束了。杭州之行与大家相处得非常开心。此刻，心中虽有许多不舍，但还是到了该和大家说再见的时候了。在我们旅程开始的时候，我送给每位游客一顶帽子作为礼物，临别之际，我也没有什么送给大家的，就送大家四个字吧！第一个字是缘，缘分的缘。俗话说，"百年修得同船渡，千年修得共枕眠"，和大家共处八天，算算也有千年的缘分了！接下来这个字，是原谅的原。在这几天，我有做得不好的地方，希望大家多多包涵，在这里说声对不起了！再一个字是圆满的圆,此次行程圆满地结束,多亏了大家对我工作的支持和配合,给大家说声谢谢了!最后一个字还是源字,财源的源,祝大家的财源犹如滔滔江水连绵不绝,也祝大家工作好,身体好,今天好,明天好,现在好,将来好,不好也好,好上加好!最后,祝愿所有的朋友健康快乐,万事如意!

分析 这段欢送词运用同音字"缘、原、圆、源",巧妙地将欢送词的几个部分组合在一起,表达了对游客的情深意切,可谓独具匠心。

讲解技巧②

"对不起"的价值

很多同学对于欢送词中要表示歉意、说对不起的事情非常不理解。自己做得非常好,游客对服务也很满意,为什么还要说"对不起"呢?请同学们注意,"对不起"在新华字典中有以下几个意思:表示抱歉的客套话;表示礼节、礼貌,或表示强调之意;对人有愧;没听清或没听懂对方讲话;辜负了别人。

在导游服务工作中,"对不起"有时候代表着一种愿意为游客服务的意愿。

上海·世博会园区

游客们,大家好!

我们现在乘车前往机场。这几天的相处,让我们建立了深厚的友谊,很快就要分别了,让我感到依依不舍。大家在上海逗留了三天,时间虽然短暂,但收获是丰厚的。各位游览了世博会园区、外滩、环球金融中心、豫园、朱家角、南京路、新天地,在大剧院观看了精彩的演出,品尝了上海名菜、风味小吃,还拍摄了许多珍贵的照片,购买了不少旅游纪念品,可以说是高兴而来,满载而归。这次的旅游能取得成功,是全体团友大力协作、互相配合、共同努力的结果,我和司机师傅对各位的良好协作表示衷心的感谢。在这几天的接待服务中,一定存在不尽如人意的地方,我在此深表歉意,请各位留下宝贵的意见,以利于我们今后改进工作。

好的，车子到达浦东国际机场了，希望有一天大家能重返上海。借世博会的主题"城市让生活更加美好"，希望旅游也让生活更加美好！希望还能为大家服务。

[分析] 导游用朴实无华的语言回顾了上海的游程，真切地表达了对游客的感激之情，在结尾处借用上海世博会的主题作为临别赠言，成为点睛之笔。

一篇讲艺术的欢送词情深意切又有文采的话，会给游客留下十分深刻的印象！

还有一点要特别注意，有经验的导游在与游客话别之后，都会等"飞机上天，轮船离岸，火车出站，挥手告别"才离开现场。"仓促挥手，扭头就走"会让游客觉得你是"职业导游，不是有感情的导游"，是"人一走，茶就凉的导游"。我们千万莫当此样的导游！

能力训练 2

学会发声技巧

导游常常被人们说成吃"开口饭"的人，每个导游都希望拥有像主持人那样醇厚的音色。要想拥有有自己风格的声音，就要先学习声音特性的三要素——响度、音调、音色。在三个要素中，最有区别度的就是音色。

人声，由气流声带振动产生。在一定时段内，振动的次数多，则音调高；反之，振动的次数少，则音调低。一般而言，男性音调低，女性音调高。

塑造自己的讲解特色，要使声音有美感，就要丰富发音、使声音有层次。

1. 呼吸训练

气息是声音的动力来源。充足、稳定的气息是发音的基础。有的人声音洪亮、持久、有力，人们赞叹其中气十足；相反，有的人声音很小，有气无力，上气不接下气，像蚊子嗡嗡叫一样，使人难以听清，这种人则中气不足。气息强弱除了身体素质有别外，还有一个调节的技巧问题，即呼吸和讲话的配合、协调是否恰当的问题。

在讲话过程中，要处理好讲话和呼吸的关系，必须注意以下几点：

（1）尽可能轻松自如，吸气要迅速，呼气要缓慢、均匀，吸入的气量要适中。

（2）尽可能在讲话中的自然停顿处换气，不要等讲完一个长句才大呼大吸，显得讲话很吃力。还要根据自己的气量来决定是否用中途不便停顿的长句，不要为了渲染和增强表达效果而勉为其难。那样，会适得其反。

（3）讲话时的姿势要有利于呼吸。无论是站姿还是坐姿，都要抬头舒肩展背，胸部要稍向前倾，小腹自然内收，双脚并立平放。这样，发音的关键部位——胸、腹、喉、舌等才能处于良好的呼吸准备和行进状态之中。呼吸顺畅，方可语流顺畅。

[小窍门]

练习呼吸的方法有很多，主要有：

（1）闻花香。想象面前有一盆香花，深深地吸进香气，控制一会儿后缓缓吐出。

（2）"半打"哈欠。不张大嘴地打哈欠，这和胸腹联合呼吸时吸气的感觉相近。

（3）吹蜡烛。均匀、缓慢吹歪蜡烛的火苗，使其既不直也不灭。

（4）数数。从一数到十，往复循环，以每秒 2 个自然数的速度，一口气能数多少遍就数多少遍，要数得清晰响亮。

[试一试] 用绕口令或近似绕口令的语句练习气息的调整。

开始做练习的时候，中间可以适当换气，练到有了控制气息的能力时，逐渐减少换气次数，最后要争取一口气说完，甚至多说几个枣儿。

出东门，过大桥，大桥底下一树枣儿，拿着杆子去打枣，青的多，红的少。一个枣儿，两个枣儿，三个枣儿，四个枣儿，五个枣儿，六个枣儿，七个枣儿，八个枣儿，九个枣儿，十个枣儿……这是一个绕口令，一口气说完才算好。

2. 声带训练

在工作初期，一天讲解下来，很多导游嗓子就哑了。如何能像老导游一样轻松自然地讲解，这就需要训练自己的声带。在通常情况下，人们说话时，声带的振动频率在60~350赫兹之间。声带的振动频率决定了发音的响度、音高、音色。声带对发音起很大作用。声带的好坏，既有先天因素，也靠后天的训练和保护。恰当地训练与运用声带，改变声带条件，保护声带，都是提高语音素质的重要方面。

声带训练最基本的方法是，清晨在空气清新处"吊嗓子"：吸足一口气，放松，张开或闭合嘴，由最低音向最高音连续发出"啊"或"咿"的声响。还可以做高低音连续变化起伏的练习。

声带运用要科学得当。这主要是指：第一，声带训练要做准备活动，犹如赛跑前要做准备活动一样。方法是：将声带放松，用均匀的气流轻轻地拂动它，使之发出细小的抖动声，仿佛小孩子撒娇时喉咙里发出的那种声音。可以逐渐加大音量，使声带启动，以适应即将到来的长时间运动。第二，在人数较多或场合较大的地方讲话时，发音要轻松自然，要有节奏，有停顿，特别是起音高低要适度，控制好音量，充分利用共鸣器的共鸣作用，用"中气"助力来说话。不能扯着嗓子叫喊，否则，声带负担过重，会导致不堪重负，变得嘶哑，影响讲解效果。

为了保护自己的嗓子，要有意识地少抽烟、喝酒，甚至不抽烟、不喝酒，少吃或不吃有强烈刺激性的食物，不喝过烫或过冷的汤水。

3. 共鸣训练

有些同学在讲解时声音非常单薄，这往往是发音部位不当及共鸣不足造成的。声带所产生的音量是很小的，只占人们讲话时音量的5%左右，其他95%左右的音量需要通过共鸣腔放大得来。共鸣腔是决定音色的重要发音器官，直接引起语音共鸣的是声带上方的喉、咽、口、鼻四腔，此外，胸腔和头腔也有共鸣作用。说话用声以口腔共鸣为主，以胸腔共鸣为基础。共鸣器以咽腔为主又可分为高、中、低三区共鸣。高音共鸣，即头腔、鼻腔共鸣，音流通过该共鸣区，可以获得高亢响亮的声音。中音共鸣，就是咽腔、口腔共鸣，这里是语音的制造场，是人体中最灵活的共鸣区，音流在这里通过，可以获得丰满圆润的声音。低音共鸣，主要是胸腔共鸣，音流通过该共鸣区，可以获得浑厚低沉的声音。

要想使说话的声音好听和持久，就要正确地运用共鸣器。而运用共鸣器的关键在于处理好"畅"与"阻"的对立和统一关系。所谓"畅",就是整个发音的声道必须畅通无阻,胸部舒展自如,喉部放松滑润,脊背自然伸直,以便声音不憋不挤,使一个声柱流畅地奔涌出来。所谓"阻",并不是简单地把声音阻挡住,而是不让声音直截了当地通过声道奔涌出来,让它通过共鸣器加工、锤炼,变得洪亮、圆润、雄浑、优美、动听。作为导游,应该使用以口腔共鸣为主、胸腔共鸣为基础、以微量鼻腔共鸣为辅的声道共鸣方式。

要处理好"畅"与"阻"的关系,必须进行共鸣训练。以下介绍几种简单易行的共鸣训练方法:

(1)放松喉头,用"哼哼"音唱歌。

(2)学鸭叫。挺软腭,口腔张开成一圆筒,边发 gaga 音,边仔细体会。共鸣运用得好的 gaga 音好听,共鸣运用得不好的 gaga 音枯燥、刺耳。

(3)学牛叫。类似打电话的"嗯"(什么)和"嗯"(明白了)。

(4)牙关大开合,同时发出"啊"音。

(5)模拟汽笛长鸣声。既可平行发音,也可由大到小或由小到大地变化发音。

(6)夸张四声练习。选择韵母因素较多的词语或成语,运用共鸣技巧做夸张四声的训练。如:清—正—廉—洁—,英—勇—顽—强—。

(7)大声呼唤练习。假设某人在离自己 100 米处,大声呼唤:张—师—傅—,快—回—来—!喂—,那—里—危—险—,快—离—开—!

4. 吐字归音训练

吐字清晰,是讲解的起码要求之一,也是讲解练习的一项基本功。吐字归音是我国传统的说唱艺术理论中运用在咬字方法上的一个术语,它将一个音节的发音过程分为出字—立字—归音三个阶段。出字,是指声母和韵头(介音)的发音过程;立字,是指韵腹(主要元音)的发音过程;归音,是指音节发音的收尾(韵尾)过程。其基本要领是:出字要准确有力,有叼住弹出之感;立字要拉开立起,明亮充实,圆润饱满;归音趋向要鲜明,迅速"到家",干净利索。总之,就是要求一个音节的发音过程有头有尾,构成一个"枣核形":声母、韵头为一端,韵尾为一端,韵腹为核心字。中间发音动程大、时间长,字的两头发音动程小,关合所占时间也短。当然,对"枣核形"不可做绝对化的理解。不过,无论如何,吐字时,不仅要有头有尾,不含混,而且要连接好,浑然一体,不能有分解、断接的痕迹。

[练一练]综合练习要在理解朗诵材料的基础上进行,要言有所指、情有所动、积极交流,而不能有字无句,有句无意。

<table>
<tr><td align="center">泊秦淮</td><td align="center">江雪</td></tr>
<tr><td align="center">杜牧</td><td align="center">柳宗元</td></tr>
<tr><td>烟笼寒水夜笼沙,夜泊秦淮近酒家。
商女不知亡国恨,隔江犹唱后庭花。</td><td>千山鸟飞绝,万径人踪灭。
孤舟蓑笠翁,独钓寒江雪。</td></tr>
</table>

课后任务

[领取任务]根据以下条件,设计一篇精彩的欢送词。

近日,有一个新加坡旅游团一行26人到我国上海进口博览会参观游览,完成了在上海、苏州和杭州三地五日游,即将乘坐国际航班到日本。现在,车子即将开到浦东国际机场。作为一名接待该团的导游,请为游客们送上欢送词。

[任务提示]你是 _____ 旅行社的导游

行程为 _____ 日游

景点包括:_____

欢送词:_____

致欢送词评价表

编号	表现	Yes	No
1	总结行程全面、语言简洁		
2	表达惜别之情时表情与语调协调		
3	感谢合作时真诚友善		
4	即便游客十分满意,也要表示歉意		
5	能发出期待重逢的邀请		

讲解者 _____ 评价者 _____ 通过□ 不通过□

特级导游的N个力荐

首因效应和末轮效应莫轻视

热情真诚,发自内心

风格多样,因人而异

博采众长,为我所用

沿途风光讲解

  景点讲解固然重要,但是,考验导游功力和综合能力的是沿途风光讲解。让车上的碎片化时间变得有趣,把车窗外变化的景色介绍给游客,这需要导游长期的积累。

  有些导游让游客在车上睡觉休息,什么都不讲,被游客戏谑为"押车的"。而有些游客在车上打牌、聊天,基本不听导游讲解,让导游有一种深深的挫败感?

  如何提高沿途讲解能力,是本单元着重解决的问题。

团队境内旅游合同（示范文本）简化版本

团队出境旅游合同（示范文本）简化版本

大陆居民赴台湾地区旅游合同（示范文本）简化版本

导游小王接待了一个由复旦大学教授组成的旅游团，从北京国际机场前往北京饭店将近一个半小时的车程。小王听说是大学教授团，非常紧张，他请教自己的师傅，师傅给了他几条建议，他信心满满地去带团并且获得了旅游团团员的赞赏。你猜猜看，师傅给了他什么建议，如果你是他的师傅，你会给他什么建议？

任务 11
了解首次沿途导游讲解内容

正所谓"好的开始，是成功的一半"。首次沿途导游讲解工作是导游展示才能的好机会。精彩的首次沿途导游讲解会使游客对导游产生信任感，使游客从"旅客"的角色转为"游客"的角色。我们看到很多优秀的导游，正是抓住了这样的机会，在游客中建立了良好的专业形象。

首次沿途导游，是指旅游团队从抵站至首次停留的活动目的地沿途的导游服务。首次停留的活动目的地包含酒店、餐馆或景区等。

师傅给小王的锦囊妙计之一就是，首次沿途导游，讲解要规范、条理要清晰。

1. 旅游日程介绍

把游客在当地的活动日程安排言简意赅地告知旅游者，做好旅游者和导游的信息沟通。

各位游客，我们在北京的三天游程是这样安排的：今天是整个游程的第一天，我们现在从机场直接到酒店入住，路程大约一个半小时。明天早上在酒店用好早餐之后，上午八点钟，我们出发前往世界上最大的城市中心广场——天安门广场，游览世界上现存规模最大的宫殿型建筑——故宫博物院。下午，皇家园林博物馆——颐和园在等着我们呢！晚上，咱们再去前门大栅栏，尝一尝地道的北京特色小吃。第三天上午，我们将要游览的是雄伟的八达岭长城，在北京最著名的京菜馆用过午饭之后，下午两点左右送大家到机场，结束我们这次北京三日游的旅程。

［分析］日程安排中，时间表达要准确，如今天、明天、第三天这样的时间表达要明晰，上午、下午等表述要明确。在介绍旅游日程时，对涉及的景点可以适当增加一些凸显景点地位的描述，以突出特色、引起兴趣。介绍时适合用轻快的语调，但语速

可以快一些。

北京·故宫博物院

2. 注意事项介绍

以接待外国游客为例，导游在首次讲解中要介绍时差、当地的通信方法及付费方式，互联网使用及收费情况；告知如何兑换货币及当日汇率；说明交通规则，如世界上有些国家是右侧驾驶，有些国家是左侧驾驶，过马路时就需要提醒游客注意交通安全；还可以教给游客当地的简单问候语和称谓；介绍本地旅游活动的禁忌等。

各位新加坡的朋友，欢迎大家来到首都北京。北京与新加坡都处于东八区，所以北京与新加坡之间没有时差，大家不需要调整时间。如果大家想给家里人报个平安，可以在您原来的电话号码前加拨 00 + 65（新加坡代码）+ 区号 + 电话号码，就可以与家里人联系了。

试一试　接待一批来自美国纽约的游客，请问你如何指导游客调整手表日期和时间？注意北京位于东八区，美国纽约位于西五区。

朋友们：

我们现在行进在首都机场高速路上，从北京首都机场前往市区下榻饭店，相距 25 千米，行车约 45 分钟。

各位远道而来，在北京人生地疏。为了让我们的北京之行圆满成功，在这里向您提出如下几点"旅京须知"，希望得到您的大力支持、帮助和合作，让我们的组织工作好上加好！

（1）请各位核对一下现在的时间，并调整手表时针。我们的旅游活动均以北京时间为准，等您回到您的祖国时，不要忘记把指针拨回去，不然您可一直还在北京时间哦！

（2）中国的车辆靠右行驶，这一点和美国完全一样。但是我还是要提醒您：过人行横道线时，请注意红绿灯。红灯停绿灯行，先看左后看右，千万注意交通安全。

（3）作为祖国的首都，北京的社会治安情况很好，但我还是建议各位，为了防止发生意外，请把这些天用不到的贵重物品存放于酒店的保险柜内，或由领队统一交酒店总服务台放在保险箱中，以保旅行顺利，万无一失。

（4）请各位将旅游活动日程表保管好，以便进行核对。旅行社对我们团的行程均已作了妥善安排，大家如对吃住行游购娱等方面有什么要求，请尽早提出，我们会根据合理而可能的原则，尽量让大家满意。

（5）由于北京的各游览点规模宏大，又较分散，加之人多车多，游人似潮，为了提高我们的游览效率，敬请全团游客一定遵守时间，不要迟到。不论到何处游览，请紧跟队旗前进，以免走失。请各位记下我们地陪、全陪的手机号码，并随身携带所住酒店的住店名片，以备应急之用。

（6）请保重身体，做到平安旅游。北京气候较为干燥，应多饮水，多吃些水果。北京为美食之都，为防水土不服，请多注意饮食卫生。此外，在北京旅行走路较多，应穿宽松的旅游鞋。要多带一件外套，以防车内空调太凉或天气出现变化。

分析 我们可将此注意说明作为一个模板，根据具体情况，将日程、酒店等内容加入其中。

北京·大兴新机场

3. 本地概况介绍

[试一试] 从下面关于上海概况的介绍中找到城市概况介绍的基本要素。

例1

各位游客大家好：

欢迎来到东海之滨——上海。这里是战国时代春申君黄歇的封地，她宋代建镇，元代设县，明代中叶之后成为茶楼酒肆林立的"东南名邑"，是19世纪的租界洋场，

"冒险家的乐园"。俱往矣,而今,她已经是改革开放的龙头,中国金融的中心,顶级的港口,国际化的城市。在这片拥有 2400 万人口、6340.5 平方千米的土地上,时代的变迁、智慧的碰撞、文化的交融无处不在。

如今的上海海纳百川,兼容并蓄,怀旧与摩登并存。石库门的老房子、南京路上的叮当车,仿佛把我们带回了 20 世纪二三十年代的老上海。每当夜幕降临,不夜城又是另外一番景象。华灯初上的南京路步行街,衡山路、新天地的酒吧,又把我们拉回到现代。当我们漫步在黄浦江边,一边是有着"万国建筑博览"之称的外滩,另一边是享有"东方曼哈顿"之称的陆家嘴金融贸易区。

上海,既是一位时代骄子,又是一位绝代佳人,她正以其独特的魅力深深地吸引着海内外的游客。作为"世界的会客厅",上海正用她海纳百川的气度,笑迎四方宾客。

(改编自《城市风景线——迎世博上海市青年导游员大赛讲解词集锦》)

上海

本地概况介绍往往包含当地的地理位置、气候、人口、面积、历史沿革、风俗习惯、特产文物等方面。

地理位置:_____ 气候:_____

人口:_____ 面积:_____

历史沿革:_____

城市特点:_____

对美国游客介绍上海的地理位置时,与接待国内游客会有什么不同?对于美国游客而言,他们可能没有东海的概念,如果选择太平洋西岸这样的表述则更容易让客人理解。又比如,在介绍中国宋、元、明时期的景点时,如能增加公元纪年,则会让外国游客更容易理解。

例2

下面是一个结构比较完整的本地概况介绍：

朋友们，上海是中国的四个直辖市之一，简称"沪"，别称"申"，地处我国东部大陆海岸线的中心、万里长江的入海口。上海的母亲河黄浦江是长江入海前的最后一条支流。上海的土地面积为6340.5平方千米，由17个区县组成。上海是长江三角洲冲积平原的一部分，地势坦荡低平，平均海拔只有4米左右。目前全市的常住人口已超过2400万。上海属于亚热带海洋性季风气候，四季分明，非常适宜发展旅游。

早在六千多年前，上海就已经成为陆地，宋代建镇，元代建县，1843年开埠，成为中国五大通商口岸之一。1949年5月27日，上海解放。改革开放以后，上海发生了翻天覆地的变化，取得了举世瞩目的成就。

两千年看西安，一千年看北京，一百年看上海，上海的发展历史，就是中国近现代史的缩影。上海人民正在为把上海建成国际经济、金融、贸易和航运中心而努力。

上海是太平洋西岸一颗璀璨的明珠，是一座生机勃勃、充满魅力的国际化大都市。虽然上海没有名山大川，也缺少名胜古迹，但都市景观气象万千，现代风貌引人入胜。上海不仅是历史文化名城，也是国家园林城市和中国优秀旅游城市。有"万国建筑博览"之称的外滩，繁华热闹的南京路，气势雄伟的浦江大桥，造型独特的摩天大楼，充满民俗风情的城隍庙，为中外旅游者所向往。

[想一想] 比较两个上海城市概况介绍的异同点，你更喜欢哪一个，原因是什么？

任务12
掌握沿途风光讲解方法

城市的游览内容丰富多彩，如何在短时间内把城市的概貌和特色讲清楚，这是对导游讲解能力的一个考验。师傅给小王的锦囊妙计之二就是运用重点法进行导游讲解。

有些国家对导游有一个要求，就是导游要在工作的城市居住10年以上。在他们看来，在一个城市居住10年以上的人是真正热爱这个城市的人、了解这个城市的人。只有爱这个城市的人，才能把对这座城市的喜爱之情传递给游客。

[练一练] 连连看，下面有六个城市的名称和城市的特点，但顺序是乱的，请将城市与表述其特征的正确称谓连在一起。

北京	十里洋场
上海	春城
昆明	锦官城
成都	首都
苏州	园林之城
广州	花城、羊城

讲解技巧③

画龙点睛法

画龙点睛法，就是运用凝练的词句概括所游览景点的独特之处，以突出景观的精髓，给游客留下深刻印象。它既可用于引导语，也可用于总结语。如旅游团参观南京前或参观南京后，可用"古、大、重、绿"四个字来描绘南京的风光特色。

各位游客，讲到这儿，我们可以把南京这座城市的特色作一概括，那就是"古、大、重、绿"四个字。"古"，是指南京是中国的七大古都之一；"大"，南京是中国的十大城市之一，有中国第一大河——长江流经，还有中国现存最大、最完整的城墙；"重"，南京的历史地位和地理位置都十分重要；"绿"，南京植被好，是中国数一数二的绿色城市。

（钱钧《华东黄金旅游线导游词》）

分析 这段导游词将南京的特点总结为"古、大、重、绿"四个字。讲解时，这四个字要讲得重一些，语速慢一些，给游客一个思考的空间。

除了画龙点睛外，还可以选择情景法进行讲解。下面就以桂林山水讲解为例。

广西·桂林山水

桂林山水以"山清、水秀、洞奇、石美"著称，素有"山水甲天下"的美誉。独特山水源自岩溶地貌的发育，形成了神姿仙态的峰林，幽深瑰丽的溶洞和神秘莫测的地下河。这些特殊的地貌与景象万千的漓江及其周围美丽迷人的田园风光融为一体，形成了独具一格、驰名中外的"桂林山水"。这里的山，平地拔起，千姿百态；漓江的水，蜿蜒曲折，明洁如镜；山多有洞，洞幽景奇，瑰丽壮观；洞中怪石，鬼斧神工，琳琅满目。桂林山水是一本厚厚的书，气势恢宏，博大精深；是一首长长的歌，流光溢彩，韵味绵长；是一幅大大的画，美丽无比，秀甲天下。在大家来到桂林的几天中，请您静静地听，多多地看，慢慢地游，细细地品，相信新的桂林、新的旅游，定会带给您新的享受。

（李灵资《导游促销艺术一本通》）

[分析] 这是一篇运用情景法讲解比较成功的导游词。先用"山清、水秀、洞奇、石美"八个字概括了桂林山水的特点,再用一系列的形容词和排比句,对桂林山水之美进行描绘,在情景交融中加深了游客对桂林山水的印象。

任务 13
掌握首次沿途讲解技巧

师傅给小王的第三条锦囊妙计就是当路途较远的时候,可以适当增加沿途风光讲解,但要注意点到为止。小王接的团从机场到酒店途中基本上有一个半小时的车程,除了上述的首次沿途讲解之外,还有很长时间待在车上。由于游客刚到一个城市,会有很多新奇的景物吸引他们,所以,导游可以适时地增加沿途风光讲解。

导游还要注意游客来自的地区、从事的职业,根据游客的特点选择讲解内容。

还有一个技巧,就是导游要注意讲解的时间是在白天还是晚上,很多讲解内容都是按照白天的情境写的,夜晚到达的游客很多景观看不到,而每个城市的夜景各具特色,导游需要根据实际情况调整讲解内容。

掌握了这些锦囊妙计,你也可以为游客提供精彩的沿途讲解。

说到速度快,目前地面速度最快的交通工具,无疑要数磁悬浮列车。世界上第一条投入商业运营的磁悬浮列车在上海浦东。眼尖的游客已经看到,那边飞驰而来的,正是磁悬浮列车,它的最高设计时速可达到 430 千米。

上中学时,物理老师教给我们同性相斥、异性相吸的原理,磁悬浮列车就是利用磁铁的吸引力和排斥力,使磁铁抗拒地心引力,将列车托起,悬浮在轨道上方约 10 毫米处。因为与轨道之间没有接触,没有摩擦,大大减少了运行阻力,所以能够达到高速运行的目的。因为采用电力驱动,所以不会排放有害气体,很环保。因为车体两侧下部将轨道梁环抱着,所以不可能出轨、颠覆,很安全。车厢设计按照航空器的要求来做,全封闭,乘客不必系安全带,可以随意走动,很平稳舒适。

磁悬浮列车全是优点吗?也不尽然!全长约 30 千米的列车,造价达到 90 亿人民币,可以说前期投入非常大。

上海通过与德国合作,获取了路基工程技术,并在建设中自创、拥有了部分专利,为将来在一些黄金线上采用磁悬浮技术积累了经验、准备了条件。

上海方言中称走路为"跑路"。因为不跑不行,不跑要落后,落后就可能被淘汰;跑起来了,才可能领先一步。上海跑出了刘翔,上海跑出了磁悬浮,12 秒 88 和 430 千米/小时都是世界纪录,都代表了上海速度。

上海·磁悬浮列车

[分析] 从浦东国际机场回到酒店的路上有很多景物可以讲解。导游根据景物的重要性,选择了当今世界上第一条投入商业运营的磁悬浮列车作为讲解内容。需要注意的是,在车上介绍市区内景物时,要做到车内讲解和车外景物保持一致,介绍要简短,不要做专题性讲解,因为游客兴趣的转移速度往往比较快。

有关沿途风光讲解的内容我们将在以后为大家详细介绍。

课后任务

[领取任务] 有一个外国交换生住在你家,请编写首次沿途导游讲解词中的城市概况介绍(从机场到你的家)。请先填写下面的问题,这有利于你更加明确讲解的重点。运用我们所学的画龙点睛法,根据在途时间适当增减讲解内容。

[任务提示](1)在途时间:_____
(2)你所在城市的特点:_____
(3)沿途有特色的景物:_____
(4)考虑到是交换生,你认为他会对_____
感兴趣。

首次沿途讲解评价表

编号	表现	Yes	No
1	日程介绍表述清晰		
2	日程介绍能包含景点和酒店		
3	注意事项能针对游客的具体情况,内容准确		
4	城市概况表述完整,特色突出		
5	沿途景物选取合理,具有代表性		
6	能做到车上讲解与窗外景物一致		

讲解者 _____ 评价者 _____ 通过□ 不通过□

项目 6
一个不可忽视的环节
——短距离沿途导游讲解

杭州市单项委托合同（示范文本）

经过首次沿途导游讲解，相信作为导游的你已经给游客留下了一定的印象。如何把好的印象延续下去，或者把不良的局面扭转过来，就需要你使出看家本领。

大家知道，作为旅游重头戏的参观游览服务，是旅游产品消费的主要内容，也是旅游活动的核心部分，更是导游服务工作的中心环节。大家都会使出浑身解数，努力地向游客介绍游览对象的特色、历史背景等内容。但是，导游往往会忽略沿途导游讲解基本功训练，忽视沿途导游讲解的作用。换位思考一下，假如你就是团队中的一位游客，寂寞的短距离旅途使人烦闷无比，但恰恰由于导游的精彩讲解而使旅途变得愉快有趣，在欣赏沿途风光美景的同时，也对与之关联的城市有了初步认识，人们就会对导游的带团能力和讲解水平给出好评。

任务 14
揭开神秘的面纱——沿途城市风光介绍

介绍一座城市，主要介绍当地的概况、气候条件、人口、行政区域划分、社会生活、文化传统、土特产品、历史沿革等，并适时介绍当地的市貌及沿途经过的重要建筑物、街道等。

1. 重申当日活动安排

在集合地点，游客全部登上旅游车后，汽车慢慢驶离，这时候，导游拿起麦克风开始一天的讲解。导游将重申当日的活动行程，到达目的地需要的时间，上午、下午各自的游览行程安排，午餐地点等相关信息。温馨提示后，导游会介绍目前所处的城市。

2. 选择重要景物介绍给游客

在旅途中，景物随着车辆的行驶而变化，在众多的景物中，把哪些作为讲解重点，需要导游做出选择。选择的依据之一就是车外景物的重要性。游客到达一地，无论停留的时间多长，都无法全面地认知一个城市，行程安排中也无法覆盖所有重要的旅游景点，所以在沿途导游中，导游可以利用这个时间为游客选择一些重要的景点进行介绍，作为行程景点的重要补充。

如在北京通州—四惠桥—长安街—石景山"神州第一街"壮美风光画的线路中，

车辆经过建国门桥附近时，有北京旅游大厦、中国社会科学院、古观象台、长安大戏院、国际饭店、海关总署、北京站、交通运输部、全国妇联等景点。在这些景点中，可根据景物的旅游价值选取古观象台为游客讲解。

  各位游客，我们现在路过的是北京著名的古观象台，又称为古代天文台。它坐落在建国门立交桥西南侧，是座城台式建筑物。早在元代，就在这里建立了"司天台"。现存观象台为明代正统七年兴建，比英国格林尼治天文台早233年。原有明代天文仪器已移至南京博物馆及紫金山天文台。台上所设置的赤道经纬仪、象限仪、天体仪等，均为清代建造。这些仪器造型美观，铸造精良，计量准确，至今仍可运转自如。从1442年到1929年，保持了近500年的天文观测记录，世所罕见，反映了中国古代先进的天文科学水平。

北京·古观象台一角

  [分析] 在建国门附近众多景点中，导游抓住了北京历史文化古都的特点，选取了古观象台作为讲解内容，印证了北京作为中国文化古都的特点，也体现了导游的文化底蕴。

  各位游客，相信大家在三亚会看到了与您所在城市非常不一样的景观，即把椰子树作为城市的行道树。

  椰子作为海南的特产之一，原产于印度尼西亚。

  海南栽种椰子自汉代开始，至今已有2000多年的历史。《南越笔记》中记载说，琼州盛产椰子，过去汉成帝立赵飞燕为皇后时，她的妹妹赵合德献上的贺礼中就有椰子席，这在当时是贵重的贺礼。

  椰子树有"生命木""宝树"之称。这种热带油料作物用途广泛，树干高达20米左右，栽种6~7年开始结果，盛产期20年以上，寿命长达80年之久。每年秋季是椰子收获旺季。

椰果分为青椰、红椰。核果大，圆球形或椰球形。椰子全身无废物：其肉香醇，营养丰富，主要加工成椰丝、椰片、椰油，做糕点、糖果原料；椰子水含有维生素，是天然无菌、清凉止渴的佳品饮料；椰壳还可以制作成工艺品，椰雕就是用坚硬的椰壳雕刻而成，有镶锡、镶银、檀香木镶嵌、贝雕镶嵌等20多个品种；椰木可作为建筑材料；椰油是营养丰富的食用油，在22℃以下呈白色固体，消化系数高达99.3%，除食用外，在工业上可作机械润滑油，制造蜡烛、肥皂、高级化妆品和洗发剂等，还可以制作成增塑剂及飞机、汽车上用的安全玻璃。海南有一怪——老太太爬树比猴快，指的就是爬树摘椰子呢。

海南·三亚椰子树

［分析］ 导游选取在三亚最常见的行道树——椰子树作为讲解内容，既介绍了三亚著名的自然旅游资源，同时也增加了游客对于三亚热带气候的认知。从椰子的外形及功用多方面的介绍，使游客了解到椰子浑身是宝、用途广泛的特点。

［试一试］介绍你所在城市最常见的行道树。

3. 选择游客感兴趣的内容介绍给游客

在旅途中，游客会被车外的景物所吸引，沿途人们的出行方式、餐饮、住房、热闹的街区都是游客感兴趣的旅游吸引物，导游应有选择地介绍给游客。导游如果只按照自己的脚本讲解的话，就会扫游客的兴，这也是沿途风光讲解的难点所在。此时，导游要注意观察游客，与游客互动，注意随时调整自己的讲解内容。

如车辆经过广州著名的餐饮街时，游客对中国四大名菜之一的粤菜产生了浓厚的兴趣，这时，导游要及时给予介绍。

大家有没有想过，为什么长期以来有"食在广州"的说法？

广州是重要的贸易通商口岸，南来北往的人们带来了家乡的风味食品及制作技术。

众多华侨又将西方的烹饪技术和知识不断地介绍给国内同胞，粤菜大师们又根据自己的体会，不断创新、发展出独具特色的广州菜。南宋末期，朝廷被元兵追赶到广州一带，在伶仃洋的海战中，南宋战败，御厨大师流落民间，他们在以广州为中心的珠江三角洲一带开餐馆谋生，把宫廷烹饪技术与粤菜技艺结合起来，使粤菜技术产生了一个新的飞跃。珠三角一带的地理环境优越，雨水充沛，气候温和，四季常青，物产丰富，可供食用的动植物品种繁多，这也为粤菜烹饪技术的飞速发展提供了丰富的物质条件。

作为驰名中外的一种菜系，粤菜实际上包括广州菜、潮州菜和东江菜，其中以广州菜为代表。

粤菜最为突出的两个特点，一是选料广泛，二是口味清淡。在选料上，广州的食谱花式繁多，虫鱼花草，飞禽走兽，猫狗蛇鼠均进菜谱。这些原料，一经厨师妙手烹制，便成佳肴。在口味上，粤菜非常讲究保持物料的原汁原味，特别注意食物的"寒性和热性"，这非常符合当今营养学的观点。我国古人认为，"厚味""烈味"损害健康，而"原味""淡味"有益健康。目前，时兴低盐、低糖、低脂肪，而粤菜"口味清淡""原汁原味"的特点非常符合这一潮流，而为世界上大多数人所认可，其誉满世界也就理所当然了。

广州菜中，龙虎凤、白云猪手、烧全乳猪、八宝豆腐煲、炒河粉、臭草绿豆沙等，几乎每道菜都有一段故事，都有深厚的文化底蕴……

广东·广州美食

[分析] 导游对粤菜产生的地理与历史原因进行了深刻分析，对粤菜的特色介绍也是通俗易懂。在特色菜的介绍中适时地留了一个悬念，便于游客在用风味餐的时候再给予详细介绍。

作为导游，可以根据沿途所见的景物、游客的文化状况和感兴趣程度，提供不同的讲解服务。讲解过程中，要注意言简意赅，把问题说清楚，要注意知识性和趣味性并重。要多留意车厢内游客的反应，并调整自己的讲解内容和讲解时长。

沿途导游，既要讲求逻辑顺序，又要注意，不能见人说人、见物说物。

讲解技巧④

重点法

导游讲解做不到面面俱到，但要做到主次分明。

重点法，就是突出某一方面讲解内容的方法。

为了给游客留下深刻印象，导游讲解应有的放矢，做到详略得当、突出重点。第一，重点介绍具有代表性的景观。导游要事先选定有代表性的景观，这些景观必须具有自己的特征，并在整个景区中具有典型性；第二，重点介绍景观的与众不同之处。景观重要的吸引力之一就是独特性，在讲解时应注意发掘景点的独特性；第三，选择游客感兴趣的内容进行重点介绍。要了解游客的职业、年龄和文化层次，以便选择游客感兴趣的内容，增强讲解的针对性。

在导游讲解中，如果导游把自己讲解的内容不局限在就事论事、见景说景上，而能够确定一个讲解主题，围绕这个主题展开讲解，最终升华讲解的主题，那么整段讲解将更生动、意义更深刻。

各位游客：现在在我们面前展现的是一幅蔚为大观的秀美画卷！您看，这奔流不息、一往直前的，是上海的母亲河——黄浦江，它全长113.5千米；那巍然耸立、错落有致的五十余幢建筑所在，就是外滩——永不停歇自己脚步的外滩！

外滩不是建筑的名字，而是地名。外滩之所以出名，是因为它的建筑。这些被称为"万国建筑博览群"的建筑，绘成了人们认识上海的一个轮廓线，成为上海的窗口和象征。

不过，最早的外滩，可不是我们现在见到的这样。那时的外滩，只是黄浦江边一片芦苇丛生的荒滩。后来人们填平了这里的滩涂，用炉渣、煤屑、石子铺出了一条宽18米的路，然后在路旁大兴土木。这才有了之后的外滩。

那时的外滩，楼房都不高，式样也简单，不像现在的楼房高低起伏、错落有致。"远东第一楼"沙逊大厦，以及被誉为"从苏伊士运河到白令海峡最讲究的一座建筑"的汇丰银行，是外滩建筑群中的代表。在和平饭店北楼旁边的，是中国银行大楼。它是这组"凝固的音乐"中唯一一座具有中国民族风格的大楼，它的落成，标志着上海以她特有的"海纳百川"的宽广胸怀，将西方古典风情与东方现代文明完美地融合在一起。

"远东最大的经济中心"，成就了外滩的辉煌；流光溢彩的夜上海，更是她的骄傲。今天的外滩，路更宽了，人更多了，景也更美了。此刻，当我们面对这幅秀美画卷时，我相信您和我一样，看到的不只是一幅百年沧桑图，更是一首动静结合、雄壮华丽的音乐史诗！

百年外滩，和我们现在所处的浦东陆家嘴金融贸易区交相辉映，共同展示着一个日新月异的新上海。外滩的脚步，永远不会停歇！

上海·外滩

[分析] 导游在对上海著名的旅游景点外滩进行沿途讲解时，首先确定了讲解的主题：永不停歇的脚步。随后，导游围绕着这个主题展开讲解，从最早外滩"一片芦苇丛生的荒滩"，到之后外滩"大兴土木"，再到后来的"万国建筑博览群"，直到今天"路更宽、人更多、景更美"的外滩，最后升华主题——外滩的脚步，永远不会停歇！这样层层递进，让游客眼前仿佛出现了一幅外滩的百年沧桑图，同时也对外滩的未来充满了期待。

4. 提前预告——注意事项必不可少

抵达景点前，导游可以向游客介绍景点的简要情况，尤其是景点的历史价值和特色，讲解时简明扼要。

导游要清楚，讲解的目的不外乎满足游客想事先了解有关知识的心理特点，并激起游客游览景点的欲望，最终起到铺垫作用。如在颐和园一日游的案例中，我们可以在车上提前预告景点的大概情况及注意事项，对游览时间、集合地点、车牌号码等重要信息加以提示，避免游客走失。

颐和园一共有7个门，我们的旅游车将停靠在东宫门，一会儿各位下车后，旅游车将在北宫门停车场等候，因此，在颐和园游览是不走回头路的。希望大家一定跟上我的脚步，不要掉队，万一有人和我们失去联系，或走失了，请直接到北宫门停车场找我们的旅游车，车号是京B11585，请大家一定记好。我们在颐和园的游览时间为2小时，我会和全陪相互配合的。我的电话号码是×××××××××××。车子已经到达颐和园东宫门，请大家带好贵重物品，跟我一起下车参观游览。

[分析] 导游详细说明了游客游览所需要的时间，旅游车的停车地点及车牌号，

为了预防游客走失,同时报出了自己的电话号码。

[练一练] 从你家到你所在城市的市中心,为外地来的亲戚设计沿途风光讲解内容。

线路:_____

沿途会经过的景点:_____

除了上述景点外,你认为你的亲戚还会对_____内容感兴趣,请准备讲解词。

任务 15
掌握沿途风光讲解原则

1. 同步性

在沿途讲解过程中,车辆是按照一定的速度行驶的,导游讲解时要注意同步性,不要等车辆已经通过了景点而仍在讲解旧景点。移步换景,游客的注意力会被新的景物所吸引,导游要做到所讲即所见。

城市道路有明显的拥堵点,在交通顺畅时的讲解内容和交通拥堵时的讲解内容在量上要有所区别。如旅游车从上海浦东前往浦西通过延安路隧道时,可以为游客介绍金茂大厦。在交通顺畅时,大约5分钟就可以进入隧道,交通拥堵时需要30分钟以上。导游要视拥堵时长合理调整讲解深浅度。

各位游客,我们刚刚游览了上海的东方明珠广播电视塔,现在,车辆经过的右手侧就是上海的另一座摩天大厦——金茂大厦,刚刚在东方明珠塔上看到金茂会觉得它不是那么地高大,现在我们通过车窗可以看到它高大雄伟的身姿。

金茂大厦外观呈塔形,通体银白色,巍峨挺拔,设计师巧妙地将东方塔形建筑与世界现代建筑科技有机融合起来,成功地实现了"古为今用,洋为中用"的艺术创新,使金茂大厦这个世界级的建筑别具一格,成为现代建筑史上的里程碑。

金茂大厦集现代科技与中外文化之大成,达成了"四个世界一流",即:设计思想世界一流,建造质量世界一流,科技含量世界一流,文化品位世界一流。独一无二的金茂大厦,成为浦东独占鳌头的建筑典范,荣获了"新中国50年上海经典建筑金奖"第一名,"第二十届

上海·金茂大厦

国际建筑师大会艺术创作成就奖"等多项国内外大奖。

车子驶近金茂大厦,我们可以看到它自下而上分别是地下3层、裙房6层,主楼88层,总建筑面积29万平方米。其中,裙房内设有商场、展览厅、演示厅、会议厅、宴会厅、娱乐中心等。主楼3~50层是高档的商务办公区,51~52层是机电设备层,53~87层为世界上最高的超豪华金茂君悦大酒店,88层为观光厅,可以俯瞰上海浦江两岸的美景。

[分析] 导游利用车辆驶经金茂大厦的机会为游客详细地介绍了金茂大厦的建筑特点与内部构成,为游客弥补了只上塔参观东方明珠,而未能参观金茂大厦留下的遗憾。

[试一试] 把这段导游词变成一个十分钟的讲解词,还可以增加哪些内容,或者在哪些方面可以增加讲解深度。

2. 情境性

游客到一地旅游,除了想了解一地的旅游知识和风土人情,还有陶冶情操的需要。在沿途导游讲解过程中,导游要情景交融,让游客获得更多的精神体验。

如导游带团游览南京时,中山陵是必到的景点,但雨花台并不一定在行程安排中。在车辆经过雨花台时,我们可以为游客介绍雨花石的形成,也可视时间长短介绍革命先烈的英雄事迹。

雨花台因为雨花石得名。雨花石形成于距今1200万年到300万年之前,其色彩艳丽,有各种形象生动的山水、花鸟、鱼虫、奇花异草等图案,形状有球状、饼状、卵状、核桃状等。

南京·雨花台

然而,这美丽的地方却一度成了屠杀场。1927年,蒋介石发动了"四·一二"反革命政变,南京成为国民党反动统治中心。在其后22年独裁统治时期,国民党在雨花台残酷杀害了十多万名共产党员和各界爱国志士，雨花台的每一块山石都浸透了革命烈士的鲜血，每一寸土地都埋葬着革命烈士的忠骨。在中国踏上经济发展的快车道、人们生活水平不断提高的今天，我们要铭记烈士的遗愿，更加努力地工作学习，为中华之复兴而努力奋斗！

[分析] 导游通过雨花石的美丽与烈士牺牲地的强烈对比，突出了爱国志士牺牲的价值所在，让游客产生了对革命烈士的敬仰之情。

课后任务

[领取任务] 设计一条从学校出发到当地革命烈士纪念碑之间的沿途导游线路。

[任务提示] 大概行车路线：＿＿＿＿＿＿＿＿＿＿＿＿＿＿＿＿

行车时间：＿＿＿＿＿＿＿＿＿＿＿＿＿＿＿＿＿

重要景点：＿＿＿＿＿＿＿＿＿＿＿＿＿＿＿＿＿

用情景法介绍革命烈士纪念碑：＿＿＿＿＿＿＿＿＿＿＿
＿＿＿＿＿＿＿＿＿＿＿＿＿＿＿＿＿＿＿＿＿＿＿＿＿＿

短距离沿途导游讲解评价表

编号	表现	Yes	No
1	日程介绍表述清晰		
2	介绍内容能选取重点景物		
3	能针对游客选择他们感兴趣的景物		
4	能运用情景法		
5	能做到讲解与景物的同步性		

讲解者＿＿＿＿＿＿ 评价者＿＿＿＿＿＿ 通过□ 不通过□

国内游行前通知单

如果你已经对短距离沿途导游讲解把握得比较好了，那么，长距离沿途导游讲解就会开展得更加容易些。为什么呢？因为前者是沿途导游讲解的基础，它对讲解水平要求较高。我们把长距离旅途分成若干天，它就变成了多个短距离旅途。有了前面短距离沿途导游讲解作为基础，所有问题都能迎刃而解了。

很多导游，特别是刚刚上团的年轻导游，在长距离带团中遇到的困难，便是见到陌生的游客无话可说，甚至找不到共同话题，弄得自己很是苦恼，甚至惧怕上团。原因是什么？就是由于知识面不广，幽默感不强，交际能力不强。下面来看看长距离沿途导游需要掌握的技能。

任务 16
语言宜幽默——营造轻松的旅途气氛

作为导游，可以适当掌握一些"赞美词"和"调侃词"，便于在旅途中活跃气氛，拉近与游客之间的距离。

某导游接待来自北京的团队，在华东五市七天游。该导游是这样开场的：北京人为什么那么爱称"爷"？能说会道，叫"侃爷"；有钱的，叫"款爷"；做摊贩的，叫"倒爷"；跑跨国生意的，叫"国际倒爷"；甚至蹬三轮车的，还叫"板儿爷"。这是为什么，大家能给我讲讲吗？这样的话题使得气氛马上轻松起来，客人感到很有面子且亲切。在收到良好效果后，该导游在行程结束前，又给客人说了这样的话：北京人，都是见过大世面的，不像我们这些小地方的人啊！听说胡同里的老太太，都很有外交辞令，讲话都是一套一套的，外国总统都佩服得五体投地。请大家对我的导游讲解多多指教，让我争取赶上胡同老太太的水平。[①] 这样的收尾，比"我的讲解水平有限，请大家多多包涵"收效好多了。

山东的导游对来自贵州的游客说：一上你们的游览车，便知道大家来自贵州，不知怎么回事，好像闻到一股茅台酒的醇香味儿，当初在"万国博览会"上，要不是你们贵州人灵机一动，打碎酒瓶，没准茅台酒还没名气呢，连尼克松总统都非常爱喝啊！

---

① 王连义. 幽默导游词 [M]. 北京：中国旅游出版社, 2003.

青岛·栈桥

分析 长距离导游讲解，可以是幽默的、轻松的，时间自然在笑声中度过了。但是要注意，幽默需要注意"分寸"，注意"尺度"，避免低俗的调侃，要把握好赞美的度，并且因人、因地、因时而异。

任务 17
内容宜深入——及时传递游客渴望得到的信息

我们在前面项目 6 中提到的沿途导游的一些方法，很多是长距离沿途导游也用得上的，这里就不重复了。下面要讲的是长距离沿途讲解中需要注意的另一技巧，即内容一定要深入，让游客在长时间的旅途中听到详细的介绍，对旅游目的地有全面的认识和解读。这里的深入讲解分为两种——纵向讲解和横向讲解。

1. 纵向讲解

纵向讲解，即比较同一事物在不同时期的形态，从而认识事物的发展变化过程，揭示事物的发展规律。我们在讲解一座城市或者一个景点的历史、文化内涵时，采用纵向讲解法，将使得讲解内容具有条理性、逻辑性。

江苏导游在介绍江苏饮食文化时，就采用了纵向讲解法。

各位游客，江苏位于长江三角洲，地跨太湖、江淮流域，是中华文明的发祥地之一。太湖流域的马家浜文化、崧泽文化和良渚文化显示，在新石器时期生活于这一地区的原始人类，已具有较高的生产和生活水平，饮食生活格局已具雏形。先秦时期，江淮一带饮食在原料、菜式、酒浆等方面的特色已萌芽初露。秦汉之间的经济和社会生活特点已渐形成。隋唐时期，扬州、苏州两地发展很快，五代时期江南饮食已达较高水平。明清，随着城市经济的发展，饮食消费水平亦有所提高。在历史的长河中，我们江苏的饮食分成了多种地方风味，在这里，我向大家介绍其中的四大风味。

一是淮扬风味。扬州地处南北运河之要冲,是古代著名的东南都会,历史上以经济繁华、生活富庶而著称,唐代有"扬一益二"之誉。淮扬菜,又称维扬菜,核心地域包括今扬州、两淮、镇江地区,是中国烹饪四大菜系之一。它以烹制山珍海味、江淮河鲜、应时蔬果著称。原料使用上讲究粗料细做,其中的豆干、鱼头、猪头、鳝鱼等都是极普通的材料,但经过淮扬师傅巧手烹制,即变平淡为珍奇。调味以"本味"为原则,着重突出原料自有的鲜美之味。知名菜肴有:镇扬三头、三套鸭、大煮干丝等。

淮扬名菜·大煮干丝

二是苏锡风味。苏锡菜以江南的苏州、无锡为中心,涵盖太湖、阳澄湖、涡湖沿岸地区。苏锡风味在用料上以制作江南水乡之物产和高档原料见长,对家禽、淡水鱼原料的运用独具匠心,调味上偏重咸、甜,重视外观,强调形色之美。

三是金陵风味。金陵是六朝古都,自汉魏以来一直是江南重镇。其饮食风味既有皇家的气派,又极尽奢华。在用料上兼得四方之美,鸡、鸭、鱼、虾最为普遍。在口味上注重五味调和、咸淡适中,制作上以炖、焖、炸、炒等烹饪法最为擅长。

四是徐海风味。徐海风味以徐州沿陇海线东段至连云港为核心。徐海菜口味以咸鲜为主、酸辣为辅,带有较明显的北派特点。菜肴制作以炒、爆、烧、扒技法见长。[①]

游客听了导游以上一番纵向分析对比的讲解,对江苏的菜肴有了很深刻的印象,也从中得出了淮扬菜在江苏风味菜中有举足轻重的地位的结论。这是一种逻辑性很强、对比很强烈的讲解方法。

2. 横向讲解

横向对比讲解,是对空间上同时并存的事物的既定形态进行比较。比较的目的是突出事物间的与众不同之处。这种讲解方法,更多地使用在长距离沿途导游讲解中。

---

① 潘宝明,江苏旅游文化[M].北京:中国轻工业出版社,2003.

大连的导游接待洛阳旅游团时,恰巧遇到迎亲的车队,于是进行了如下讲解:

各位游客,大连婚俗受山东人影响较大,但随着社会发展,形成了有大连特色的地方婚俗。一对新人的感情进入成熟阶段后,首先要做的便是登记。登记后,小两口到男方家吃一顿喜庆饭,按常理,婆婆会在这个时候给媳妇见面红包和首饰,以表接纳之意。接着便是选定结婚的日子。定下结婚日子后,新郎和新娘开始紧锣密鼓地做准备。一般情况下,新房的床罩和窗帘由女方准备,女方还要准备一两床被子,男方除准备日常用的被褥外,还必须多准备一个铺床的"炕被"。按当地习俗,新郎和新娘双方在结婚前一天不得见面。结婚当天,新郎手持鲜花带车队到新娘家迎娶,见面后把鲜花送到新娘怀里,然后和新娘一起吃送行饺子,送行饺子是岳母头一天晚上熬着夜亲手包的。按当地旧俗,新娘的父母是不能参加女儿婚礼。离开女方家后第一站是陪娘家人看新房。新娘迈进新房门,首先要对端坐在那里的公公婆婆亲切地喊声"爸!妈!"婆婆答应后,要随手送给媳妇一个红包,包里装的钱是有讲究的,一般是1001元,表示媳妇是千里挑一的。然后开始钉门帘,寓意两人铁了心在一起过一辈子。之后,新郎、新娘和事前安排好的一个帅气男孩坐在婚床上,意为"压床",希望早生贵子。看新房仪式后,全家人驱车去结婚庆典的酒店,到酒店的时间不能超过12点,否则就不吉利了。结婚庆典里有四个仪式是必不可少的:一是三拜,二是喝交杯酒,三是互赠戒指,四是新人共同为参加婚礼的亲友敬酒点烟。

新婚夫妇如果与公婆住在一起,新娘第二天早晨不可贪睡,要早早起床为全家人做早饭,并与新郎一起问候家中长辈。结婚后第三天,新郎要陪新娘回娘家。[1]

讲完这段婚俗,导游问,大连的婚俗和你们洛阳的有何不同呢?游客应该会七嘴八舌地说开了,这时候,导游趁机说:"洛阳地区最典型的婚俗莫过于'离娘肉、生饺子、压床板、闹洞房'这四点了。"然后再把这些内容稍加展开介绍。这种讲解,既能消除游客长途旅游的疲劳,又可使游客相互对比地理解当地的风俗。

[分析] 在高速公路上,很多时候,窗外的景物没有什么明显变化,或者景物的重要性不足,这个时候就需要我们根据游客的特点,选择合适的专题进行介绍。导游此时更像一位主讲人,需要事先充分准备。在这个案例中,导游根据路上所见的迎亲车队选取了婚俗这一贴近生活的话题。我们也可以选取游客感兴趣的房价、工资等社会话题,这就需要平时多多积累啦。

讲解技巧⑤

话题的选择

选择合适的话题不仅能够提高讲解质量,更能增进游客和导游之间的相互了解和友谊。话题一般分为普遍性话题、文化话题和经济话题三种类型。普遍性话题如天气、饮食、方言等;文化话题如民俗、社会生活、名人等;经济话题如物价、经济、社会福利等。在沿途导游讲解中,可以选择多个话题也可以选择某个话题深入展开。

---

[1] 王连义,幽默导游词[M].北京:中国旅游出版社,2003.

在专题话题讲解时,导游可以让游客参与互动,但是要控制话题,及时制止涉及人身攻击、有违社会道德或法律的不当言论。

任务 18
讲解有风格——展现导游语言的魅力

精彩、出色的讲解是提高游客游兴的重要手段。导游在长期带团中可以形成自己独特的导游语言和讲解方式,形成独有的风格。

在去鸣沙山和月牙泉的路上,敦煌的导游对远道而来的四川游客做了如下介绍:

各位游客,我们前往的是鸣沙山和月牙泉。途中,我把鸣沙山的概况向各位介绍一下。鸣沙山,因山上的沙会在一定条件下鸣响而得名。它又名神沙山、沙角山,其山体由金灿灿的流沙堆积而成,东西长40多千米,南北宽20多千米。到了鸣沙山,最大的乐趣当然是登山、滑沙。登沙时,绵绵细沙给人一种艰辛跋涉的感觉,体力不支的游客可骑上骆驼,让这"沙漠之舟"载着你游东逛西,体验沙漠情韵。

登上山顶,最有趣的是滑沙游戏,即由山顶往下滑。请大家到时候找一张竹制的滑沙坐垫,然后坐好,将双手插入沙中,控制方向和速度。沙随人体下落,发出不同寻常的响声,沙沙如细雨。

大家可能会问,鸣沙山鸣响的原因是什么?对此有三种解释:一是静电发声说;二是摩擦发声说;三是共鸣放大说。请各位到达鸣沙山后仔细感受这些独特的自然现象吧。[①]

甘肃·鸣沙山

---

① 钱钧. 丝绸之路——走进神奇的西部[M]. 浙江:浙江人民出版社,2002.

我们到达月牙泉之前,我再为大家介绍月牙泉的简要情况。在沙丘之中,那一泓月牙状的清泉,便是月牙泉。月牙泉东西长 224 米,南北最宽 39 米,深约 4 米,在茫茫大漠中,有一潭碧水,难能可贵啊。到达景点后,请大家细细欣赏月牙泉的清澈、月牙泉的妩媚多姿吧。

[分析] 在到达景点前的介绍与在实地的景点介绍有所不同。车上介绍是概要性介绍,选取能激发游客兴趣的内容进行讲解。但是不能"剧透"太多,否则会影响游客在景点实地听讲解的感受。

任务 19
赠送旅游附加值——组织活动

在导游讲解时,还可以赠送一些旅游附加值,即适当组织活动,如做游戏、唱歌、讲笑话、猜谜语等,但一定注意不伤主人之雅、不损客人之尊。

当然,午餐之后不适合组织活动,要给游客一定的休息时间。同学们可以开动脑筋想一想还有什么合适的活动?

总的来说,长距离沿途导游讲解与短距离沿途导游讲解各有侧重点。但长距离讲解更能反映一个导游扎实的讲解功夫和语言功夫。游客听的时候不一定马上能感受到语言的魅力所在,但听后能令人深思、令人回味无穷。导游词如果妙笔生花,使人拍案叫绝,听起来有顿悟、受教益,那就是优秀的导游词了。

能力训练③

增强讲解的感染力

导游讲解是非常重要的艺术表现手段,它既要解释景点,对景点进行说明和补充,给游客增长知识;又要阐明景点的思想内涵,进行一种情绪上的渲染,增强讲解的艺术感染力。好的讲解,有的像深刻有力、激励人心的演说;有的像亲切自然、娓娓动听的谈话;有的像流畅生动、情景交融的散文;有的像妙趣横生、含蓄隽永的短诗。

要想增强讲解的感染力,必须停顿得当,并掌握好语速的快慢和发音的强弱。

1. 不要读破句

在实践中我们会发现,很多新导游在讲解景点时往往根据自己一口气的长短选择语句的停顿点,而不是根据语意来停顿,存在读破句的情况。

停顿,是有声语言达意不可缺少的手段。讲解中适当停顿是为了更好地表达景点的内容、语言的结构和导游的情感。它有助于游客更清楚地理解景点,在停顿的间隙进行及时地思考、消化、回味,同时让导游有换气的机会。

停顿一般分为逻辑停顿和情感停顿两种。

逻辑停顿,是表情达意的手段,它受语言逻辑制约。也就是说,停顿要自然、合理、适当,不能不顾忌语言习惯随意乱停。一般讲,逻辑停顿比较短暂。

与逻辑停顿不同的是，情感停顿不受语言逻辑的制约，而完全根据情感需要来选择在哪儿停顿及停顿时间的长短。情感停顿是声断而神不散，亦即声断意连。情感停顿的间隙，会让人充分感受到比有声语言更丰富、更深刻的内涵，甚至会比说出来的语言更有感染力。

讲解时，有些句子按书面标点停顿即可，有些结构比较复杂的长句子，中间虽然没有标点符号，但为了表达清楚，也应该根据所要表达的意思，合理地划分语组，中途做一些短暂的小停顿。停顿是呼吸的需要，补充气流必须停顿。不适时补充气流，就不能表达准确，不能让声音饱满、共鸣悦耳，更不能有效地保护声带。但是，停顿换气必须跟语言表达协调一致，不能随心所欲。

［练习］在介绍湖北黄冈的文赤壁时，导游如果能够为游客背诵一下苏轼的《念奴娇·赤壁怀古》，一定会让游客对眼前的景点有更深刻的了解，从而使讲解更富有感染力。

念奴娇·赤壁怀古
苏轼

大江东去，浪淘尽，千古风流人物。故垒西边，人道是，三国周郎赤壁。乱石穿空，惊涛拍岸，卷起千堆雪。江山如画，一时多少豪杰。

遥想公瑾当年，小乔初嫁了，雄姿英发。羽扇纶巾，谈笑间，樯橹灰飞烟灭。故国神游，多情应笑我，早生华发。人生如梦，一尊还酹江月。

在第一句，作者面对滚滚长江，思慕古代英雄人物，自己也渴望成为英雄人物；在第二句，作者思慕周瑜。这两句略有不同，应该有较大停顿。第三句描写景物，第四句抒发爱国情感。这两句与前面又不同，也应有停顿。上篇与下篇应该有更大的停顿。下篇头三句赞美周瑜，与后面自我伤怀、抒发人生易老、壮志难酬的感慨不同，应有较大停顿。

2. 让声音富有乐感

很多同学在开始讲解时，往往像小和尚念经一样，该重读的音不重读，该轻读的音被重读。接下来，就让我们一起学习怎样让自己的讲解强弱得当、轻重有别。

首先，我们来了解一下语调的轻重是由什么来决定的。读音时，用力大，气流强，声音就重；用力小，气流弱，声音就轻。

什么情况下需要重读呢？为了突出某个意思，而把某些词、词组的音量加大，讲得重些，就是重音。重音分为语法重音、强调重音和感情重音。

根据语法结构的规律而读作重音的，称为语法重音。这些重音是一句话里按照语言习惯而自然重读的音节，是由语法结构的特点形成的。语法重音往往在原有的音量上稍稍加重些，所以被称为一般重音或自然重音。

强调重音也有叫做特别重音的，它往往不受语句成分的制约，而是根据说话者的内心意愿而定，在句子中的位置是不固定的。

感情重音的作用在于使语言色彩丰富，增添血肉，充满神奇，听上去真切感人，有较强的感染力。感情重音大多出现在内心节奏强烈、情绪激动时。但切不可离开内容表达上的需要而任意乱用或过于强调、过多增设不必要的感情重音。

每句话里，必定有一个词或词组是说话者要表达的重点，这些词往往起着点明语意、描绘人物特征、刻画人物性格、揭示内在思想感情、介绍食物的特点、点明事物症结等作用。这些被强调"点送"的词或词组，就是这里要说的强调重音。

表达重音的常用方法有：加强音量、拖长音节、一字一顿、重音轻读等几种方法。导游员要根据实际情况灵活应用。

[练习]还记得前面我们练习过的《念奴娇·赤壁怀古》吗？苏轼面对波浪滔天，向东流淌的滚滚长江，思慕千古江山涌现的英雄人物，自己也渴望成为英雄人物，这时，作为豪放词的"大江"就要重读，波浪滔天的"浪淘"应该重读。作者思慕英雄人物，因此，"风流"要重读。第二句叙事，用正常语调。第三句描写性文字、第四句抒情性文字要读出赞美与自豪之情，其中，"惊涛拍"应该重读，以体现波涛的大。江山像画一样美丽，"画"应该重读，"多少"强调时势造出的英雄人物之多，因此也要重读。

加上重音之后再朗读一下《念奴娇·赤壁怀古》，感觉是不是不一样了？然后与《再别康桥》比较一下重音轻读的不同感受。

再别康桥

徐志摩

轻轻的我走了，正如我轻轻的来。我轻轻的招手，作别西天的云彩。那河畔的金柳，是夕阳中的新娘；波光里的艳影，在我的心头荡漾。

3. 运用合适的语速

语速，即讲话时声音的快慢。说话时的语速受演讲内容的控制。中央电视台主持人的语速为每分钟300字左右，导游的语速一般要较播音员慢一些。在开始导游讲解训练时，同学们最难控制的就是语速了。

（1）语速服从演讲内容。说明性文字用正常语速。叙述性、描写性文字用较慢语速。议论、抒情性文字要或快或慢。

（2）语速的快慢要考虑到语言自身的形式和特点。散乱、冗长的句子及发音拗口的词汇，语速不宜太快；整齐而富有韵律色彩的语句说得快些才听得顺耳。

语言速度与节奏都是内心思想的体现，两者之间有着密切的联系，内在节奏常常通过外在速度加以反映。没有速度也就感觉不到节奏；没有节奏，速度将呆滞而无生气。一般情况下，速度与节奏的配合是协调一致的。但有的时候，语速平缓并不等于内在节奏松弛，语速快也不完全说明内在节奏紧张。

语速是为表现导游词的基本色彩服务的。明朗的基调常以稍快的速度来表达；沉痛的基调常以徐缓的语速来体现；导游词的色彩亲切朴素，语速也较平缓感人。

[练习]讲解井冈山黄洋界保卫战。

发生在井冈山的几次反围剿都是中国革命史上以少胜多的典型案例。

各位游客，在大家面前的就是著名的黄洋界保卫战胜利纪念碑。1928年8月30日，毛泽东率领红军主力赴湘南作战，守山红军不足一个营！此刻，湘赣两省敌军纠集四个团的兵力向黄洋界逼近，红军用滚木阵、竹钉阵、石头阵和土枪土炮，硬是顶住了敌人多次的进攻。恼羞成怒的敌人发起了最后进攻，当时，红军仅有一门迫击炮和三发炮弹，这就是当年立下汗马功劳的迫击炮。不可思议的是，前两发都因为受潮而没有打响，正当红军战士心急如焚时，第三发炮弹命中敌人的指挥所，这时，埋伏在草丛中的赤卫队和革命群众举起红旗，并大声呼喊："红军主力回来啦！"他们点燃早已放在铁皮桶内的鞭炮，清脆的响声听起来像是机关枪扫射，敌人以为红军主力真的回来了，吓得连夜逃跑。

课后任务

[领取任务] 设计一条从家出发到附近旅游城市的沿途导游线路。

[任务提示] 大概行车时间：_____。

可交谈的主题：_____。

长距离沿途导游讲解评价表

编号	表现	Yes	No
1	能选取合适的社会生活主题进行讲解		
2	能进行横向或纵向讲解		
3	能组织丰富多彩的娱乐活动		
4	午餐之后能安排客人适当休息		

讲解者_____ 评价者_____ 通过□ 不通过□

特级导游的N个力荐

把握讲解的同步性
控制好讲解的节奏和时间
善于观察，借题发挥
指示要明确

单元 4
游山玩水——自然景区景点讲解

很多人把旅游概括成"游山玩水",这一说法虽然失之偏颇,有以偏概全之嫌,但不可否认,以山水为代表的自然景观是旅游资源的重要组成部分,也是旅游者乐于欣赏的旅游景点。

我们该怎样精彩地讲解祖国的大好河山呢?

项目 8

高山仰止
——山岳景观讲解

我国旅游资源
国家标准分类

小林是一位很受游客欢迎的导游,不仅自己喜欢爬山,还带团到过泰山、华山等名山。游客一致反映,跟着小林出游,不仅开心愉快,还增长了很多见识。

你想了解小林成功的秘诀吗?

"高山仰止,景行行止。"中国人自古就爱山、敬山、崇山、朝山,对山有着特殊的心理。山承载着我们太多的情感:精神的寄托、文学的源泉、宗教的圣地、隐士的家园……山又深藏着无数的自然奥秘:记录着地球的历史、地质地貌的成因、生物的神奇……提起山,总会令人想起"高山仰止""气吞山河""山摇地动""泰山北斗"。

"山是风景的骨架"。作为一名导游,做好山岳景观的导游讲解,在导游服务过程中意义重大。

那么,怎样才能做好山岳景观导游,让游客"乘兴而来,尽兴而归",并真正体味不同山地的韵味、体验其知识与美的乐趣呢?

[测一测] 要做好山岳景观的讲解,是有非常大的难度的,因为我国名山众多,成因复杂,山形各异,景色千姿百态,气象万千,且人文景观丰富,承载着深厚的文化内涵。如何讲出山的特征,引领游客欣赏山的美感,感悟山的文化精髓,对导游来说是极大的挑战。以下五道题目你能正确完成几道?(答案在本单元内找)

(1)我国著名的五岳名山是指东岳 _____、西岳 _____、北岳 _____、中岳 _____、南岳 _____。

(2)山地按海拔高度可分为 _____、_____、_____、_____、_____ 五种类型。

(3)有"天下第一奇山"之誉的黄山按照成因属 _____ 地貌。

(4)我国四大佛教名山是指 _____、_____、_____、_____。

(5)下列名山的景观特征分别是:泰山之 _____、华山之 _____、峨眉之 _____、青城之 _____、雁荡之 _____。

如果你不能很快地回答上述问题,那就需要认真地学习下面的内容哦。

任务 20
山岳景观探秘

作为一名导游，自己首先要了解山，掌握必要的山地知识，如山岳景观的成因、类型、景观特征、美学基础等，这是我们走向成功的第一步。首先来看看山地的分类。

按山地的高度分类

根据海拔高度的不同，我们一般把山地分为以下5种类型。

山地分类一览表

类　　型	海拔高度 / 米	相对高度 / 米
极高山	大于 5000	大于 1000
高　　山	3500~5000	200~1000
中　　山	1000~3500	200~1000
低　　山	500~1000	200~1000
低低山（丘陵）	低于 500	低于 200

1. 极高山和高山

红军长征途中翻越的夹金山

这类山地海拔高，相对高差大，地形险峻，气候垂直分异明显，山上气候复杂多变，空气稀薄，严重缺氧，许多山地峰顶终年积雪，冰川广布。这样恶劣的条件对人的意志、毅力与体力是严峻的考验，适于人们进行体育登山探险、科学考察和冰雪旅游，是登山探险和科学考察的最佳场所。这类资源分布较广，如欧洲的阿尔卑斯山、美洲的安第斯山、非洲的乞力马扎罗山等。中国的登山资源更是丰富，如喜马拉雅山、喀喇昆仑山、天山、贡嘎山、四姑娘山等，都是中外闻名的登山胜地。

2. 中山和低山

这类山地海拔高度较低，相对高差较小，山中气候宜人，生态良好，景观丰富多彩，既有奇峰幽谷、流泉飞瀑、朝霞落日、云海佛光，又有名花异卉、珍禽异兽。可开展游览观光、科学考察、休闲度假、避暑疗养、森林旅游、观鸟狩猎、绘画摄影等多种旅游活动，是大众旅游的理想之地。中山和低山因其旅游价值高、旅游功能强而多成为旅游名山。

按山地的成因分类

我国的山地分别是由花岗岩、碳酸岩、红色砂岩、玄武岩、流纹岩、石英砂岩、变质岩等不同岩石构成。不同岩性的山地有不同的景观特征。

1. 花岗岩山地

花岗岩是一种岩浆岩，是由地球内部岩浆侵入地表处冷却凝固而成，由石英、长石和云母等矿物组成。是一种重要的含矿岩石，许多重要的有色金属和贵重金属矿床都产生于花岗岩岩体中。

花岗岩俗称"麻石"，颜色呈肉红色或灰白色，节理发育，花纹美丽，岩性坚硬，不易风化。

花岗岩山地景观·黄山飞来石

花岗岩山地景观特征：山体高大、主峰突出、群峰簇拥、峭拔危立、雄伟险峻、岩石裸露。多奇峰、深壑、怪石，球状风化明显。局部多"石蛋""风动石"典型地貌景观。如黄山的"猴子观海""仙桃石""龟鱼石""金龟望月""龟蛇二石""飞来石""天鹅孵蛋石"，普陀山的"磐陀石"，海南岛的"天涯海角""鹿回头""南天一柱"，辽宁千山的"无根石"，河北野三坡景区和福建东山岛等地的风动石等。

花岗岩在我国分布极广，尤以东部沿海地区最为集中。我国典型的花岗岩山地有泰山、华山、衡山、黄山、九华山、普陀山、三清山、天台山、天柱山、崂山、千山等。

2. 岩溶山地

岩溶山地亦称喀斯特山，是在以碳酸岩类岩石为主体的可溶性岩石分布区，由地下水的溶蚀改造而形成。其特征是：地表山地高度不大，石峰林立或孤峰凸起，且造型丰富，精巧细腻。地下溶洞众多，洞穴景观千姿百态。

岩溶山地景观·云南石林

这类山地在我国分布也很广泛。主要集中于广西、云南、贵州、重庆、川南、鄂西等地。其中，广西、云南、贵州是世界上最大、发育最典型的岩溶地貌分布区。广西桂林山水、广东肇庆七星岩、云南石林、四川九寨沟黄龙等都为岩溶山地。

3. 丹霞山地

丹霞山地是在红色沙砾岩地区发育而成的。红色沙砾岩结晶大，硬度小，易受流水侵蚀、重力崩塌等外力影响，在内外因力作用下，易形成中尺度的造型地貌，多由方山、奇峰、赤壁、岩洞等构成。因最早发现于广东仁化的丹霞山，故地质学家将其命名为丹霞地貌。

丹霞山地的景观特征：碧水丹山，玲珑精巧；红崖丹壁，灿若明霞；山体平地拔起，如垒如堡，如柱如塔，给人以俊秀挺拔、奇特优美之感。我国丹霞地貌分布较广。目前已发现的有350多处，其中，甘肃张掖七彩丹霞山、广东丹霞山、福建武夷山、江西龙虎山、四川青城山、安徽齐云山、贵州梵净山、甘肃麦积山及崆峒山等，都是有名的游览胜地。

广东·丹霞山

4. 玄武岩山地

玄武岩是一种火山喷出岩，也称熔岩。由地下岩浆喷出地表后经结晶、冷却、凝固而形成。地貌形态主要有火山锥、火山口、火口湖、熔岩台地等。这种地貌主要分布在地壳活动带。我国最典型的有黑龙江五大连池火山群，历史上多次爆发，留下了14座火山锥及5个水体相连的火山堰塞湖，五大连池由此得名。火山地貌形态完整，岩浆喷发的场面跃然如初，被誉为"火山地貌博物馆"。

玄武岩山地景观·黑龙江五大连池火山地貌

5. 流纹岩山地

流纹岩也是一种火山喷出岩，致密坚硬，有流纹状构造。在外力作用下，形成丰富多彩的造型地貌，并且有变幻之妙，故被誉为"变幻造型地貌博物馆"。这种地貌主要分布在浙闽一带，以浙江雁荡山最为典型。雁荡山主峰灵峰，白天观如双掌相合，曰"合掌峰"；晚上看如夫妻相会，故名"夫妻峰"；月夜下从特定角度观看，又似双乳高悬，故名"双乳峰"；再移步则形似雄鹰，故又名雄鹰峰；若采取特殊的姿态，背对该峰，仰面后看，那鹰更有振翅欲飞之动感。郭沫若有诗赞曰："灵峰有奇石，入夜化为鹰。势欲凌空去，苍茫万里征。"

流纹岩山地景观·浙江雁荡山

6. 石英砂岩山地

石英砂岩山地景观·湖南武陵源砂岩峰林

石英砂岩岩性坚硬，不易风化，但如果夹有薄层砂质页岩且垂直节理发育，则易受风化，受流水、重力作用影响，形成独特的砂岩峰林峡谷地貌。以张家界为代表的武陵源风景区，即是典型的砂岩峰林地貌，奇峰林立、造型生动、沟谷纵横、植被茂密。

知识链接

中国最美十大名山

《中国国家地理》杂志社发起了"中国最美的地方"评选活动，其中，山地类别中选出了"中国最美十大名山"。它们分别是：西藏南迦巴瓦峰、四川贡嘎山、西藏珠穆朗玛峰、云南梅里雪山、安徽黄山、四川稻城三神山、新疆乔戈里峰、西藏冈仁波齐峰、山东泰山、四川峨眉山。

中国最美十大名山，展示了中国新时期的审美标准和美景范畴。

测一测 以上关于山地的知识是导游必备的基础知识。在具体游览一座山之前，我们要做好哪些知识准备呢？（答案在本单元内找）

任务 21
灵活引导游客游山

作为一名导游，要带领游客游览名山大川，仅仅掌握山地知识是远远不够的。导游还应懂得如何去欣赏山岳风景，并能灵活地引导游客去欣赏。为此，我们应掌握组织游客游山的基本要求和程序，掌握山岳景观的讲解程序、内容要求及讲解技巧，并能在实际工作中灵活运用，为游客讲解出山岳景观的特色、内涵，做到科普导游、审美引导、文化体验相结合，真正满足游客游山观景之目的。

祁连山青海段

旅游的过程实际上是一个审美的过程。作为游客，能否在旅游活动中享受到美，最终决定于本人的审美能力、审美情趣及时空条件等内外因素。作为导游，就是要引导游客去探索美、发现美，帮助游客欣赏美、体验美。导游要善于运用各种审美技巧引导游客去欣赏美、体验美。还应向游客提供正确的审美信息，灵活地运用各种解说方法和技巧。同时要了解游客的心理，善于调节游客的情绪，激发他们的想象力，提高他们的游兴，最终让游客满意而归。

山地景区大多面积辽阔，地形陡峭，地貌复杂，景点要素繁多。面对如此复杂的景区，导游要做好引导审美的工作，关键要把握以下几个方面的要素。

1. 科学设计游览路线

山地旅游是点、线、面相结合的游览活动。游览活动能否圆满完成，选择一条合理的游览路线至关重要。在制定游览路线时应考虑哪些因素呢？

（1）游客的预定游览时间。

（2）旅游团队的组成及游客的身体状况。

（3）最有代表性和最有特色的景点、景区及山之绝顶。

（4）尽量不走回头路。

（5）保障游客的安全。

应根据每个旅游团的具体情况来制定合理的游览路线，既要游得轻松愉快，又要保证游览到景区的精华。

2. 合理安排游览节奏

与其他景区相比，到山地旅游需要消耗更多的体力。如果游览活动节奏安排不当，观赏速度过快，活动强度过大，就会使游客筋疲力尽，不仅达不到观赏的目的，还会损害他们的身心健康，甚至影响旅游活动的顺利进行。因此，在安排游览活动中，导游一定要注意调节观赏节奏。

怎么样来调节观赏节奏？应视游客的旅游目的、年龄、体能状况、审美情趣、当时的情绪、景区的特点及具体的时空条件等因素来确定并随时调整游览节奏。总的原则是：

（1）张弛有度，劳逸结合。在游览活动中，导游应根据游客的生理、心理承受能力，结合景观的特点等来安排有弹性的游览线路，使之有张有弛，劳逸结合。有一般性的浏览，有仔细的鉴赏，有小憩，有停顿。犹如优美的乐章，有序幕、有发展、有高潮、有结尾，让游客在轻松自如的状态下获得最大限度的美的享受。

（2）有急有缓，快慢相宜。在具体的审美活动中，导游要视具体情况，把握好游览速度和导游解说的节奏。哪儿该快，哪儿该慢，哪儿该详细讲，哪儿该简略说，必须做到心中有数，该快则快，当慢则慢。如对年轻人，可走得快一点，讲得多一点，活动多一点；对老年人，则走得慢一点，讲得少一点，活动少一点……总之，审美节奏要因人、因时、因地随时调整，努力使游览活动获得良好的效果。

（3）动静结合，导游结合。游览过程是一个动态的观赏过程，随着游客在游览线路上的移动，欣赏到的是一道流动的风景。对那些具有重要意义的、标志性的、特殊的景观，需要游客驻足停留，静态观赏，才能获得特殊的美的享受。如在黄山玉屏楼观"迎客松"，在北海赏"梦笔生花"，在清凉台看云海日出，在排云亭赏晚霞夕照，皆令人陶醉。游览过程中，导游的解说是必要的，适时的解说，可帮助游客正确地审美观景。但在特定的时间、特定的地点让游客自己去凝思遐想、去领悟体验，往往会收到更好的审美效果。导游一定要善于控制观赏节奏，做到动、静结合，导、游结合，体现"导游"的功夫。

3. 恰当选择观赏位置

即使是同一景象，因观赏位置不同，会造成距离、角度的不同，带来视野范围、透视关系、纵深层次的差别，从而形成不同的观赏美感。苏轼"横看成岭侧成峰，远近高低各不同"即很好地说明了观赏位置的作用。

在山岳景观的观赏中，导游应掌握的欣赏原则是：峰峦重远眺，丘壑主近视。观山景宜远眺——有一定的距离并选择恰当的位置，才能看清山的气势和形态；低丘因体量小，宜近观；沟壑则须亲临其境才能领略其险要。

观赏距离和观赏角度对欣赏造型地貌尤为重要。造型地貌即指酷似人物、神仙或飞禽走兽的奇特地貌景观。这种景观几乎要在特定的位置才能获得最佳的观赏效果。如从长江游船上远观神女峰，云雾中隐约可见一人形石柱，恰如一亭亭玉立的少女，即传说中的巫山神女。然而，若借助望远镜观赏，所看到的不过是一堆石头而已！这是由观赏距离的差异造成的。又如，在黄山半山寺望天都峰山腰，有一景状若振翅欲啼的金鸡，故名"金鸡叫天门"，但从龙蟠坡方向看，这里则变成了五位老翁扶杖携手登天都峰的形象，构成"五老上天都"的奇景。这是由观赏角度不同造成的。作为导游，在游山过程中一定要适时地引导游客从最佳位置去观赏奇景，以免与之失之交臂。

值得重视的是，在旅游观赏中，除掌握空间距离外，还应考虑心理距离。心理距离是指在审美过程中人与物之间暂时建立的一种相对纯洁的审美关系，即超脱现实中的功利思想，摆脱紧张的工作、烦恼的心情，超然物外，自由地、尽情地享受美的愉悦，接受美的熏陶。导游应善于引领游客超脱世俗的生活，进入唯美的审美世界。

4. 灵活把握观赏时机

有些景观并不因时间而改变，但也有许多有意义的景观只在特定的季节和时间才会出现或才最典型。山岳中与气候、生物、水体有关的景观，一般都有季节性特征。如北京香山红叶出现在每年的秋天，峨眉杜鹃则开在春天。另一些景观却只在特殊的条件下才会出现，且观赏时间极为短暂，稍纵即逝，如海市蜃楼、佛光、神灯、极光、日月并升等奇观，只可巧遇而不可强求。还有一些景观，在不同的季节、不同的时间观赏会产生不同的效果。如雁荡山的灵峰，白天观如双掌相合，曰"合掌峰"；晚上看如夫妻相会，名"夫妻峰"。这就要求我们导游十分熟悉景区所有景点，注意力高度集中，才能帮助游客观赏到绝妙美景。

任务 22
做好山岳景观讲解

俗话说得好："祖国山河美不美，全凭导游一张嘴。"精彩的讲解会让游客获得非凡的享受，令其终生难忘。

1. 如何讲解总体概况

在前往景区途中或在景区入口处的示意图前，导游用概述法对景区的历史背景、主要景观、参观线路、停留时间等进行简介，使游客对即将游览的景区有初步印象，达到"见树先见林"的效果。此时，导游一定要把握游客"先睹为快""百闻不如一见"的心理，解说时做到简明扼要、突出重点，尽快带领游客沿游览线路依次参观游览，导游依次分段解说。

游客朋友们：

你们好！今天我们将要游览的是被称为华中屋脊、绿色明珠的神农架原始森林。

神农架在湖北省的西部，最早是一座山峰的名称，而后是一个山系的总称，如今是一个行政区——神农架林区的简称。神农架林区是1970年经国务院批准建立的行政区，面积为3250平方千米。

神农架群山形成于燕山运动时期，境内最高峰神农顶海拔3105.4米，号称"华中第一峰"，最低处石柱河谷海拔仅398米，平均海拔1700米，有3000米以上高峰6座，所以人们又称神农架为"华中屋脊"。

湖北·神农架大九湖景区

神农架境内奇峰竞立，异洞遍野，气候独特，山脚盛夏山岭春，山麓艳秋山顶冰。神农架因有完整的原始森林和古老珍稀的生物物种，加之宜人的气候条件，因而被人们称为"森林公园""自然博物馆""科研基地""避暑旅游胜地"。尤其令人称奇不已的是神农架多次发现和捕捉到各种白化动物，如白熊、白金丝猴、白獐、白鹰、白苏门羚、白松鼠、白雕等。

　　神农架得天独厚的自然环境，不仅孕育了优美的自然景观、珍禽异兽，更有那被誉为世界之谜的"野人"。神农架"野人"的传闻由来已久，相传早在3000多年前，就有人捉到一对"野人"献给周成王，周成王称其为"川狒狒"。近年来，在神农架林区关于"野人"的见闻仍然很多。

　　各位朋友，神农架是美丽的，神农架是神秘的，神农架是绿色的，神农架是原始的，神农架是独特的，神农架是其他旅游景点所望尘莫及的。在随后的几天中，让我们在神农架实实在在地享受一回回归大自然的乐趣吧！

　　[分析] 导游在带领游客游览之前先对神农架做了一个概要性介绍，讲解时间控制在2~3分钟内比较合适。在介绍概要时注意语言简洁、段落清晰、表述得当，不要过多采用长的句型，便于游客理解，同时帮助游客了解接下来的行程。

2. 如何讲解山岳景观

（1）突出地学知识。不同的山地，由于其岩性及地质形成过程存在差异，而有不同的景观特征，如我们常说的泰山之雄、华山之险、黄山之奇、青城山之幽等，导游要带领游客"游"好山，真正体味各类地质地貌景观的韵味，进行科普导游，让游客在游览中了解相关的地质、地貌等地理科学常识。

湖南·张家界

　　各位朋友，在参观了千奇百怪的石峰后，我想，用"大自然雕塑博物馆"来形容张家界是再恰当不过了。

　　这"博物馆"中究竟包含哪些地质学常识呢？

　　据地质学工作者调查，张家界造型地貌的地质基础由石英砂岩夹薄层砂质页岩所组成，大多属于泥盆纪的云台观组地层。在厚达数百米的石英砂岩上发育规模如此巨大的峰柱，为国内所罕见。

　　这种峰柱的特色，一是层理清晰，岩层大体呈水平状，层层叠叠，给人以强烈的节奏感。二是岩石硬度大，质坚硬而脆，垂直节理极为发育。风化过程往往沿节理裂隙扩展，经过崩塌及流水侵蚀、搬运等作用，形成直立的峰林。崩落后的岩壁，见棱见角，颇有质感。三是岩层厚度大，构成岩石的沙砾较纯净，因而形成百米以上的柱峰。

垂直节理造成的峰柱崖壁的垂线与水平层理构成的横线，相互交错，成为自然山水的形式结构之美，也是这幅立体的山水画卷的自然"画章"。这些纵横交错、长短不一、疏密有收的直线、折线所组成的纹理，显示了峰林刚劲挺拔的形象和坚硬砂岩的质感。

形态别致、造型优美的峰林，构成了张家界风景区自然景观的基础，假如没有这种造型的地貌基础，其他构景条件再好，也会大大削弱这颗风景明珠的价值。

[分析] 张家界是世界自然遗产、国家 5A 级景区，在国内外享有盛誉。独特的砂峰地貌独步天下。导游用岩石构成物质和风化节理作用进行了通俗易懂的介绍。在介绍地质成因时，要尽量少用生僻的地质术语。必须用到专业术语的，最好能做个解释说明。

我们已经来到云龙地缝景区了。我们所说的"地缝"，其实就是地质学界认可的"喀斯特地貌"术语。它是指非常狭窄且有相当深度与长度的流水沟谷，形态上表现为地壳表面的一条深切"天然岩缝"。由于其形成、保存十分困难，地缝也就成了旅游热门景点。一般的地缝是下面窄上面宽，有的是上面窄下面宽，但是我们现在所看到的云龙地缝上下宽度基本一致，且断面呈 U 字形。这种地缝是极为罕见的，目前世界上只发现罗马尼亚有类似的地缝，它的稀缺性、独特性可见一斑。云龙地缝至少形成于 5000 万年前，以暗河形式沉睡地下两三千万年，后因水流在地下强烈侵蚀，在地表不断剥蚀，致使暗河顶部崩塌，地缝才得以面世，成为恩施大峡谷一大奇观。

（选自"鼎盛诺兰杯"第十届全国旅游院校服务技能大赛成果展示，廖雪娇、龙雨萍《湖北恩施大峡谷》）

湖北·恩施云龙地缝景区

[分析] 在介绍地缝的时候，首先对地缝做了专业的解释，即地缝＝天然岩缝，让游客通过这个形象的解释能够理解地缝的样子。

（2）突出历史文化知识。中国的名山承载着厚重的历史，积淀着千年的文化。文化是一座山的灵魂、一座山的精神，也是游客了解名山的手段。但有些文化现象是看不见、摸不着的，文化的传播需要导游生动、有效的讲解。

有人说，今天我们将要游览的庐山是一本中国历史的教科书。真是这样吗？

庐山地处江西省九江市，东偎鄱阳湖。风景区总面积 548 平方千米，山体面积 302 平方千米，最高峰汉阳峰海拔 1474 米。"春如梦，夏如滴，秋如醉，冬如玉"，这里构成了一幅充满魅力的立体天然山水画。

江西·庐山

历史造就此山，文化孕育此山，名人喜爱此山，世人赞美此山。中华民族源远流长的历史和数千年博大精深的文化孕育了庐山无比丰厚的内涵，使她不仅风光秀丽，更集教育名山、文化名山、宗教名山、政治名山于一身。从司马迁"南登庐山"，到陶渊明、李白、白居易、苏轼、王安石、黄庭坚、陆游、朱熹、康有为、胡适、郭沫若等文坛巨匠登临庐山，留下4000余首诗词歌赋的文化名山的确立；从慧远始建东林寺，开创"净土法门"，到集佛教、道教、天主教、基督教、伊斯兰各教于一身的宗教圣地的形成；从朱熹重建白鹿洞书院弘扬"理学"，到教育丰碑的构建；从"借得名山避世哗"的隐居之庐，到20世纪初25个国家风格的庐山别墅群的兴建；从胡先骕创建中国第一个亚热带山地植物园，到李四光"第四纪冰川"学说的创立；从庐山抗战纪念馆到庐山会议旧址……庐山处处闪烁着中华民族历史文化的光华，展现着极高的历史、文化、科学和美学价值。

联合国教科文组织世界遗产委员会的专家们登山后，恰如其分地评价说："庐山的历史遗迹以其独特的方式，融合在具有突出价值的自然美之中，形成了具有极高的美学价值、与中华民族精神和文化生活紧密相连的文化景观。"

［分析］这段讲解突出了庐山的文化特色，通过教育、文化、宗教、政治多方面、多角度的数据和史实讲解，让游客得到了知识的熏陶和美的享受。

（3）突出审美知识。山地景观形态多样，造型丰富，既有雄、奇、险、秀之特征，又有似人物、神仙、飞禽走兽之造型；同时生态复杂，气象万千，既有名花异卉、珍禽异兽之珍奇，又有彩霞佛光、浮云飘烟之玄妙……蕴含着多种美的要素、美的形式，是一个丰富多彩的美的空间综合体。我们在讲解时尤其应突出其美学特征，引导游客观山之形、品山之色、赏山之态、闻山之声、嗅山之气，充分领略山地之形象、色彩、动态、听觉、嗅味之美感。

黄山的颜色和形态随四季的更替而不断变化。春天，盛开的鲜花色彩缤纷，点缀着四处的山坡；夏天，青绿的山峰一座连一座，清澈的泉水汩汩流着；秋天，火红的枫树把整个黄山装扮成红紫相间的世界；冬天，群山变成一个冰与雾的世界，到处银装素裹。

［分析］这段讲解词着眼于黄山的美学特征，突出了黄山四季的色彩美。在使用排比句式的讲解时，要把握好排比句的节奏，可采用强—弱—次强—次弱的基本节奏。

安徽·黄山　　　　　　　　　陕西·华山

各位注意看，这华山高耸挺拔，刺破青天，壁立千仞，悬崖万丈。仰观它，是否感到目眩？如果您有恐高症，一会儿登临绝顶时，我劝您就不要俯视了，不然要心惊的。

各位请看华山石：石色铁青，纹理刚毅，山石裸露，线条粗犷，没有什么"装饰物"。这里别说云海，连松树也不太多。屈指可数的那几棵苍松长得倔犟峥嵘，正直向上，显得可敬可贵。山石上的其他植物就只有那长在石缝里的丛状的小草，这些小草更加勾勒出华山苍劲刚毅的线条。

华山如同一个巨人，昂然挺立于天地宇宙间，其阳刚坚定之气怎不令人肃然起敬！

[分析] 这段讲解给我们勾勒出了"华山天下险"的雄姿。

当然喽，不同的山地特色不一，讲解的重点也不应局限于上述几个方面。

3. 如何讲解注意事项

游览山岳景观有哪些注意事项？就内容而言，主要涉及各类资源及环境的保护、森林防火、游客的安全、游览宗教名山的禁忌等。

在进入武当山前，我首先要提醒游客朋友几点：

（1）武当山是世界文化遗产，请各位自觉爱护文物古迹和景区内的花草树木，不要在文物古迹上乱涂乱刻，不要污损和毁坏花草树木和旅游设施，不要伤害野生动物。

（2）景区内严格控制火种，请勿在非吸烟区吸烟。

（3）自觉维护景区清洁，不要乱扔垃圾。

（4）山路险峻，游客朋友们一定要注意安全。谨记：观景不走路，走路不观景。

武当山是道教名山。道教组织有自己的信仰和习俗忌讳。因此，游客朋友在游览武当山道教宫观时必须尊重道众的习俗和生活禁忌，切不可忽视礼俗或由于行动上的不慎伤害他们，引起争执和不快。

（1）注意称呼。对道人的称呼，一般不论乾道、坤道，都应尊称为"道长""师父"等，不要直称为"出家人""道士"等。对年长坤道，不要称为"大妈""奶奶"等，同样称为"道长""师父"。

（2）注意礼节。与道人见面常见的行礼方式为两手相抱，左手抱住右手举至胸前，微微低头（拱手礼），表示恭敬。不要同道人握手、拥抱，或摸道人的头，这些都是不当礼节。

（3）注意谈吐。俗话说"僧不言名，道不言寿"。与道人交谈，最好不要问道人的年龄和生辰，也不要问其身世、婚配等。此外，不要说污秽不净的话。

（4）道人在吃斋、诵经、静坐时，不要去打扰。作为道人也不会应声而起，因为道教有"三不起"的禁忌。

（5）注意行为举止。游览时，不可大声喧哗、指点讨论、妄加嘲讽或乱动宫观内的供器、神像等，尤其不能乱摸乱刻神像等。如遇道教活动，应静立默视或悄然离开。此外，请有小孩的家长照看好自己的孩子，以免孩子无知做出不礼之事。

好了，现在请大家随我一起到景区内参观！

[分析] 武当山既是自然名山又是宗教名山，导游在讲解山岳景观游览注意事项的同时，也为游客介绍了宗教景观参观注意事项。

湖北·武当山

[测一测] 在长期的工作实践中，导游不断探索、归纳，总结出了不少行之有效

的导游讲解方法和技巧，你能列举出5种不同的导游讲解方法吗？（答案在本单元内找）

各位朋友，神农架是世界级自然保护区，是全人类的共同财富。在进入自然保护区后，我们要爱护里面的一草一木和洁净的生态环境。我们的口号是"除了脚印，什么也不留下；除了照片，什么也不带走。"在自然保护区大门口，我们每人将领到一个方便袋，请大家将自己在旅途中的垃圾放入袋中，并在游程结束后交给自然保护区的工作人员，让我们也做一次保护环境的使者，履行一次关爱生态的行动吧！

[分析] 对游客进行文明行为教育是导游的重要职责之一。导游使用了"除了脚印，什么也不留下"等人性化的描述，具有一定的鼓动宣传作用。

讲解技巧⑥

名人效应法

运用名人效应法，能取得较好的讲解效果。所谓名人效应法，就是利用名人的知名度、社会威望来宣传、讲解一个景点、一处名胜。人们对于名人都有敬仰、信赖和效仿的心理，合理使用名人效应法，可以有效扩大景点的知名度。如在张家界讲解黄石寨的"双门迎宾"等景点时常用到这样的方法。

天下山水无数，但集山水、道教、崖墓群于一体的名山恐怕只有龙虎山了。两千多年前的张道陵，在这里驻足三年结庐炼丹，奠定了道教正一派祖庭的地位。施耐庵在《水浒传》的第一回就把这里描绘得出神入化。380多年前，徐霞客也来到龙虎山，留下了精彩的篇章。今天由我带领大家览泸溪之胜，赏丹霞之美，探崖墓之奇。

请各位游客穿好救生衣，我们坐竹筏泛舟泸溪河，一起领略"两岸奇山观不尽，一江秀水入画屏"的意境。我们漂流的泸溪河"秀比漓江，美如九曲"，它发源于福建光泽县，流经景区43千米长的河水，把两岸99峰、24岩、108处自然人文景观串联在一起。你瞧，两岸岩体呈现的红色就好像国画中一抹重重的丹红，这就是丹霞地貌的典型特点。丹山依碧水的画卷，让正一派第三十代天师张继先忍不住吟诗赞叹："一条涧水琉璃合，万叠云山紫翠堆。"

（选自2018年教育部全国职业院校技能大赛高职组导游服务赛项成果展示，何秀芬《江西龙虎山》）

江西·龙虎山

[分析]同学们可以尝试找找这段讲解词提到了哪些名人，引用了哪些名人佳句。名人佳句既能体现景区特色，又容易被游客记住，加深景区留给游客的印象。在介绍此类信息时，导游可以通过朗诵引用的诗句，增强艺术感染力。

4. 如何进行途中游览讲解

在游览途中，注意"动、静""导、游"有机结合。运动过程中以游客"看、听、嗅"为主，险要之处时时提醒游客注意安全。山岳景观游览是非常辛苦的，导游应灵活地添加一些趣味语言，善于运用名人名言，以消除游客的疲劳，增添游客的游兴，鼓励游客登临绝顶。

如导游小林陪同香港客人游览桂林叠彩山，在路上，林导说："叠彩山不像泰山那么险峻，它的阶梯很平稳，共70级，上山就像上'电动扶梯'一样舒适，不信大家试一试。"有些游客起初担心爬山太累，听林导这么一说，都劲头十足地上了叠彩山，领略到了"千峰环野立，一水抱城流"的美景。

又如，游览泰山，山高路陡，导游可鼓励大家："欲穷千里目，更上一层楼。"半山途中，人困马乏，导游可吸引大家继续前进："无限风光在险峰"。登上岱顶，导游引导大家：各位是否有"登泰山而小天下"的豪迈之感？若趁机再来一句："会当凌绝顶，一览众山小"，则更让人心胸开阔、荡气回肠。

5. 如何归纳总结

游完全程后，应对整个游程作归纳总结。以承德双塔山导游讲解片段为例。

朋友们，我们即将乘车归返了，双塔山之行，必将给您留下深刻的印象。

这座山可算是承德第一景，因为山上有承德最古老的建筑，它是古老的契丹民族在辽代为我们留下的极其珍贵的遗产。这里有辽世宗、景宗、道宗三代帝王和一代名主萧太后的足迹，有清朝几代皇帝车辇的辙痕……它们无不记述着热河兴衰的历史。

双塔山山奇、塔奇、景更奇，"游了双塔山，还会往回返"。欢迎您携朋友、家人重游双塔山。

河北·承德双塔山

又如,三清山导游讲解如此结尾:

女士们、先生们,三清山风景名胜区游程结束了,在这短短的三天里,我们亲眼看见了世界罕见的绝景奇观,仙灵们的庄严妙相;亲身体验了玉琼仙境天上风光,神仙们超然的乐趣;亲耳听到了道家五千年深奥的哲理,中国古文化源头《易经八卦图》和一些传奇故事;亲口品尝了1600年前留下的丹泉玉液。愿这些天地之灵气、人文之精英,都化作灵感与智慧,勇敢与信心,陪您去建设我们美丽的祖国,去创造辉煌的事业!祝福你们带着三清山人诚挚的情谊,踏上新的旅程!

江西·三清山

课后任务

在任课专业教师和班主任的帮助下,以班集体为单位,组织一次当地名山之旅。在班上挑选一名学生组织这次游览活动,并担任此次游览的导游讲解工作。事后进行总结,指出其讲解的成功之处及不足之处,以积累经验,共同进步。

[领取任务]旅行社让你带团到五岳之首的泰山参观,沿着十八盘登到南天门。请为游客介绍十八盘和南天门。

[任务提示](1)上网搜索文字图片资料。

(2)从任务22所述的5个方面准备材料。

(3)不要忘记成因介绍。

(4)整体语言风格要统一。

山岳景观讲解评价表

编号	表现	Yes	No
1	景点整体概况清晰明了		
2	能选择最佳位置为游客讲解		
3	科学成因介绍通俗易懂		
4	能运用比喻、拟人等修辞手法		
5	能结合景物的文化价值进行讲解		

讲解者＿＿＿＿＿＿　　评价者＿＿＿＿＿＿　　通过□　不通过□

答案

测一测1

（1）泰山、华山、恒山、嵩山、衡山

（2）极高山、高山、中山、低山、丘陵

（3）花岗岩地貌

（4）五台山、峨眉山、普陀山、九华山

（5）雄、险、秀、幽、怪

测一测2

· 地理方面的知识：地理位置，地貌形态的特点、成因，气候及生物特征等。

· 历史文化方面的知识：宗教文化、建筑文化、名人胜迹、传说、石刻等。

· 美学方面的知识：如自然奇景的欣赏、人文景观的欣赏等。

· 生态环境保护知识：文物的保护、生态的保护及相关法规条例等。

· 安全方面的知识：游客安全的提醒注意事项等。

测一测3

（1）突出重点法　　（2）制造悬念法　　（3）虚实结合法

（4）类比法　　　　（5）画龙点睛法

项目 9
智者乐水
——水体景观讲解

三亚是我国著名的水景度假胜地,春节期间,导游小王带团到三亚,游客期望能跟海水来个亲密接触。到了亚龙湾,小王就让游客在海边走走,湿湿脚,看看风景。有游客提出想游泳,小王说计划中没有游泳这个项目,游客问小王为什么亚龙湾的沙滩这样洁白,小王告诉游客原来就是这样白。游客对小王意见非常大。你能告诉小王他错在了哪里?

中国人讲仁者乐山,智者乐水,佛教传说中观音菩萨就是听潮声而得道的。在西方,人们对水的亲近感和热爱也是不言而喻的。著名的三S旅游资源中,"sea"就是水体景观。

水无色无味无状,但是无数的水滴构成了江河湖海。怎样把水体景观的美和它的精神内涵介绍给游客呢?就让我们开始这个项目的学习吧。

[考一考] 水体景观的讲解是有一定难度的。如何讲出水体景观的特点、讲出它的美,对导游来讲是个挑战。请完成下面的题目,看看你能不能挑战成功。(答案在本单元中找)

(1)被称为"中国夏威夷"的是中国的_____省,它的目标是建成国际旅游岛。
(2)世界遗产名录中,我国自然遗产名录中跟水有关的是_____、_____。
(3)我国最大的瀑布叫_____,分布在_____。
(4)著名的二胡曲《二泉映月》中的二泉是指_____泉。
(5)著名的长江三峡中以雄著称的是_____。
(6)以人间天堂著称的杭州西湖按照地质成因属于_____。

如果你不能很快回答出上述问题,那就需要认真学习下面的内容喽。

任务 23

水体景观知多少

水体,指以相对稳定的陆地为边界的水域,是河流、湖泊、沼泽、水库、地下水、海洋的总称。水体也称"水体环境",包括水及水中的溶解物、水生生物、底泥等,它们共同构成完整的生态系统或自然综合体。人们常说"名山胜水"，山与水是自然景观的左右"两翼"，不可分割，"山得水而活，水依山而幽"。

水体景观一般分为江河景观、湖泊景观、温泉景观、瀑布景观、滨海景观等类型。

水体景观一览表

景观类型	景观特点	典型代表
江河景观	江河孕育着文明，常是自然与人文景观、现代与古代文明的结合之地。江河呈线形水体，水面狭窄，独自难以形成完美景色，只有和沿岸山崖、林木、人文等景观结合，才能共同构成美丽的景观	长江三峡、桂林漓江、富春江、虎跳峡、三江并流大纵谷、雅鲁藏布江大峡谷等
湖泊景观	（1）浩大平远型：既有烟波浩渺开阔的湖面，又有帆影点点、荷稻飘香的景象 （2）娇小秀美型：人造景观与水面和谐统一	大湖代表：鄱阳湖、洞庭湖、太湖、纳木错、青海湖等 小湖代表：杭州西湖、扬州瘦西湖、嘉兴南湖等
温泉景观	温泉又分微温泉、温泉、热泉、高热泉和沸泉（指水温高于当地沸点的泉） 名泉按功能分为观赏泉、品茗泉和沐浴泉	济南趵突泉、镇江中泠泉、杭州龙井泉和虎跑泉、无锡惠山泉、太原晋祠难老泉 黑龙江五大连池、南京汤山温泉、广东从化温泉、台湾阳明山温泉等
瀑布景观	（1）瀑布形态特征：主要是瀑布高度、宽度、水量和级数 （2）瀑布幽秀程度：主要由瀑布水质和周围植被深秀程度决定。水质取决于含沙量及有机质占比，深秀程度取决于林木覆盖率 （3）瀑布奇特品位：是指瀑布景观的独特性地位	黄果树瀑布、吊水楼瀑布、黄河壶口瀑布、九寨沟瀑布群、庐山瀑布群、雁荡山瀑布群、井冈山瀑布群等
滨海景观	有阳光、沙滩、海水。近海和海滨空气质量高，海水和空气中含有较多对人体健康有益的钠、钾、碘、镁、氯、钙等多种元素，空气清新，灰尘极少，含有大量负氧离子，气温变化幅度小，紫外线较弱，空气湿润，环境比较舒适。近海和海滨视野开阔、景观富于变化，构景层次丰富	大连、北戴河、蓬莱、烟台、威海、青岛、连云港、普陀、厦门、汕头、深圳、珠海、北海、三亚等

答案 海南；九寨沟、三江并流；黄果树瀑布、贵州；无锡惠山；夔门；潟湖

任务 24
水体景观讲解内容与方法

1. 科学成因介绍必不可少

无论是哪种水体景观，我们在讲解的时候首先要讲清楚水体景观的成因。

西湖的形成历经变迁，早在 2000 年前它是与钱塘江相通的浅海湾，耸峙在西湖南北的吴山与宝石山，是环抱这个海湾的两个岬角，后来由于潮水的冲击导致泥沙淤塞，把海湾和钱塘江分割开来，地质学上把这种由浅海湾演变而成的湖泊称为潟湖。此后

经过历代多次大规模的人工疏浚治理，西湖终于从一个自然湖泊成为风光秀丽的半封闭淡水风景湖泊。西湖作为淡水湖泊，水源主要来自天然降水和山间积蓄的泉水。周围山间灌注的水源，最著名的有八处，分别是南北涧、桃溪、胭脂泉、金沙泉、花港、惠因涧、长桥水和学士港。此外，1985 年杭州市政府投入人力和物力，完成了钱塘江引水工程，使钱塘江水有控制地穿过南屏山流入西湖，平均 33 天给西湖换一次水，并设置了调解西湖水位的两个主要出水口：一是圣塘闸，经圣塘河流入运河；二是涌金闸，经浣纱河地下管道流入城河，最终也流入运河。

（钱钧《华东黄金旅游线导游词》）

杭州·西湖

分析 西湖被称为人间天堂，其成因却鲜为人知，常规导游中，导游会用大量笔墨介绍天上的玉龙和金凤与王母争夺明珠的故事。不可否认，传说故事可以增加导游讲解的生动性，但是，讲解科学成因更能体现导游的专业性。

2. 突出地位价值激发游客兴趣

导游可以就水体景观在同类旅游资源中的独特地位，以及它的价值，向旅游者进行讲述，目的是激发游客的兴趣，使他们带着好奇心开启对自然的探索之旅。

九寨沟位于四川省西北部岷山山脉南段的阿坝藏族羌族自治州九寨沟县漳扎镇境内，系长江水系嘉陵江上游白水江源头的一条大支沟。

九寨沟是世界自然遗产、国家重点风景名胜区、国家 AAAAA 级旅游景区、国家级自然保护区、国家地质公园、世界生物圈保护区网络，也是中国第一个以保护自然风景为主要目的的自然保护区。

九寨沟的得名来自景区内九个藏族寨子。它以高山湖泊群、瀑布、彩林、雪峰、蓝冰和藏族风情并称"九寨沟六绝"，被世人誉为"童话世界"，号称"水景之王"。九寨沟还是以地质遗迹钙化湖泊、滩流、瀑布景观、岩溶水系和森林生态系统为主要保护对象的国家地质公园，具有极高的科研价值。

九寨沟是大自然鬼斧神工之杰作。这里四周雪峰高耸,湖水清澈艳丽,飞瀑多姿多彩,急流汹涌澎湃,林木青葱婆娑,历来被藏族同胞视为"神山圣水"。

1992年,世界自然遗产组织的官员第一次到九寨沟考察。当从沟口进去时,大家被大雨蒙住了视线。当他们一行来到火花海景点时,天空突然放晴,阳光穿过雾霭,在空中画出了一道美丽的彩虹,妖娆艳丽的火花海呈现在这些世界级官员的眼前,他们被眼前的美景惊呆了。随即,他们俯下身跪在海子边上,向大自然的造化叩拜。事后他们回忆说,这里的景色太美了,让他们太吃惊了。他们不曾想象,大自然竟有如此的鬼斧神工,将中国的九寨沟点画得如天仙般美丽。

他们的叩拜,是对大自然的敬仰;他们的叩拜,是感谢中国,为世界留下了一块瑰宝,为人间留住了一片仙境。

(改编自九寨沟景区官网)

四川·九寨沟

试一试 请根据上面的导游词写出九寨沟的地位价值:

(1)＿＿＿＿＿＿＿＿＿＿＿＿＿＿＿＿＿＿＿＿＿＿＿＿＿＿＿＿＿＿＿＿
(2)＿＿＿＿＿＿＿＿＿＿＿＿＿＿＿＿＿＿＿＿＿＿＿＿＿＿＿＿＿＿＿＿
(3)＿＿＿＿＿＿＿＿＿＿＿＿＿＿＿＿＿＿＿＿＿＿＿＿＿＿＿＿＿＿＿＿
(4)＿＿＿＿＿＿＿＿＿＿＿＿＿＿＿＿＿＿＿＿＿＿＿＿＿＿＿＿＿＿＿＿
(5)＿＿＿＿＿＿＿＿＿＿＿＿＿＿＿＿＿＿＿＿＿＿＿＿＿＿＿＿＿＿＿＿
(6)(我知道你不知道的)＿＿＿＿＿＿＿＿＿＿＿＿＿＿＿＿＿＿＿＿＿＿

从中我们可以看出,能突出一个景区(点)地位价值的有世界自然遗产、世界生物圈保护区网络、国家重点风景名胜区、国家级自然保护区等具有权威性的评价。

知识链接

绿色环球21

"绿色环球21"由世界旅游旅行理事会发起,是面向旅游业所有客户、企业和社区的全球性的可持续旅游达标评估与认证项目,为目前世界上唯一公认的旅游业可持续发展标准体系。九寨沟成为亚洲第一家通过"绿色环球21"评审的旅游管理单位。

"绿色环球"是环境可持续认证体系,得到了联合国环境署、世界旅游组织、国际航空联合会、亚太旅游联合会等国际权威机构和行业部门的一致认可。"绿色环球"标志已成为国际公认的旅游业唯一的环境质量可持续管理认证标牌。"绿色环球21"是在"绿色环球"认证体系基础上进一步完善的环境可持续认证体系,旨在促进旅游企业和旅游景区改善环境质量、保护当地自然和文化遗产、促进地方经济建设、改善当地人民生活质量和吸引游客,并在"21世纪议程"的框架下推动旅游业健康发展。

3. 突出水体景观之美

作为导游,要看到别人看不到的美。水无色无味无形,如何将这看得见、说不清的景观讲解清楚并吸引游客是非常有难度的。许多著名的水体景观没有规范的导游词供导游使用,这就要求导游锻炼出观察力和总结能力,自己撰写导游词。

水体景观的美包含外形美,如黄河壶口瀑布的雄壮美,此外还有声音美、动态美等。

壶口瀑布落差约30米,宽度最大时可达千余米,最大瀑面3万平方米。滚滚洪流,到这里急速收敛,注入深潭,声似雷鸣,数千米外都可以听到;水波急溅,激起百丈水柱,形成腾腾雾气,真有惊涛拍岸、浊浪排空、倒卷半天烟云之势!每当夏秋之季,彩虹贯于晴空,分外壮观。其声、其势、其景,可以用"壮、秀、奇"来概括,不能不让人为之陶醉。

壶口瀑布陕西段

壶口瀑布的宽度和高度都不算大，令人惊讶的是，其流量却相当可观。在冬季枯水期，流量最少为150~300立方米/秒，这时河面冰封，细流涓涓，给人以俊美之感；4月初，一旦冰河解冻，流量骤增至1000立方米/秒以上，最高时达8000立方米/秒，这时，巨流夹着大量冰块冲击而下，如狮吼虎啸，惊天动地；到夏季，流量增至1000~2000立方米/秒，这时，由于下游水位下降，落差加大，巨瀑破空而下，激起的水柱像箭一样直射苍穹，刹那间，一支支水柱化作细小的水珠，遂又形成迷蒙的白雾，偶现七色彩虹；金秋雨季，千溪万壑之水汇聚，河水流量剧增到3000立方米/秒以上，全部瀑布连成一片，洪波怒号，激流翻腾，声如奔雷，景象极为壮观。

（姚宝荣《陕西导游词》）

［分析］导游运用科学的数据和生动的语言将游客看到的但不确切的信息明晰化，通过对声音的描述和流量的介绍，让游客无不为眼前的景象所折服，感受到黄河壶口瀑布的气势磅礴，以及它的雄壮美和动态美。

［试一试］同学们可以分析一下壶口瀑布在不同季节有什么不同类型的美，用什么情感和语言来表现才符合它的气质美。

下面是一段关于水体景观静态美的描述，同学们可以思考一下在讲解静态美与动态美时，语音、语调、语速有什么不同？

距桂林61千米，从兴坪溯江而上的漓江边有一石山，山崖巨壁上，黄白的颜色，浓淡相间，斑驳有致，细看山壁石纹可依稀辨出群马形象，如奔如卧，似嬉若啸，神态各异。旅行家徐霞客这样描述："其山横列江南岸，江自北来，至是西折，山受啮，半剖归削崖，有纹层络。绿树掩映，石俱黄、红、青、白，杂彩交错成章，上有远望如画屏，故名画山。"此处便是著名的"九马画山"。

画山上究竟有多少马匹？凭人想象，由你揣摩。相传它们本是天宫神马，齐天大圣孙悟空任"弼马温"时看管不严，便偷下凡间，在漓江边饮水时，被一画工看见，画工想描绘下来，结果马群受惊，慌乱中误入石壁而永留人间。由于它们均为神所变，因而形态莫测，难以辨认。历代流传这样的歌谣："看马郎，看马郎，问你神马几多双？看出七匹中榜眼，能看九匹状元郎。"说明辨认画山"马"不是易事。此外，山麓有"饮马泉"。山崖石壁上刻有"清漓石壁图"几个大字。

画山，古往今来，吸引了众多诗人、画家、学者和游人。清代学者阮元的"六年久识奇峰面，五度来乘读画舟"诗句，表达了他对画山的眷恋。

［分析］这段关于桂林九马画山段的导游词体现了漓江的静态美，同时结合两岸风景，引用名人名句和当地流传的歌谣来增加文学性和生动性。在讲解这样的导游词时，导游可以选择在重点引用部分放慢语速，在描写性的段落采用欢快愉悦的语调来进行讲解。

4. 灵活运用讲解方法

在水体景观中我们可以运用多种讲解方式，如介绍科学成因的陈述法、介绍景观特点的对比法、增加艺术感染力的虚实法等。下面我们学习虚实法。

讲解技巧⑦

虚实法

虚实法，是在介绍自然景观时，将传说、神话故事、典故与史实、实体和科学成因等有机结合起来的一种导游讲解方法。此种方法多用于名胜古迹、山水景观讲解中。虚实法具有增加景物的艺术感染力和调动旅游者形象思维的作用。

五大连池位于黑龙江省黑河市境内，这里火山林立，湖泊珠连，矿泉星布。千百年前，北方先民就发现了五大连池矿泉的妙用，并广泛流传着神鹿示水的传说。

据说，很久以前的端午节，达斡尔族猎人射中了一只梅花鹿，追寻至一处"神泉"时，发现这只受伤的梅花鹿一边用"神泉"洗伤口，一边用舌头舔，然后健步跑进了深山中。此事很快传到附近的满族、蒙古族、鄂温克族、鄂伦春族那里，从此，人们把这个日子定为"圣水节"，每年的这个时节，人们欢聚药泉，饮水洗浴。

五大连池矿泉水出露地表的有110处380多个泉眼，其中，重碳酸矿泉水名列"世界三大冷矿泉"之列。法国维希矿泉水就因其利于肠胃消化而闻名遐迩。

在世界众多矿泉中，温泉多、冷泉少；洗泉多、饮泉少；或保健，或医疗，绝大多数只具有单一功效，而五大连池矿泉却是罕见的冷泉，能饮、能浴。这里的矿泉不仅属于重碳酸镁钙型水，而且比维希矿泉含钾量高，同时还含有铁、钙、锌等微量元素，是世界稀有的珍贵医用矿泉水，享有"神泉""圣水"和"药泉"的美誉。

（改编自五大连池景区官网）

黑龙江·五大连池雪景

分析 对于游客来讲，我国火山景观分布较少，五大连池对游客比较陌生，如何

单元4 游山玩水——自然景区景点讲解 | 83

增加景点的感染力和调动游客的兴趣,美丽的传说在这里发挥了作用。在中国,每一个景点都有着各种各样美丽的传说,导游讲解时选择"虚"的内容要"精",有利于游客对讲解内容的理解,要避免"虚"多"实"少,不让游客感觉导游像骗子。同时要尊重事实,不能"歪批三国"。"实"要体现在尊重历史事实、尊重科学事实的基础上,只有做到虚实有机结合,才能真正调动旅游者的游兴,获得旅游者的喜爱。

任务 25
水体地貌讲解有技巧

导游要想把水体景观讲解好,必须掌握水体景观讲解的基本要求。

1. 善于使用数字

数字是旅游景观介绍中直观性的内容,它涉及旅游景观的历史背景、生成年代、面积规模、尺寸规格等。在自然景观的介绍中,我们应用比较多的是自然数字而非文化数字。文化数字如何运用,我们将在人文景观讲解中予以介绍。

千岛湖,这个迷人的名字是怎样得来的呢?

据淳安县地名委员会普查,新安江水库在 108 米高程水位,面积在 2500 平方米以上的岛屿共有 1078 个,故名千岛湖。

千岛湖面积 573 平方千米,相当于杭州西湖的 108 倍,是华东地区最大的人工湖。其蓄水量 178 亿立方米,相当于杭州西湖的 3000 多倍。难怪它在郭沫若的诗中有了"西子三千个"的美誉。

(钱钧《华东黄金旅游线导游词》)

浙江·千岛湖

[分析]在具体介绍千岛湖名称的由来和面积时，这段讲解词充分抓住了千岛湖的两个数字：一个是千岛，另一个是郭沫若诗句"西子三千个"。通过对这两组数字的解释，生动形象地介绍了千岛湖名称的由来和千岛湖水面面积的特点。

2. 运用生动形象的语言

比喻、排比、拟人等修辞手法都是能够增强水体景观讲解生动性的好方法。

巫峡是三峡中最长的峡谷，以幽深秀丽闻名中外，巫山十二峰更是峰峰奇绝，它们就像一串翠绿的宝石镶嵌在江畔。

由于巫峡的湿气蒸腾不散，容易成云致雾，云雾或缠绕于山腰，或飘浮于江面之上，古代骚人墨客游历三峡时，感受最深的莫过于三峡的云和三峡的雨。

用巫山云比喻爱情的以唐代诗人元稹为甚。他在《离思五首·其四》中这样吟道："曾经沧海难为水，除却巫山不是云。取次花丛懒回顾，半缘修道半缘君。"据说，这是元稹为悼念亡妻而作，诗中以巫山之云比喻他对爱妻的无限眷念之情——经历过沧海水、看过巫山云的人不再以其他地方的水云为美。诗人的挚爱与真情可谓感人肺腑。

巫峡小三峡更是王冠上的明珠，为天下绝境。小三峡雄奇之中又带着秀美，龙门峡峭壁高耸入云，巴雾峡云霞缥缈，滴翠峡水嫩苍翠，巫山云雨乃是天下云雨之冠也就不足为奇了。

四川·巫峡

[分析]在介绍自然景观时，可以运用比喻、拟人等修辞手法，同时运用一些形容词，增加讲解的生动性，如上例中一串翠绿的宝石、王冠上的明珠、水嫩苍翠等描写，让水体景观讲解生动而唯美。同时也可以选取诗人的名句，增加景物的人文美。

3. 将自然景观与文化内涵相结合

水体景观往往不是独立存在的，它与岛屿、河岸、山体等构成了完整的画面，导游员要善于也要敢于将周围的景观融入讲解中。

　　天涯海角景区是根据"天涯行苦役,海角路漫漫"来刻意营造的。大家想要看到天涯、海角的石刻,需要经过一段漫长的热带海岸沙滩才能到达。到达目的地以后,还得原路返回,经过千辛万苦才能体会到前人闯天涯海角的滋味。走一回天涯海角,这也是人生的一大乐趣。朋友,让我们一起去天涯系日,去海角揽月,留住这美好的时光吧。

海南·天涯海角

　　[分析] 导游将天涯、海角两个自然景观与人生的悲欢离合相结合,使得独特的自然风景被赋予了丰富的情感。

4. 学会引用名人名句

　　名山大川不仅是游客的必到之地,也是文人墨客抒发个人情怀的载体。我们在介绍自然景观尤其是水体景观时,可以适当引用名人名句来增加导游词的文学色彩,丰富表达层次。如我们大家从小都会背的《望庐山瀑布》中的"飞流直下三千尺,疑是银河落九天",苏轼《饮湖上初晴后雨》中的"水光潋滟晴方好,山色空蒙雨亦奇",都形象生动地描述了水体景观的不同特色,脍炙人口。

　　[练一练] 看看下面这些诗词楹联中都是描写哪些著名的水体景观的?

听飞瀑雄声,声声震耳	镜泊湖瀑布
湖上春来似画图,乱峰围绕水平铺	大明湖
四面荷花三面柳,一城山色半城湖	西　湖
惊涛拍岸,卷起千堆雪	漓　江
遥望洞庭山水色,白银盘里一青螺	洞庭湖
江作青罗带,山如碧玉簪	长　江

课后任务

领取任务　请为游客介绍童话世界——九寨沟。

任务提示（1）介绍九寨沟的成因。

（2）介绍九寨沟的特色。

（3）有没有相应的传说或故事。

（4）运用我们所学的虚实讲解法。

水体景观讲解评价表

编号	表现	Yes	No
1	水体景观的整体特征表述清晰		
2	水体景观的成因介绍完整		
3	水体景观的地理位置简洁明了		
4	能引用名人诗句		
5	能运用虚实法讲解介绍		
6	整体字数在 500 字左右		
7	讲解时口齿清晰		

讲解者 _____　评价者 _____　通过 □　不通过 □

项目 ⑩ 神奇的自然力量——特殊地貌景观讲解

常言道：天下之大，无奇不有。在大自然的鬼斧神工、精心雕饰下形成了许多美丽、奇特的地貌景观。由于旅游者的猎奇心理，这些特殊地貌景观成为他们趋之若鹜的地方。它们或瑰丽，或诡异，或壮观，在极大满足旅游者全方位审美需求的同时，也给导游的讲解提出了新的挑战。

[考一考] 地貌知多少？以下五道题目看看你能正确完成几道。（答案在本单元中找）

（1）岩溶地貌俗称 _____ 地貌。
（2）我国的岩溶地貌主要分布在 _____ 三省。
（3）陕西岐山五丈原属于 _____ 地貌类型。
（4）我国最高的火山是 _____ 。
（5）我国最大的湿地是 _____ 。

如果你不能很快地回答上述问题，那就需要认真地学习下面的内容哦。

任务 26
数数特殊地貌景观有多少

小李是 A 旅行社的签约导游，工作刚满一年。在过去的一年里，小李经常被安排跑华东线，由于工作态度好，服务意识强，经常受到游客的表扬，在新进人员中表现突出。导游部的经理准备让小李接一个"桂林 4 日浪漫游"的团，该路线中包括著名景点七星岩、芦笛岩等。为了接好这个团，小李该如何讲解七星岩、芦笛岩等景点呢？

在地质历史长河中，特殊地貌景观的成因是复杂的。例如，地质区域构造骨架、局部构造变形、岩石自身性质、水文环境、火山地震、海蚀冰川等，都会促使千奇百怪的地貌景观形成。成因不同，地貌外显景观也不同，一些观赏价值较高的景观于是就成为重要的旅游资源。

让我们先来看看特殊地貌景观一般有哪些主要类型吧。

1. 黄土景观

黄土由第四纪黄土母质沉积形成，地质形态有黄土塬和土林。黄土在世界上分布相当广泛，占全球陆地面积的 1/10，中国是世界上黄土分布最广、厚度最大的国家，其范围北起阴山山麓，东北至松辽平原和大小兴安岭山前，西北至天山、昆仑山山麓，南达长江中下游流域，面积约 63 万平方千米。典型的黄土地貌有以下特征：①沟谷众多、地面破碎。中国黄土高原素有"千沟万壑"之称。②侵蚀方式独特、过程迅速。黄土地貌的侵蚀外营力有水力、风力、重力和人为作用。③沟道流域内有多级地形面。一般有三级。典型的黄土地貌景观有陕西岐山五丈原、西藏扎达土林、四川黄联土林等。

陕西·黄土高原

西藏·扎达土林

2. 风沙景观

甘肃·月牙泉

风沙景观是指在干旱或内陆地区由于强风、流沙和间歇性地表水等因素造成的风化、侵蚀和堆积地貌景观，包括风蚀地貌景观和风沙地貌景观。前者包括风蚀柱、风蚀蘑菇、风蚀垄槽、风蚀城堡等，如新疆乌禾风蚀"魔鬼城"，罗布泊"雅丹"地貌；后者指风沙堆积作用形成的沙丘和戈壁，如中国敦煌月牙泉的鸣沙山、宁夏中卫的沙坡头都有鸣沙现象。还有一些"新月形"沙丘、"金字塔形"沙丘等景色也很壮观，如我国塔克拉玛干沙漠和巴丹吉林沙漠均有大量"新月形"沙丘、"金字塔形"沙丘分布。世界上著名的风沙地貌景观有非洲撒哈拉沙漠、美国"彩色沙漠"等。

3. 草原景观

草原是地球生态系统的一种，由于土壤层薄或降水量少，草本植物受影响小，使植物无法广泛生长。草原景观分为热带草原、温带草原等多种类型，是地球上分布最广的植被类型。中国是世界上草原资源最丰富的国家之一，草原总面积将近400万平方千米，占全国土地总面积的40%。如果从中国的东北到西南划一条斜线，也就是从东北的完达山开始，越过长城，沿吕梁山，经延安，一直向西南到青藏高原的东麓为止，可以把中国分为两大地理区：东南部分是丘陵平原区，离海洋较近，气候温湿，大部分为农业区；西北部分多为高山峻岭，离海洋远，气候干旱，风沙较多，是主要的草原区。

青藏草原区

中国草原一般可以划为五个大区：东北草原区、蒙宁甘草原区、新疆草原区、青藏草原区、南方草山草坡区。

4. 冰川景观

主要是高海拔和高纬度地区具有特殊形态特征和地貌景观特征的水域风光资源，如中国的珠穆朗玛峰冰川、天山一号冰川、四川海螺沟冰川和雪宝顶冰川、嘉峪关祁连山七一冰川，以及世界上著名的勃朗峰、乞力马扎罗山、富士山、北极冰川、南极冰川等。冰川景观旅游资源主要以高大山体为依存条件，所以较高大的山脉一般成为冰川景观旅游的首选。

南极冰川

5. 湿地景观

湿地指天然或人工、长久或暂时性的沼泽地、湿原、泥炭地或水域地带，带有或静止或流动，或为淡水、半咸水体或咸水水体，包括低潮时水深不超过 6 米的水域。中国湿地面积占世界湿地的 10%，位居亚洲第一位、世界第四位。在中国境内，从寒温带到热带、从沿海到内陆、从平原到高原山区都有湿地分布，一个地区内常常有多种湿地类型，一种湿地类型又常常分布于多个地区。拉萨的拉鲁湿地是中国最大的湿地。至 2023 年，中国已经列入《国际重要湿地名录》的湿地共 82 处。

北京野鸭湖国际重要湿地

答案 喀斯特地貌；云南、贵州、广西；黄土塬；长白山火山；西藏拉鲁

任务 27
特殊地貌讲解有高招

导游想把特殊地貌景观讲解好，就必须掌握特殊地貌景观讲解的基本要求。

（1）能根据景观特征辨别和判断不同的地貌景观。相信大家通过前面的学习，对不同地貌景观进行辨别和判断应该不成问题了。张冠李戴、指鹿为马可是会闹笑话的哦。

那拉提草原

那拉提，蒙古语，意为"最先见到太阳的地方"，由成吉思汗的二儿子察合台在西征时命名的。那拉提草原位于新疆新源县境内，是世界四大草原之一，被评为全国最美的六大草原之一。景区由空中草原、森林、雪山、河流交相辉映，哈萨克族部落点缀其间，独特的自然景观、悠久的历史文化和浓郁的民族风情构成了独特的边塞风光。

那拉提草原是发育在第3纪古洪积层的中山地草场，主要为亚高山草甸植物，由茂盛而绚丽的中生杂草与禾草构成，植株高达50~60厘米，覆盖度可达75%~90%。仲春时节，细茎鸢尾、假龙胆、马鞭花等竞相盛开，草高花旺，碧草如茵，极为美丽。优越的自然环境，使这里的野生动物资源也极为丰富，盘羊、金雕、马鹿、雪豹、雪鸡等都是国家重点保护动物。

新疆·那拉提草原

[分析]通过对草原类型和主要植被的介绍，让游客对中山地草场有了明确的认知。在讲解这样的内容时，语言要通俗易懂，避免僵化地进行知识传授。

（2）概要掌握不同地貌景观的成因机理，能用简明扼要的语言向不同的游客讲解介绍。在向游客介绍的过程中，切忌长篇大论，数据、理论一大堆，听得游客云里雾里不说,导游也会落个吃力不讨好的下场。讲解成因以简明扼要为佳。

我们今天要去的地方是红海滩国家风景廊道。这个景区成立于2013年,总面积为60平方千米,包括红海滩廊道和"醉美"湿地两大板块。红海滩廊道全长18千米,被誉为"世界红色海岸线",也被称为"中国最精彩的休闲廊道"和"中国最浪漫的游憩海岸线"。景区内有大片的碱蓬草,一棵棵纤弱的碱蓬草靠着顽强的生命力,繁衍生长,织就了这大片的天锦。碱蓬草是一种适于在盐碱土质,也是唯一可以在盐碱土质上存活的草。它每年4月长出地面,初为嫩红,逐渐转深,10月由红变紫。它不需要人播种,也不需要人耕耘,一簇簇、一蓬蓬,在盐碱卤渍里,年复一年,随着季节,由粉红到火红再到紫红。每当潮水退去,簇簇碱蓬犹如出水珊瑚,宛若片片红毯,又似红霞,与苇洲碧涛遥相呼应,形成一幅生机盎然、雄奇浩瀚的自然画卷。

辽宁·盘锦红海滩

[分析] 在介绍红海滩时介绍了碱蓬草。对这种草的生长环境和成长过程做了详细介绍,同时用了大量的比喻修辞手法,语言风格非常符合红海滩浪漫美丽的特质,让游客叹服于大自然的鬼斧神工。

(3) 根据不同的地貌景观,结合旅游文学作品向游客讲解,引导游客产生审美联想。各类特殊地貌在拥有天赋的自然美的基础上,加上千百年来人类的开发与保护,文人墨客的诗词歌赋、僧侣高人的驻足停留、民间流传的神话传说等,都会使它们发出更为绚丽的光彩。导游在讲解过程中,要充分重视挖掘其中的人文内容,才能不落俗套。

(4) 导游讲解要因时制宜、因地制宜、因人而异,灵活组织导游语言。我们所讲的最佳时间、最佳线路、最佳旅游点等都是相对的,客观上的最佳条件若缺少主观上圆满的导游艺术的运用和发挥,就不可能达到预期的导游效果。旅游者的审美情趣各不相同,不同景点的美学特征千差万别,大自然又千变万化、阴晴不定,游览时的气氛、旅游者的情绪也随时变化。所以，即使游览同一景点，每次的感觉都会不一样，导游必须根据季节的变化，时间、对象的不同，灵活地运用导游知识，采用切合实际的方式进行导游讲解。正所谓：世界上没有两次完全相同的旅游。总之，导游讲解的内容可深可浅，能长能短，可断可续，一切需视具体对象的时空条件而定，切忌千篇一律、墨守成规。

讲解技巧⑧

问答法

问答法，是导游通过向旅游者提问并进行解答，或通过解答游客的问题来传播知识的一种方法。问答法分为自问自答、我问客答和客问我答三种形式。

我问客答，适用于游客似懂非懂或者难度不大的问题，导游提出问题要给游客思考的时间。自问自答时，要掌握好回答的节奏和速度，一般不需要游客回答。问答法能激发游客的游兴并加深记忆，还可以吸引游客的注意力。

说话间，我们来到了玉龙雪山冰川公园。在玉龙雪山，白水一号现代冰川最为美丽，它长达 2.9 公里，远远望去，如同一条瀑布悬挂天际，令人惊叹不已。靠近这白水一号，我们还可以听到哗啦啦的流水声，那是冰川融化后形成的冰河，玉龙雪山冰川近 20 年出现了消融现象，大家知道为什么吗？科学家认为，全球变暖是主要原因。所以，我们要珍惜这眼前的美景，用心去保护它。

云南·玉龙雪山

[分析] 通过问答法，帮助游客在了解冰河成因的同时，也向游客进行爱护环境的科普宣传。

课后任务

[领取任务]假设你已经是个资深导游了,当游客分别是大学教师和中学学生时,请选择其中一个作为你的游客来进行讲解。

[任务提示](1)在网络上查找资料。

(2)根据游客类型组织讲解内容。

(3)注意讲解的独特性。

(4)运用我们所学习的问答法。

特殊地貌讲解评价表

编号	表现	Yes	No
1	科学成因通俗易懂		
2	能运用比喻、拟人等手法		
3	讲解点面结合,重点突出		
4	能介绍欣赏的窍门		
5	讲解结构完整		

讲解者_____ 评价者_____ 通过□ 不通过□

项目 11
跃动的生命
——动植物景观讲解

动植物景观讲解

动植物是自然界最具活力的组成部分,生命演化至今,丰富多彩的动植物使地球生机盎然。凡是具有旅游观赏价值的植物或动物资源及其相关内容,统称为动植物景观,它包括植物景观和动物景观两大类。它们具有美化环境、装点景致、分隔空间、塑造意境的功能,并在维护大自然生态平衡方面起着主要作用。很多动植物具有较强的美学特征,是可以发展为生态旅游的宝贵资源。随着旅游活动的普及和深入,赏花旅游、观鸟旅游、狩猎旅游、垂钓旅游、科学考察旅游、森林旅游等生态旅游项目越来越受到旅游者的青睐。

考一考 在祖国 960 万平方千米的土地上,分布着形形色色的奇花异草和珍禽异兽,此类旅游景观,往往会成为导游讲解的盲区。例如,对于牡丹,我们知道它是我国人民群众喜爱的花卉,但至于牡丹的分类,如何欣赏它,其背后的文化内涵等,似乎是过于专业的问题;又如,对于野生动物园里的动物,导游更多的是请游客和它们合个影,至于更多的科普内容,导游则是一知半解。

北京·智化寺丁香花

以下五道题目看看你能正确完成几题。(答案在本单元中找)

(1)你知道我国的四季花卉是指哪些吗?

(2)植物中的"四君子"和"岁寒三友"分别指 _____ 和 _____。

(3)在我国被誉为植物中的"活化石"的是 _____。

(4)除了四川的卧龙,你知道我国保护大熊猫的自然保护区还有哪些吗?

(5)你知道我国的四大国宝动物是什么吗?

如果你不能很快地回答上述问题,那就需要认真地学习下面的内容哦。

任务 28
植物景观知多少

"谷雨三朝看牡丹",洛阳牡丹花会即将举行。导游小徐接到任务,要带一批来自广东的客人参观此次牡丹花会。之后还要北上北京,游览北京野生动物园等景点。小徐该如何向来自南方的客人介绍我们的国花——牡丹和北京野生动物园呢?你能帮助小徐做些接团前的知识准备吗?

我国是世界上植物资源最丰富的国家之一,目前有高等植物32000余种。植物景观包括森林景观、草原景观、古树名木、花卉景观等。

植物景观一览表

植物景观类型		典型代表
森林景观	热带雨林景观	主要分布在南美洲亚马孙河流域、非洲刚果盆地、亚洲东南亚地区。我国无典型代表
	红树林	主要分布在我国海南、广东、广西、福建、台湾地区和浙江等地。位于我国广西合浦县的山口红树林,于1990年建为生态保护区,是首批国家级海洋类型的自然保护区之一
	亚热带常绿阔叶林景观	我国武夷山自然保护区主要用于保护中亚热带森林生态系统,有"天然植物园"之称
	温带落叶阔叶林景观	主要分布在欧亚大陆西部、我国华北、东北及朝鲜、日本、北美五大湖和大西洋沿岸低地等地区;南美南端及大洋洲南部也有小面积出现
草原景观	热带稀树草原景观	非洲的热带稀树草原,在世界同类植物中发育最典型、分布最广。我国无典型代表
	温带草原景观	主要分布于欧亚大陆温带地区,我国东北和内蒙古地区有温带草带分布。内蒙古草原位于我国阴山以北、大兴安岭以西,是我国最典型的温带草原
	高寒草甸景观	我国青藏高原上分布的高寒草甸,仲夏时节,百花盛开,水草丰美,还有乌黑的牦牛、矫健的骏马及野驴、野牛、藏羚羊、旱獭等多种珍稀动物,构成了一幅别致、生动的高原风情画卷

续表

植物景观类型		典型代表
古树名木	以古老的树龄、珍稀的树种和独特的生理结构特征吸引旅游者观赏的树木	银杏，远在 27000 万年前就开始出现，17000 多万年前与恐龙一起称霸一时，而今恐龙早已灭绝，银杏仍然独存于我国；金钱松又名金松，是我国独有的树木，也是著名的观赏植物
	具有历史文化特性，或因名人手植，或因传说故事，或因其形态奇特而闻名的树木	如陕西黄帝陵内的"轩辕柏"因其历史悠久被誉为"世界柏树之父"；又如昆明黑龙潭内的"唐梅、宋柏、明茶"，成都杜甫草堂的"罗汉松"，安徽黄山的"迎客松""送客松"，庐山的"三宝树"，西双版纳的"独木成林"，曲阜孔庙的"五柏抱槐"等
花卉景观	名贵花卉	朝鲜的金达莱花、坦桑尼亚的丁香花、奥地利的白百合花、日本的樱花、荷兰的郁金香和我国的十大名花
	奇异花卉	奇异的"奇"，是指独一无二，如花最大、最古老等。印度尼西亚的爪哇和苏门答腊热带森林中的大王花奇大无比，直径约 1.4 米，最重超过 50 千克，是世界上最大的花。南美洲亚马孙河流域的王莲，直径 2~4 米，可负载 20~30 千克的小孩儿，是世界上最大的莲。奇异的"奇"，也指形态奇特，如云南马县的钟表花，花的最外层是白色的花瓣，像表壳；第 2 层是排列整齐的无数细须，中间为紫色环，像表盘；第 3 层有 3 片翘起的黄色花蕊，中间又伸出 3 根棕色的"针"，如同时针、分针和秒针
	国花、市花	英国的国花是玫瑰，泰国的国花是睡莲，我国的国花是牡丹。我国不少城市确定了市花

［试一试］我国的不少城市确定了市花，多数城市的市花为一种，也有不少城市为两种。请你试着把下面的表格填完整。

城市	市花	城市	市花	城市	市花
北京	月季、菊花	西安	石榴	南昌	
上海		兰州	玫瑰	南宁	
天津	月季	银川	玫瑰	福州	茉莉、水仙
重庆	山茶	乌鲁木齐	玫瑰	广州	
长春		西宁	丁香	海口	
沈阳	玫瑰	郑州	月季	成都	
哈尔滨	丁香、玫瑰	武汉	梅花	贵阳	
石家庄	月季	南京	梅花	昆明	山茶
济南		杭州	桂花	拉萨	玫瑰
呼和浩特	丁香	长沙	杜鹃、荷花	香港	
太原		合肥	桂花、石榴	澳门	

[考一考] 关于我国的十大名花和它们的美誉,你知道多少呢?

梅花、牡丹、桂花、月季、菊花

兰花、荷花、杜鹃、山茶、水仙

"雪中高士"_____;"空谷佳人"_____;

"花中皇后"_____;"花中隐士"_____;

"花中君子"_____;"花中西施"_____;

"花中妃子"_____;"凌波仙子"_____;

"花　　王"_____;"花中月老"_____。

任务 29
植物景观现场讲解

1. 从资源分布讲解其类别

气候类型复杂多样,导致植物资源丰富多样。

植物通常可分为木本和草本两类,木本植物又分为乔木和灌木两种。乔木植物有明显的主干,树木高大粗壮;灌木无明显主干,树木低矮,呈丛生状。草本植物又分为一年生、二年生及多年生。植物中最常见的是种子植物,种子植物又分为裸子植物和被子植物两类。裸子植物只开花、结种子但不结果实,如松、柏、杉等;被子植物既开花也结果,种子被包裹在果皮之中,如桃、李、杏、梨等。

水杉,是一种高大乔木,树高可达 35 米,胸径达 2~3 米,树姿优美,枝叶茂密,春嫩、夏青、秋黄、冬红,叶色多变,独具一格,被列为世界上古稀名贵的植物之一。水杉在 1 亿年前的中生代白垩纪早期,曾广泛分布于东亚、北美、欧洲等地,到第四纪冰川时期,全部被毁灭,人们只能见到这种植物的化石。1941 年,在我国四川、湖北交界地区,发现了 1000 多株水杉,成为 20 世纪世界植物界的重大发现,当时轰动全世界。因此,人们称水杉为植物界的"活化石"。水杉生长快,材质好,不仅是很好的建筑材料,同时也是良好的庭院树种。

[分析] 介绍古树名木时,要讲解物种的起源与发展过程,突出其珍贵性。

福建·南靖水杉

单元4　游山玩水——自然景区景点讲解 | 99

黄山松针叶短硬，树冠扁平，茎干粗韧，叶色浓绿，盘根于石，傲然挺拔，生态适应性极强。黄山松，是植物学上一个独立的品种，是以黄山命名的两针叶松树，广布于安徽、浙江、江西、湖南、福建、台湾诸省及河南南部、湖北东部，生长在海拔800米以上的高峰山顶、陡坡、山脊、裸岩等地段。在悬崖陡壁上形成树冠平展的旗形树，在平缓的山坡或山脊上形成不同年龄级的黄山松林，姿态各异，构成景区独特的景色。黄山松的外形与华北、西北的油松极为相似，故过去很长时间里人们一直把黄山松当做油松。1936年，中国植物学家来黄山进行实地考察，经鉴定认为黄山松针叶短，微细，树脂的数量、位置与油松截然不同，是一种新树种，因为这一科学现象是在黄山首次发现，所以就以黄山来命名这一树种。1961年，著名林学家郑万均等通过考察和鉴定，又发现黄山松与台湾松其实是同一树种，于是将黄山松与台湾树合并为一种，改学名为PINUS TAIWANENSIS，仍保留"黄山松"这一中文学名。

安徽·黄山松

分析 上面两段介绍水杉和黄山松的导游词，从其所属的类别出发，科学而理性地向游客普及了关于这两种树种的科普知识。

知识链接

我国常见的观赏植物

我国常见的树木中，有苍松、桧柏、银杏、梧桐等荫木；有翠竹、芭蕉、红枫、垂柳等叶木；有枇杷、柑橘、枣树等果木；有紫藤、忍冬、葡萄、凌霄等蔓木。

我国特有的珍稀树种，有裸子植物中的银杏、银杉、金钱松、台湾杉、白豆杉等和被子植物中的珙桐、香果树、昆栏树、连香树、鹅掌楸、水青树等。

"世界化石植物"的孑遗树种中，我国有银杏、银杉、水杉、珙桐、水松、台湾松等，它们具有极高的观赏价值和科研价值，并具有世界保护意义。

我国八种一类保护植物有银杉、水杉、珙桐、望天树、秃杉、桫椤、人参和金花茶。

我国的花木中，有传统的"花木五果"——桃、李、杏、梨和石榴；也有传统的四季花卉，如春季开花的兰花、桃花、海棠和牡丹；夏季开花的石榴、荷花、紫薇和百合花等；秋季开花的菊花、芙蓉、桂花和玉簪等；冬季开花的蜡梅、天竹、瑞香和迎春花等。

2. 从美的内涵讲解其功能

植物有形、色、味、声、古、幽、光、影及风韵等诸多美感，是观赏的主要内容。导游在讲解中要突出树木花草的这些特色，使旅游者领略到更多的美。

（1）讲解时突出形态。植物花卉的形态美是导游介绍花卉特色及区别花卉品种的首要内容，如观叶可区分牡丹和芍药之差别，同是带刺的"花卉三姐妹"的玫瑰、蔷薇、月季，在一般人看来很难区分，导游必须熟知这些知识，帮助旅游者加以识别。

大自然的花草树木，高低不同，大小不一，千姿百态，风格迥异。银杏、水杉等乔木可以长到几十米，有些草木却只有几厘米高；巨莲的叶子上可以坐一个小孩子，而青萍的叶片直径不足1厘米。树形或是挺拔雄健，或是婀娜多姿，形状各异。白杨树像直插蓝天的宝剑，荔枝却"树形团团如帷盖"；水杉如宝塔，雪杉却又像巨伞；松柏遒劲刚直，柳树万条丝绦。如此丰富的形态，给了游客更多的审美感受。树叶和花形也是多彩多姿。看叶有单叶、复叶、全叶、裂叶之别，形状有桃形、圆形、梭形、扇形之分；看花有大、小、繁、简之分，层次有单层、多层之别。如凌霄花似一口倒挂的金钟，牵牛花像喇叭，更奇妙的是堪称"绿色国宝"的珙桐花，看上去像一只可爱的白鸽。菊花更是姿态万千，令人眼花缭乱，美不胜收。

黄山松，以石为母，以云为乳，七十二峰，处处都有青松点染，如一支支神奇的画笔，把五百里黄山抹上了生命的色彩。且不说那展翅欲飞的凤凰松，玉麒腾跃的麒麟松；也不说那轻歌低吟的竖琴松，缠绵亲昵的连理松。单是那漫山遍野普普通通的无名松，就足以把黄山装点得妙不可言。正因有了遍布峰林沟壑的黄山松，于是，黄山的景美了，山活了，风动了，云涌了，雨多了，泉响了……连山石也有了灵气。难怪古人说："黄山之美始于松"。

现在我们看到的是迎客松，它有一丛青翠的枝干斜伸出去，如同好客的主人热情地欢迎宾客的到来，它现在都是黄山的象征呢！它还象征着中国人民同世界人民的友谊，我国国家领导人曾在人民大会堂的巨幅"迎客松"国画前接见过无数友好使者，同世界人民结下了深厚的友谊。

（http://blog.sina.com.cn/s/blog_4f4d6e090100edbr.html）

［分析］同样是介绍黄山松，和上一段导游词不同的是，这一段导游词重点刻画的是黄山松的各种形态，显得轻松活泼，听起来惟妙惟肖。

珙桐，被誉为中国鸽子树。它是世界著名的观赏树种，在世界其他地方均已绝迹。可是，由于我国特殊的自然地理环境，使它能在贵州、湖北、四川等地幸存下来，传宗接代。这种树有奇特美丽的花朵，花开时如群鸽栖于树上，故有"中国鸽子树"之称。

中国鸽子树——珙桐

［分析］短短几句话，把珙桐这种树种的生存环境和形态特点描绘得形象而生动。

（2）讲解时突出色彩。植物花卉的茎、叶、花、果都有不同的色彩，给人以色彩美。所谓姹紫嫣红，就是对植物的色彩描绘。"千里莺啼绿映红"，绿色，是植物最基本、最普遍的色彩，因为叶绿素的光合作用是植物赖以生存的重要生理机制。但并非所有植物的叶子都是绿色的，如紫苏的叶就是深紫色。也有的植物构成了自然界五彩缤纷的色相景观，如北京的香山红叶，云南罗平十万亩黄色油菜花等赋予了大自然蓬勃的生机。不同的色彩，会使人产生不同的心理反应。

北京·香山红叶

香山山顶有巨石两块，叫乳峰石。其形酷似"香炉"，周围又常有云雾弥漫，如袅袅升空的香烟，香山由此得名。香山景色秀丽，名胜遍布，风光旖旎，极富自然野趣。秋来黄栌换装，漫山红遍，如火如荼，此即"香山红叶"，是燕京八景之一。香山冬天的景色也很迷人，每当冬雪初晴，一片银装素裹，分外妖娆，旧燕京八景之一的"西山晴雪"就指这里。

（https://www.diyifanwen.com/fanwen/daoyoucifanwen/2884805.html）

[分析] 这段北京香山的导游词，把香山秋天的红色和冬天的白色描绘得淋漓尽致。

苏州，向来有"人间天堂"的美誉，信步在城内的小巷里弄之中，荡舟于波光粼粼的京杭大运河上，或是徜徉在清秀精巧的园林中，都能感受到这座江南名城的细致粉嫩和美丽韵致。

如果你在残冬或初春来到这里，也不必担心百花凋残而兴味索然，建议你到香雪海去一下，那里是探梅的最佳所在。距苏州西南三十千米的吴中区光福镇，有一座风景秀丽的邓尉山，山因纪念东汉太尉邓禹而得名。山上植数万株梅花，品种繁多，以千叶重瓣的白梅为主，红梅、绿梅、紫梅、墨梅等应有尽有，五颜六色，各展风采。当它凌寒开放时，漫山遍野都是梅花，繁花似雪，暗香浮动；微风吹过，馨香弥漫数里。据《光福志》记载："邓尉山里植梅为业者，十中有七。"探梅的古诗中，也有"望衡千余家，种梅如种谷"之句，可见山里梅树之多。

（https://www.unjs.com/fanwenwang/daoyouci/20190101121459_1833309.html）

梅花香自苦寒来

[分析] 这段苏州邓尉山探梅的导游词，介绍的是赏梅胜地邓尉山"香雪海"的梅花，从梅花的颜色写起，进而写到香味，向我们呈现了一幅美轮美奂的梅花图。

（3）讲解时突出香味。植物的茎、叶、花、果，不仅装饰了自然景观，有的还散发出沁人心脾的芳香，给人以无限欢快的嗅觉美，能让人精神为之一振。无论是香远益清的荷花，浓香扑鼻的桂花，还是幽香缕缕的兰花，清香阵阵的梅花，它们的美跟那诱人的芬芳是分不开的。比如,同是对梅花的描写,"暗香浮动月黄昏"的嗅觉美使得"疏影横斜水清浅"的视觉形象变得更加真实和生动,使美感趋于立体化。有些花就是主要依靠香气才吸引人们去观赏的,如桂花,它的花形很小,颜色也不是那么鲜艳,但由于它的香气浓烈,在秋风中可以飘出数里外,才为人们所喜爱。

3. 从实用价值突出其性能

植物除了具有审美价值外,还具有实用价值。如许多植物有药用价值,成为中国博大精深的中草药的主要来源;有的具有经济价值,可用来制作各种生活用品及工艺品;有的还具有食用价值,成为人们餐桌上的美味佳肴。有的植物的这些功能较为明显,有的却不为人所知,这时,导游讲解就派上用场了。导游在讲解中应突出介绍植物对温度、气候、土壤条件各方面的要求和分布特点,如白杨树的生长特性、银杏树的雄雌异株等。

银杏是世界上的干果珍品,也是我国特有的珍稀树种,其一身是宝,叶、皮、根、果兼能入药,具有很高的食用价值、药用价值、经济价值、生态价值和观赏价值。国内外专家正致力于将银杏叶提取物制成茶叶、针剂、浸膏、胶囊、化妆品,用于医疗和保健。银杏树的果实,果壳白色,果仁似杏仁,故名银杏,又名白果。果实为椭圆形,由于品种形状不同,又称大佛指、大马铃等。果实外面有橙黄色带气味的种皮,果仁可以食用,也可以入药。

银杏树

[分析]导游讲解使游客不仅对银杏树的美有了视觉上的认知,对植物的效能也有了更深入的了解。

4. 从品质内涵讲解其寓意

有些植物富有深刻的寓意,最容易使人获得稳定而丰富的意境和精神上的安慰。这类观赏植物以花卉为主。我国人民自古有通过植物寄托自己的感情和理想的传统。如苍松象征高洁、刚强、长寿;竹象征刚直、清高、虚心;梅花象征傲骨、孤傲;荷花象征洁身自好。周敦颐在《爱莲说》一文中说:"予谓菊,花之隐逸者也;牡丹,花之富贵者也;莲,花之君子者也。"指出了菊花、牡丹花和莲花的寓意美。

浙江省安吉县漫山遍野都是竹,每年可提供商品竹1200万支,堪称全国之最。这里还有一座全国面积最大、散生竹和混生茎竹种最多的竹种园,可谓"竹山竹海竹世界"。

各位游客,现在在我们脚下的是竹子长廊的第二段——六角廊,其寓意风调雨顺。在这里,我也祝愿大家心想事成。现在我们所处的位置是竹子长廊的第三段——悬空廊,其蕴含轻松愉悦、从容自信的生活态度，体现了一种虚中有实、虚实结合的中庸精神。

各位团友，你们有没有发现，在这片草坪中间有一丛丛的竹子，你们知道这叫什么竹子吗？对了，叫"孝顺竹"，我们也称它为"慈孝竹"。为什么这么说呢？这是因为它一年长两次竹笋，冬天长在母竹的外面一圈，为了使母竹不受冻；夏天长在母竹的中间，为了使母竹不被太阳晒，就像子女孝顺父母一样。大家请看竹廊边上这些看似不起眼的竹子，其实它们是一种非常名贵的观赏竹——紫竹，也有的地方称其为黑竹。大家有没有发现，紫竹中间有些竹竿是紫色的，而有些是绿色的，绿色的那些是幼竹，紫竹刚刚长出来时是绿色的，经过第一年的霜打之后会逐渐变紫，三年之后完全变成紫色。紫竹的紫色不是红得发紫，而是绿得发紫，所以比一般的紫色要更加好看，再加上它的韧性比较好，可以做钓鱼竿、手杖等。

浙江·安吉竹海

［分析］上面这段浙江安吉竹种园的导游词，既介绍了园内不同竹品的各色造型，又穿插了传说和典故，虚实结合恰到好处；其间感性地描绘了竹笋的颜色和味道，也理性地介绍了竹子的功效和用途，给了游客全感官的竹子体验。

知识链接

中国花草雅称以及寓意

在我国古代，人们就将松、竹、梅誉为"岁寒三友"；

将玫瑰、蔷薇、月季誉为"园中三杰"；

将报春花、杜鹃花、龙胆草誉为"三大名花"；

将山茶花、梅花、水仙花、迎春花为"雪中四友"；

称兰花、菊花、水仙、菖蒲为"花中四雅"；

称梅、兰、竹、菊为"四君子"（也有人将梅、兰、竹、菊和松合称"五君子"）。

中国十大传统名花都有雅称：牡丹——花王，梅花——花魁（又称雪中高士），水仙——凌波仙子，桂花——花中月老，荷花——花中君子，菊花——花中隐士，月季——花中皇后，山茶——花中妃子，兰花——空谷佳人，杜鹃——花中西施。

讲解技巧⑨

运用形象生动的比喻

比喻，就是打比方。即抓住两种不同性质的事物的相似点，用一事物喻另一事物。比喻法一定要运用恰当，不合适的联想会适得其反。

运用比喻法，会使所要表述的事物更加鲜明生动，产生意想不到的艺术效果。如可以这样比喻松树：迎客松，它有一丛青翠的树干斜伸出去，如同好客的主人热情地欢迎宾客的到来；陪客松，陪同我们玩山看水，像一个绿色的巨人；送客松，样子独特，弯弯曲曲，游客们把它比做天然盆景。

任务 30
动物景观知多少

动物是自然景观的构成要素，常常与植物成为不可分离的内容。有草才有虫，有树才有鸟，动植物的存在已经成为生态平衡的重要标志。动物也是旅游环境中最活跃、最生动的因子，尤其以形态、色态和动态等诱发旅游者产生多方面的旅游动机。

我国动物种类多，数量大，堪称"动物王国"，兽、禽、鱼、虫等有不同的形态外貌、生活习性、活动特点、鸣叫声音，可供观赏娱乐，还可以开发垂钓等旅游活动。

一些体形奇异、罕见或不易接触的动物如象、虎、豹、狮、河马、长颈鹿等已成为某些景区或动物园的代言"人"。我国不少旅游区都有特有的动物，如峨眉山的猴群、弹琴蛙和"枯叶蝶"，西双版纳的大象，扎龙的丹顶鹤等。

北京野生动物园中的老虎

除了野生动物外，在人类饲养和训练下，动物还具有表演性，如海豚水上表演、赛马等。

动物景观一览表

动物景观类型	典型实例
观赏动物	①体形：如虎，体形雄伟如王者。我国的东北虎、华南虎历来备受游客喜爱。又如被称为"四不像"的麋鹿，尾巴似马而非马、角似鹿而非鹿、蹄似牛而非牛、尾似驴而非驴 ②颜色：有的动物毛色纯一，如北极熊，雪一般的白色绒毛给人洁白无瑕的感觉；黑叶猴从头到尾如乌金一般；有的动物则五彩缤纷，如蝴蝶、孔雀及各种海洋动物。我国海南岛的坡鹿，其背部的黑褐色条带，从颈部沿脊梁一直延伸到臀部，黑褐色条带下，点缀着若干平行排列的白斑，色彩极为美观 ③形态：如憨态可掬的熊猫、机灵顽皮的猴子、聪明灵巧的海豚等
迁徙动物	如台湾高雄的蝴蝶谷，蝴蝶择色为伍，满谷几乎清一色的都是黄蝴蝶，构成了自然界的一大奇景
珍稀动物	大熊猫、金丝猴、白鳍豚和白唇鹿被称为四大国宝动物

任务 31
动物景观讲解

动物景观讲解要突出动物的奇特性和珍稀性。

1. 突出奇特性

奇特是指动物在形态、习性等方面的奇异性与逗乐性。动物能活动、迁徙，进行种种有趣的表演，对游人的吸引力大大超过了植物。主产于南方各地的娃娃鱼、长江中下游的"四不像"、云南的金丝猴等，都具有很强的奇特性。

欢迎来到位于黄海滩涂的江苏省大丰麋鹿国家级自然保护区。今天我们要参观的是一群珍稀动物，它们的名字叫麋鹿。

麋鹿是中国特有的世界珍稀动物，俗称"四不像"，它们喜欢在平原沼泽湿地采食自然环境中的植物，是湿地环境的标志物种之一，具有很高的社会、生态、经济价值，堪称中国"活的自然和文化遗产"。

早在300万年前，麋鹿就生活在中国长江、黄河中部的平原沼泽地带。商周时期，因它角似鹿、脸长似马、蹄宽似牛、尾细似驴，而被人们称为"四不像"。动物分类学家把它归为鹿科，这让它作为大型湿地兽类的身份鲜为人知。

大家不知道吧，在"四不像"俗名中有"二不像"可是与沼泽湿地有关。麋鹿的蹄似牛非牛，这里的牛，指的可是水牛。水牛的蹄子很大，麋鹿的蹄掌也非常宽大，神奇的是，在麋鹿的第二和第三蹄间长着像鸭蹼一样的腱膜，着地面积增大，压强减小，就不容易陷入淤泥中啦，再加上鸭蹼一样腱膜的加持，麋鹿在深水中的四蹄就可以像船桨一样划动啦。

麋鹿

麋鹿"二不像"中的"尾似驴非驴",指它的尾巴特别长,约有身躯的1/3长,是鹿科动物中尾巴最长的一种。长长的尾巴除了行走时平衡身躯外,还有一个重要的功能,对了,就是驱赶吸血昆虫。湿地上的吸血昆虫可是比旱地上的多得多。麋鹿在漫长的进化过程中,为了适应湿地环境、保护自己,就长出了较长的尾巴。

麋鹿的一生充满了传奇色彩。它们传奇般的身世与一位法国人有着不解之缘。1865年,也就是清朝同治四年秋的一天,法国博物学家、传教士阿芒·大卫一脸风尘地来到北京南郊南海子皇家猎苑想探个究竟,而守护大门的清兵将他挡在了门外。无奈之下,大卫走到一僻静处,隔着围墙向内窥视,突然,他眼前一亮,那是一群陌生的可能是动物分类学上尚无记录的鹿科动物。第二年年初,阿芒·大卫设法买通了一名守苑的军士,换得了一张鹿皮和两副头骨。鹿皮和麋鹿头骨被送往法兰西。1867年,经法国博物学家爱德华兹鉴定,为一个新的物种,并命名为"大卫鹿"。这一消息随即轰动了欧洲和全世界。

麋鹿的发现引起了欧洲各国的极大兴趣。在接下来的30年内,他们通过明索暗取等各种手段,从北京南海子皇家猎苑中攫走了几十头麋鹿。不久,这一弥足珍贵的新鹿种就出现在了世界各国著名的动物园里。1900年秋,八国联军攻入北京,南海子皇家猎苑中的麋鹿被西方列强劫杀一空。从此,麋鹿这一中国特有的珍稀物种在华夏大地上绝迹。而流落在异国他乡的麋鹿,由于生态环境恶化及人为干扰太甚,它们的种群规模日渐缩小,最终只剩下奄奄一息的18头。后来,英国十一世贝福特公爵用重金将散存在欧洲各国动物园的18头麋鹿悉数买下,放养在英国伦敦北部的乌邦寺庄园内。乌邦寺庄园成为落难的中国麋鹿最后起死回生的地方,而这18头麋鹿也就成为目前地球上所有麋鹿的祖先。

(改编自中华麋鹿园官网)

[分析] 上文从麋鹿的形态、稀缺性、经历等方面来组织导游词。

2. 突出珍稀性

"物以稀为贵",特有的、稀少的,甚至濒临灭绝的动物,往往成为人们注目的中心,被列为保护动物。如武夷山的"角怪",峨眉山的"弹琴蛙",以及"娃娃鱼"、扬子鳄、褐马鸡、朱鹮、丹顶鹤、黑颈天鹅、大熊猫、白唇鹿、东北虎等,都是集观赏价值与保护价值于一身的珍稀动物。

各位游客,众所周知,卧龙自然保护区以"熊猫之乡"闻名于世,因此,有必要向各位简单介绍一下大熊猫的情况。大熊猫在几百万年前就已生存在地球上,当时遍布我国的陕西、山西、北京、四川、云南、浙江、福建等地。大熊猫由盛而衰，以至濒临绝灭境地，究其原因，除了几百万年以来外部环境的恶化之外，生活习性和生育繁殖能力退化是内在原因。大熊猫的祖先原是食肉动物，现在却偏爱吃素，主要食物是箭竹。箭竹一般40~80年开花一次，每次从开花、结籽到长成新竹需要20年左右的时间。一只成年的大熊猫体重可达100~180千克，每天要吃掉20千克左右的鲜竹。大熊猫在竹子生长期间极易因食物短缺而死亡。

大熊猫

专家对大熊猫的长期研究表明，大熊猫生殖机能异常低下。由于遗传和环境的原因，许多大熊猫的生殖系统严重发育不良，成年后生殖内分泌机能紊乱，不能排卵或不能正常排卵，以致终身不育。大熊猫性喜独居，每年的四五月是大熊猫的繁殖期，发情后才愿意进行异性间的接触。雌性大熊猫择偶性极强，非见"白马王子"不抛"绣球"。等5月一过，雌、雄大熊猫又各奔东西。雌性大熊猫怀孕四五个月，产崽多数为单胎，即使产下双胎也往往只能抚养其中一只。大熊猫幼崽重量只有150克左右，相当于它妈妈体重的千分之一，非常脆弱，极易因缺乏营养、患病、气候恶劣或遭遇天敌而夭折。雌性大熊猫在怀孕和哺乳期内很少采食，并由于独自哺乳带养幼崽极其辛劳，体力极度衰竭，对其健康和寿命影响极大。大熊猫的寿命一般为20~30年。由于大熊猫的野外栖息地被严重地隔绝成小块地域，偏偏它们又必须独占很大的土地面才能保证生存，所以在小块的栖息地内，能容纳大熊猫的数量非常有限。一个种群太小的生物，不可避免地导致近亲繁殖，降低遗传多样性，造成遗传性能、生育能力、生存能力的全面退化。现在，野外存活的大熊猫数量极少，在我国约有1000只左右，因其珍稀性，而被誉为生物进化的珍贵的"活化石"。

（http://www.xfanwen.cn/art/5ea7d33c6e962.html）

[分析] 导游在动物景观讲解中应突出动物的珍稀性与奇特性，能使旅游者在感受大自然神奇的同时，增长知识，体味人与自然的和谐。

知识链接

我国加入联合国"世界生物圈保护区网络"的成员

（截至2021年2月1日）

1978年，中国人与生物圈国家委员会成立。1979年，长白山、鼎湖山、卧龙三个自然保护区作为中国第一批成员加入世界生物圈保护区网络。截至2021年2月1日，中国加入该网络的生物圈保护区共有34家。这些成员分布于中国绝大多数省级行政区，保护着中国大部分的生态和生物资源，它们风光秀丽，可持续发展实践活跃，是落实"人与生物圈计划"和践行"生态文明""美丽中国"的典型代表和优良平台。

序号	世界生物圈保护区	所处区域	保护对象	特殊标识
1	长白山	吉林省延边朝鲜族自治州安图县	多样的森林生态系统，以及水曲柳、东北虎、中华秋沙鸭等物种及其栖息地	长白山天池（白头山天池，我国界内）所在地，松花江、图们江、鸭绿江的源头，中国科学院"长白山森林生态系统定位站"
2	鼎湖山	广东省肇庆市鼎湖区	南亚热带常绿阔叶林（季风常绿阔叶林），以及白鹇、穿山甲等珍稀物种及其栖息地	至少400年的珍稀原始森林，中国第一个自然保护区，中国科学院"鼎湖山森林生态系统定位研究站"，东南亚佛教圣地
3	卧龙	四川省阿坝藏族羌族自治州汶川县	大熊猫、绿尾虹雉等珍稀物种及其栖息地	全球最大的大熊猫饲养、繁殖和育幼基地
4	梵净山	贵州省铜仁市江口县、印江土家族苗族自治县、松桃苗族自治县	森林生态系统和珍稀动植物物种（如黔金丝猴、梵净山冷杉）及其独特的景观资源	世界上同纬度带最大的、保护得很好的原始森林生态系统，世界上最大的珙桐（鸽子树）林，黔金丝猴的唯一栖息地，明代以来的佛教圣地
5	锡林郭勒	内蒙古自治区锡林郭勒盟锡林浩特市、西乌珠穆沁旗、阿巴嘎旗	典型草原生态系统	中国第一个草原生物圈保护区，为提高当地居民福祉而开展的草原资源可持续利用的模范区，中国科学院"内蒙古草原生态系统定位研究站"
6	武夷山	福建省南平市武夷山市、建阳区、光泽县	常绿阔叶林生态系统，特别是南方红豆杉群落和中部山地矮林	几处世界上最大片的湿润亚热带森林，世界红茶发源地，世界遗产地，至少1200年的保护
7	博格达	新疆维吾尔自治区昌吉回族自治州阜康市	原始的温带山地森林生态系统，珍稀濒危野生动物及其栖息地，以及冰川、河流、湖泊等	天山天池所在地，中国科学院"阜康荒漠生态系统研究站"
8	神农架	湖北省神农架林区	北亚热带山地森林生态系统及特有珍稀物种	华中第一峰——神农顶（海拔3105.4米），中国科学院"神农架生物多样性研究站"
9	盐城	江苏省中部盐城市	丹顶鹤等候鸟及其栖息地（沿海涂湿地生态系统）	丹顶鹤最重要的越冬地（全球超过一半的丹顶鹤在此越冬），被列入《国际重要湿地名录》（特征类：鹤类的天堂）
10	西双版纳	云南省西双版纳傣族自治州勐海县、景洪市、勐腊县	热带森林生态系统，珍稀野生动植物及栖息地	拥有中国最大、最全面的热带雨林，拥有中国最丰富的生物多样性，中国90%的野生亚洲象种群的家园，中国最丰富的民族多样性地区，中国科学院"西双版纳热带雨林生态系统研究站"
11	茂兰	贵州省黔南布依族苗族自治州荔波县	中亚热带喀斯特森林生态系统和珍稀濒危野生动植物	中国中亚热带地区喀斯特地貌上保护良好的原始森林

续表

序号	世界生物圈保护区	所处区域	保护对象	特殊标识
12	天目山	浙江省杭州市临安区	珍稀濒危野生动植物及亚热带森林生态系统和生物多样性	巨树的王国,拥有世界最古老的银杏群落,2000年以上的人类活动,儒释道延续几百年的自然保护
13	丰林	黑龙江省伊春市五营区	野生红松针阔叶混交林生态系统	完整的红松天然林,长达40年的气候、水文、红松生态记录
14	九寨沟	四川省阿坝藏族羌族自治州九寨沟县	红豆杉、独叶草等植物和大熊猫、金丝猴、绿尾虹雉等野生动物	高山喀斯特湖泊群和瀑布群
15	黄龙	四川省阿坝藏族羌族自治州松潘县	大熊猫、金丝猴、扭角羚等珍稀野生动物和森林生态系统	世界自然遗产地,约3400个钙华水塘构成的系统(相互之间以钙华浅滩、急流和瀑布相连),每年的牟尼沟卓锦节
16	南麂列岛	浙江省温州市平阳县	海洋贝藻类、鸟类、水仙花及其生态系统	15种特有贝类,中国第一个海洋/海岸带生物圈保护区
17	山口	广西壮族自治区北海市合浦县	红树林生态系统	中国罕见的集红树林、盐沼、海草床为一地的生态类型,被列入《国际重要湿地名录》(特征类:红树林的保护地)
18	白水江	甘肃省陇南市文县、武都区	大熊猫、金丝猴、珙桐等珍稀濒危野生动植物及其森林生态系统	白马藏族的家园
19	高黎贡山	云南省保山市腾冲市、隆阳区,怒江傈僳族自治州贡山独龙族怒族自治县、福贡县、泸水市	中国纬度最南端较为完整的高山、亚高山自然景观和丰富的生物多样性	白眉长臂猿在中国的主要分布地
20	宝天曼	河南省南阳市内乡县	综合性过渡带森林生态系统和珍稀野生动植物	河南省珍稀植物最集中、最丰富的地区
21	赛罕乌拉	内蒙古自治区赤峰市巴林右旗	珍稀濒危野生动植物及森林、草原、湿地等多样的生态系统	契丹族的故土和发祥地
22	达赉湖	内蒙古自治区呼伦贝尔市	珍禽、湿地及草原生态系统	被列入《国际重要湿地名录》(特征类:鹤类的天堂)
23	五大连池	黑龙江省黑河市	火山遗迹	中国最年轻的火山,研究先锋植物在不毛之地上演替的理想地
24	亚丁	四川省甘孜藏族自治州稻城县	羚牛等珍稀动物及濒危植物	仙乃日、央迈勇、夏诺多吉三座神山

续表

序号	世界生物圈保护区	所处区域	保护对象	特殊标识
25	佛坪	陕西省汉中市佛坪县	大熊猫、羚牛等珍稀动物及其栖息地	海拔2200米以上具有保存良好的秦岭特有的原始森林群落，野生大熊猫理想的观察研究基地
26	珠穆朗玛	西藏自治区日喀则市吉隆县、聂拉木县、定日县、定结县	世界上独一无二的极高山生态系统、高原景观、地质遗迹，以及西藏的历史文化	世界上海拔最高的生物圈保护区，世界上海拔最高的山峰——珠穆朗玛峰的所在地，南部拥有海洋性冰川，北部拥有大陆性冰川，世界上最高的寺庙——绒布寺，建于公园8~9世纪的查嘎尔达索寺，古长城
27	车八岭	广东省韶关市始兴县	中亚热带常绿阔叶林及珍稀动植物	有许多十字交叉的溪流，"东方吉卜赛人"过山瑶人的家园，目前世界上唯一有人类居住的火山口
28	兴凯湖	黑龙江省鸡西市密山市	珍稀濒危鸟类和兴凯湖松等野生动植物，以及内陆水域湿地及森林生态系统	被列入《国际重要湿地名录》（特征类：鹤类的天堂）
29	猫儿山	广西壮族自治区桂林市兴安县、资源县、龙胜各族自治县	原生性亚热带常绿阔叶林森林生态系统，珍稀濒危植物物种，漓江源头水源涵养林	华南最高峰——猫儿山（海拔2141.5米），三江源头（漓江、资江、浔江），长江与珠江的分水岭，八角田的亚热带常绿落叶与阔叶混交林里的森林沼泽湿地独一无二，特有两栖动物——猫儿山小鲵
30	牛背梁	陕西省西安市长安区，商洛市柞水县，安康市宁陕县	羚牛秦岭亚种等珍稀动植物及其栖息地	我国唯一以保护羚牛及其栖息地为主的保护区，秦岭东段生物多样性最丰富的地区且森林保存相对完好，主峰牛背梁是秦岭东段最高峰
31	井冈山	江西省吉安市井冈山市	中亚热带湿润常绿阔叶林生态系统及其生物多样性	拥有整个北纬26°亚热带区最大且连片的原生性阔叶林，井冈山脊蛇的唯一分布地
32	蛇岛-老铁山	辽宁省大连市旅顺口区	蛇岛蝮蛇、候鸟及其栖息地	蛇岛蝮蛇的唯一分布地，东亚-澳大利亚候鸟迁徙路线上重要的中途停歇地——"老铁山鸟栈"
33	汗马	内蒙古大兴安岭山脉西坡北部（内蒙古自治区呼伦贝尔市根河市境内）	典型寒温带原始明亮针叶林生态系统及珍稀濒危动植物	中国保存最为完整、最为原始的寒温带明亮针叶林区，中国特有的"使鹿部落"——敖鲁古雅鄂温克族，完备的森林火灾管理体系
34	黄山	安徽省黄山市	中亚热带北缘半湿润气候区的森林生态系统，及其珍稀动植物资源	中国东部地区少有的高山，是华东第一峰。新安江水系、昌江水系、青弋江水系和秋浦河水系重要的水源地，对保护4大水系沿线生物多样性具有重要意义。是一座历史文化名山，参与和见证着中华文明进程。是中国第一个国家级风景名胜区加入该网络

能力训练④

融洽与游客之间的关系

导游讲解仅仅发音正确、表达流畅、富有情感,还不算是完美。

根据美国心理学家艾伯特·梅拉比安的一个公式:信息的总效果= 7% 的有声语言 +38% 的语音 +55% 的面部表情,说明态势语言对于交流的重要性。

态势语言分为表情语、姿态语和动作语三种类型。表情语言能有效地配合有声语言传递信息,起到补充和强化有声语言的作用,运用得好,不仅可以大幅提高有声语言的表达效果,甚至还能起到口头语言不能起到的作用。

1. 微笑训练

微笑是有自信心的表现,是对自己的魅力和能力抱积极态度的表现。微笑,能有效地拉近客我双方的距离,给对方留下美好的心理感受,从而形成融洽的交往氛围。在不同的场合,如果能用微笑来接纳对方,就可以让对方感知你良好的修养和诚挚的胸怀。

微笑礼

发自内心的微笑,会自然调动人的五官:眼睛略眯起、有神,眉毛上扬并稍弯,鼻翼张开,脸肌收拢,嘴角上翘,唇不露齿,做到眼到、眉到、鼻到、肌到、嘴到,看起来亲切可人、打动人心。

[小贴士] 微笑是有效沟通的法宝,是人际关系的润滑剂。平时可以通过训练有意识地改变自己:

(1)放松面部肌肉,然后使嘴角微微向上翘起,让嘴唇略呈弧形。最后,在不牵动鼻子、不发出笑声、不露出牙齿,尤其是不露出牙龈的前提下,轻轻一笑。

(2)闭上眼睛,调动感情,并发挥想象力,或回忆美好的过去或展望美好的未来,使微笑源自内心,有感而发。

(3)对着镜子练习。使眉、眼、面部肌肉、口形在笑时和谐统一。

(4)当众练习法。按照要求,当众练习,使微笑规范、自然、大方,克服羞涩和胆怯的心理。也可以请观众评议后再对不足进行纠正。

也可以面对镜子,嘴里咬住一根筷子,眼含笑意,让人感到你自然的、发自内心的愉悦。

还有三种训练微笑的小窍门可供参考：

（1）把手举到脸前；双手在脸的中部做微"拉"的动作，一边想象笑的形象，一边使嘴角做出微笑的样子。

（2）把手指放在嘴角并向脸的上方轻轻上提，一边上提，一边使面部充满笑意。

（3）将手张开举在眼前，随着手掌上提，眼睛一下子睁大。

在经济学家眼里，微笑是一笔巨大的财富；在心理学家眼里，微笑是最能说服人的武器；在服务行业，微笑是服务人员最正宗的脸谱……

2. 目光语训练

"眼睛是心灵的窗户"，一个人的思想情感可以通过眼神反映出来。导游服务中，导游使用目光语也有很多技巧。

注视礼

（1）注视部位。目光注视的部位有近亲密注视、远亲密注视和社交注视三种。前两种注视分别把视线停留在对方双眼与胸部之间和双眼与腹部之间，适于亲人与恋人之间。后一种是把视线停留在对方双眼与嘴唇之间，利于传递友好信息。

（2）目光的分配。导游不能长时间注视游客，应学会分配目光。一般以视线平行接触为宜，连续注视对象的时间不宜过长，视线接触对方面部的时间应占全部时间的20%~60%。与个别游客交谈时，用正视表示尊重和庄重；面对全团成员时，要用正视与环视相结合的方式。目光长时间停留在个别人或少数人身上，或长时间不看客人都是失礼的行为。要照顾到处于前排、后排、左侧、右侧的所有人，让处在每个位置上的游客都感到受重视，营造一种友好和谐、服务周到的良好氛围。

（3）目光的连接。导游要注意和游客目光交流，不能只注视某人、某物，不能单一地向上、向下、不时向窗外看、不敢看客人等，要用目光向游客表达自己的情感。

（4）目光的移动。导游在讲解某一景物时，首先要用目光把游客的目光引过去，然后再及时收回目光，继续投向游客；视线朝向哪方，面孔就正对哪方，那种眼球滴溜溜转而头不随眼球转动的人是令人生厌的。美国的第四十任总统里根演员出身，拥有高超的表演技巧，每次演讲他都能充分运用目光语。有时像聚光灯，把目光聚集到全场的某一点上；有时则像探照灯，目光扫遍全场。有人评价他的目光语是一台"征服一切的戏"。

（5）目光语的用法。下面介绍几种运用目光语的方法：

前视法。就是将视线平直向前而弧形流转，立足听众席的中心线，以此为中心弧形照顾两边，直到视线落到最后的游客头上。视线推进时不要匀速，要按语句有节奏进行，要顾及偏僻角落的游客。

环视法。有节奏或周期性地把视线从游客的左方扫到右方，从右方扫到左方；或从前排到后排，从后排到前排。视线每走一步都是弧形，弧形又构成一个整体——环形。使用这种方法要注意中间的过渡，由于跨度大，难免顾此失彼，要注意衔接。这种方法主要用于感情浓烈、场面较大的讲解。

点视法。在很特殊的情感处理或游客出现不良反应时，可大胆运用此法。此法很管用，对制止游客的骚动情绪有很大作用。

虚视法。即"眼中无听众，心中有听众"。这种方法在讲解中使用频率很高，对于是初上场的导游，可以用它来克服自己紧张与分神的毛病，而不至于使自己看到人群那火辣辣的眼神而害怕。这种方法还可以用来表达讲解内容时的愤怒、悲伤、怀疑等感情。

仰视法和俯视法。在讲解时不要老是注意游客，可以根据内容运用仰视法和俯视法，如表达长者对后辈的爱护、怜悯与宽容时，不时把视线向下；表达尊敬、撒娇或思索、回忆时，视线可向上。要特别说明的是，目光语往往是各种方法综合考虑、交叉运用的，同时要按照内容的需要，押着感情的节拍，配合有声语言形式和手势、身姿等立体进行、协同体现。

课后任务

根据动植物资源的特点编写一段导游词，对该景点进行概要性介绍。

动植物资源的名称：＿＿＿＿＿＿，属于＿＿＿＿动植物景观类型。

它的特色：＿＿＿＿＿＿＿＿＿＿＿＿＿＿＿＿＿＿＿＿＿。

有没有相应的传说或故事：有＿＿＿＿＿ 没有＿＿＿＿＿。

接下来，就请您写一段500字左右的导游讲解词吧！

[领取任务]为游客介绍长江濒危动物白鳍豚。

[任务提示]（1）在网络上查找资料。

（2）掌握白鳍豚的特点。

（3）运用比喻法。

动植物景观讲解评价表

编号	表现	Yes	No
1	物种归类表述清晰		
2	动植物种类介绍层次清楚		
3	能介绍动植物生理习性		
4	能充分调动游客的嗅觉和味觉		
5	能介绍文化内涵		
6	能提倡爱护资源		

讲解者 _____ 评价者 _____ 通过□ 不通过□

特级导游的N个力荐

要指导游客欣赏自然风光的美
要提高自身发现美、感悟美的能力
要通过各种渠道看书、实践、求教
要把握讲解的同步性

单元 5

徜徉历史长河——人文景观讲解

人类的寿命不过百年，但有些古老的建筑却有千年的历史，虽然它们不会说话，但是岁月的痕迹、人类的智慧无不隐藏其中。作为导游，能够近距离接触它们、感受它们，是一种荣幸。把这些历史的语言传递给游客，正是导游这个岗位的魅力所在。让我们一起努力做好这些千年遗存的代言人吧。

古代建筑遗存
讲解

对古代建筑遗存的讲解最能体现导游的功力。

小王接了一个旅游团在山西晋祠游览,由于当地的地陪不能胜任讲解工作,游客们抱怨很大。有个游客说:"王导,你能帮我们介绍介绍晋祠吗,我知道它已被列入世界遗产名录,可地陪小张讲得实在太简单了。"作为全陪的小王该怎么办呢?

还记得全陪的职责吗,其中一个就是讲解,但旅游目的地的讲解工作主要由地陪来承担,地陪不能胜任的时候,全陪也可以承担旅游目的地的讲解工作。

古代建筑离现代生活较远,需要导游储备庞大的古代建筑知识和丰富的讲解技巧,才能使讲解既有知识性又有趣味性。接下来,就让我们来测测自己的含金量吧。

[考一考] 古代建筑知多少?下面几个世界遗产名录中的著名建筑在我国的哪个省,是什么朝代的建筑?

建筑名称	所在省份(直辖市)	建筑年代
天 坛		
应县木塔		
孔庙大成殿		
兵马俑坑		
平遥古城		
故 宫		

任务 32
古代建筑 ABC

"建筑之始,产生于实际需要,受制于自然物理,非着意创制形式,更无所谓派别。其结构之系统,及形式之派别,乃其材料环境所形成。"(摘自梁思成《中国建筑的特征》)

建筑被人们称为无声的语言、历史的缩影。"建筑之规模、形体、工程,艺术之嬗递演变,乃其民族特殊文化兴衰潮汐之映影;一国一族之建筑适反鉴其物质精神,继往开来之面貌。"

1. 各时期的中国古代建筑及其特点

各时期的中国古代建筑及其特点

分期	现存建筑
原始阶段	/
两汉时期	墓室墓阙,汉茂陵为代表
魏晋南北朝	石窟、佛塔、陵墓,嵩岳寺砖塔为代表
隋唐时期	石窟、陵墓、砖石佛塔,敦煌石窟等为代表
五代宋辽金	塔幢,山西晋祠为代表
元明清	遗存较多,故宫等为代表

中国建筑具有悠久的历史传统和光辉的成就。从陕西半坡遗址发掘的方形或圆形浅穴式房屋发展到现在,已有六七千年的历史。中国建筑在世界的东方独树一帜,它和欧洲建筑、伊斯兰建筑并称世界三大建筑体系。博大精深的中国建筑文化,在古代以中国为中心,以汉式建筑为主,传播至日本、朝鲜、蒙古和越南等国,形成了别具一格的"泛东亚建筑风格",在人类文明史上写下了光辉的篇章。

2. 中国古代建筑的特点

(1)以木料为主要构材。中国古代建筑的构材与西方古代建筑的构材上的区分造成了中西建筑发展成为不同的形式,也决定了中国古代单体建筑不会向高度发展,而以平面展开为特色。

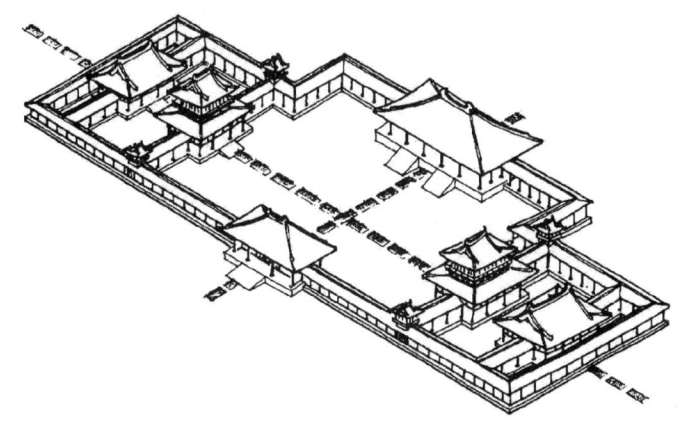

中国古代单体建筑以平面展开为特色

(2)利用木构架制之结构原则。木构架的优点是:第一,承重结构与维护结构分开，建筑物的重量全由木构架承托，墙壁只起维护和分隔空间的作用。第二，便于适应不同的气候条件，可以因地区寒暖之不同，随意处理房屋的高度、墙壁的厚薄、选取何种材料，以及确定门窗的位置和大小。第三，由于木材的特有性质与构造节点有伸缩余地，即使墙倒而屋不塌，有利于减少地震损害。第四，便于就地取材和加工制作。古代黄河中游森林茂密，木材较之砖石便于加工制作。

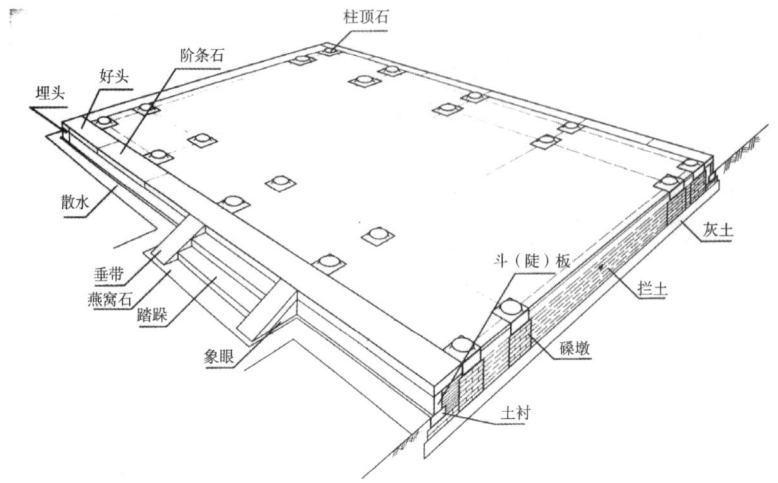

中国古代建筑的承重结构

中国古代建筑的木架结构

（3）以斗栱为结构之管件并为度量单位。斗栱是中国木构架建筑中最特殊的构件。斗是斗形垫木块，栱是弓形短木，它们逐层纵横交错叠加成一组上大下小的托架，安置在柱头上用以承托梁架的荷载和向外挑出的屋檐。

  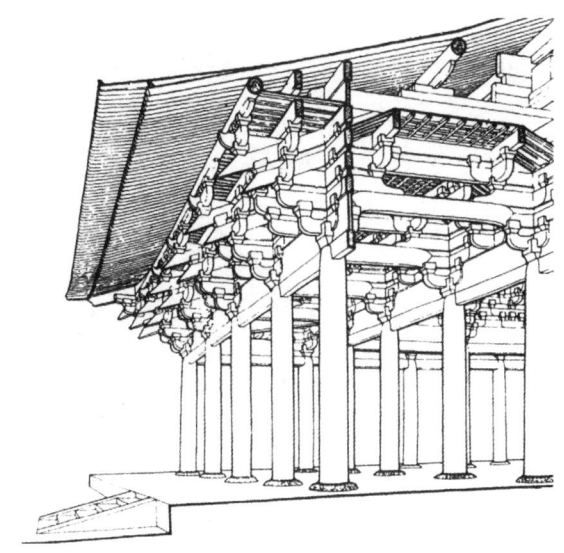

挽起的弓　　　盛米的斗　　　　　　山西·五台山佛光寺大殿斗栱

（4）外部轮廓之特征：

第一，翼展至屋顶部分为飞檐翘角。飞檐翘角是人们对中国古代建筑的第一印象，弯曲上翘的屋顶是中国古代建筑对世界建筑的贡献，也是中国建筑的标志。

北京·普度寺大殿

第二，崇厚阶基之衬托。台阶根据主人的身份分为普通台阶、较高级台阶、更高级台阶和最高级台阶，宽大的台阶衬托出中国古代建筑的恢宏与气势。

  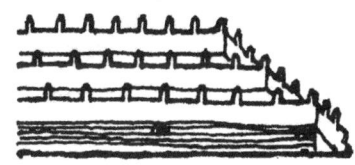

普通石台基　　　　须弥座台基　　　　　　三层须弥座台基

第三，玲珑木质之屋身。在中国古代建筑中有一句俗语，叫墙倒屋不倒，木构架支撑起房屋的整体重量，而玲珑的木工为中国古代建筑增添了无限的美感。

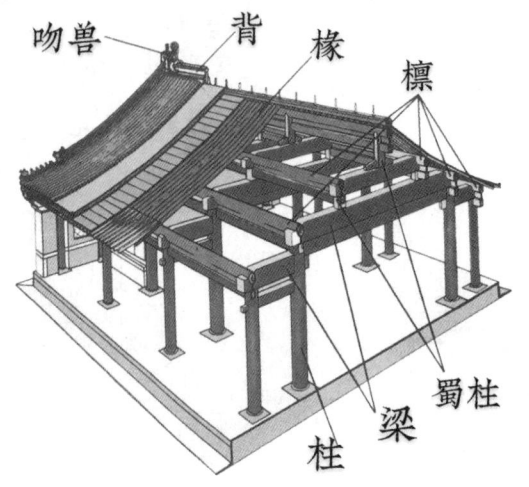

中国古代建筑的木质屋身

第四，院落之组织。中国古代建筑以间为基本单位，在间的基础上组成单体建筑，在院墙的包围下组成院落，不同的院落又组成大的建筑群。

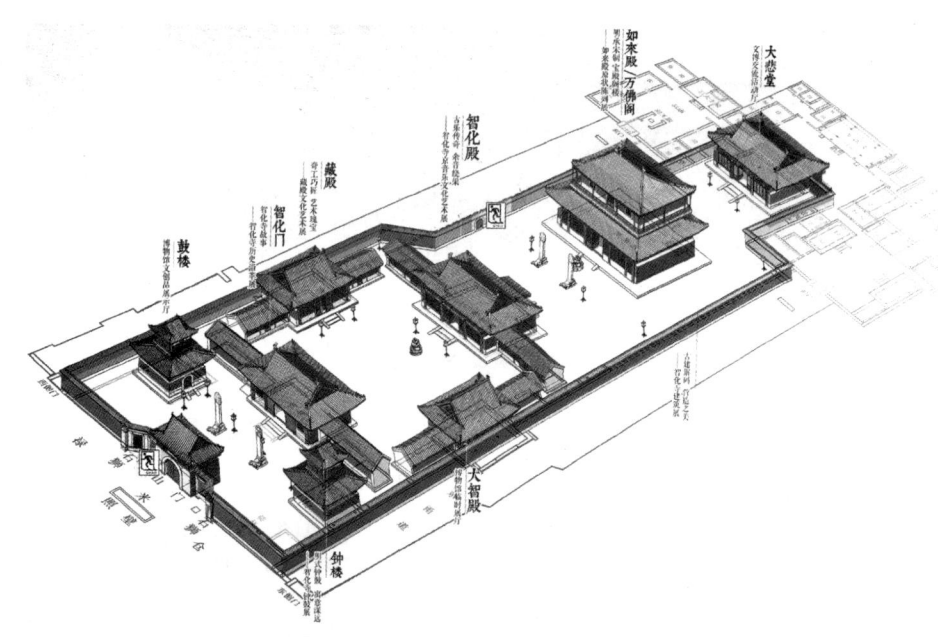

民国时期北京智化寺四进院落平面图

第五，彩色之施用。中国古代建筑的材料为木质结构，所以容易被蛀容易腐烂，漆不仅能防蛀防腐，还能增加色彩。中国古代建筑中还将彩画加以应用，在枋额等处，往往采用龙凤、民间故事等作为彩画的题材。

北京·故宫角楼彩绘屋顶

第六，绝对对称与绝对自由之两种平面布局。中国古代建筑中南北中轴线的意义非常重大，在古代宫殿、庙宇、住宅中主体重要建筑均建在南北中轴线上，其他建筑均匀对称分布在左右两侧。但在中国古代园林中，因建造的理念不同，恰恰表现出绝对自由的平面布局，这部分内容我们将在古典园林的讲解中与大家分享。

[试一试] 下图中的枋额彩画哪个是和玺彩画，哪个是苏式彩画，哪个是旋子彩画？

请写出理由：_____

_____

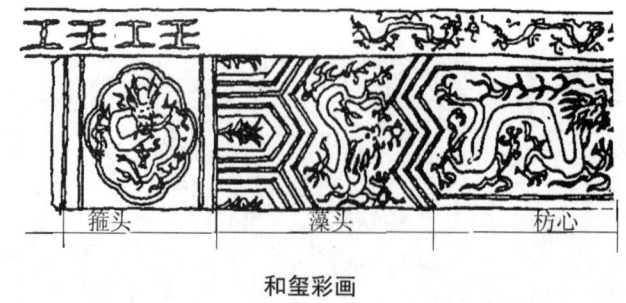

和玺彩画

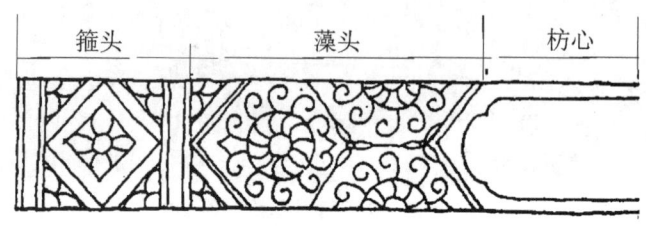

旋子彩画

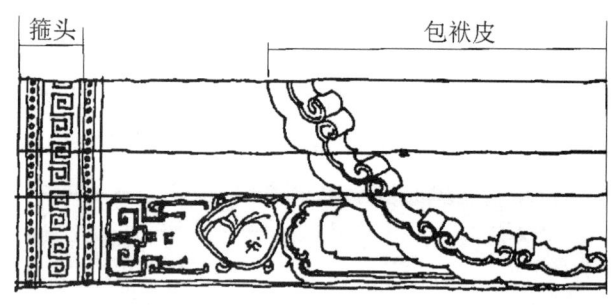

苏式彩画

任务 33
古代建筑讲解法式

宋代李诫编写了《营造法式》，为我们今天研究中国古代建筑留下了珍贵的遗产，我们把这部分的讲解内容和方法也就称为古代建筑讲解法式。

中国古代建筑形式多样，包含宫殿建筑、亭台楼榭、碑林墓塔、寺庙祠堂、洞窟摩崖等。古代建筑遗存浩如烟海，如何将这些历史遗存更好地介绍给游客，需要抓住中国古代建筑的共性来进行讲解训练。

1. 古代建筑形式的讲解

大家注意了，我们马上就要穿过莲花桥了。

莲花桥，桥非桥，亭非亭，桥与亭结合得如此完美，可是中国古桥建筑史上的孤例。

莲花桥呈"串"字形，为"工"字形桥基，桥上建五亭，又名五亭桥。

五亭桥为四角攒尖顶，亭间有廊相连。它建于乾隆二十二年（1757），仿北京北海的五龙亭和颐和园的十七孔桥而建。"上建五亭、下列四翼，桥洞正侧凡十有五。"建筑风格既有南方之秀，也有北方之雄。中国著名桥梁专家茅以升曾评价说："中国最古老的桥是赵州桥，最壮美的桥是卢沟桥，最秀美的、最富艺术代表性的桥，就是扬州的五亭桥了。"

扬州瘦西湖莲花桥

[分析]借用专家学者的评价，可以让游客抓到中国古代建筑的精髓。

[试一试]收集资料，写一段介绍北京四合院的导游词。想一想中国还有哪些建筑形式。

2. 古代建筑布局的讲解

以世界文化遗产故宫和天坛为例。

故宫内有各类殿宇9000余间，都是木结构、黄色琉璃瓦屋顶、青白石底座饰以金碧辉煌的彩画，建筑面积达15万平方米。

故宫由外朝和内廷两部分组成。外朝以太和殿、中和殿、保和殿三大殿为中心，东西以文华殿、武英殿为两翼，是皇帝处理政事、举行重大庆典的地方。内廷以乾清宫、交泰殿、坤宁宫为中心，东西两翼有东六宫、西六宫，辅以养心殿、奉先殿、斋

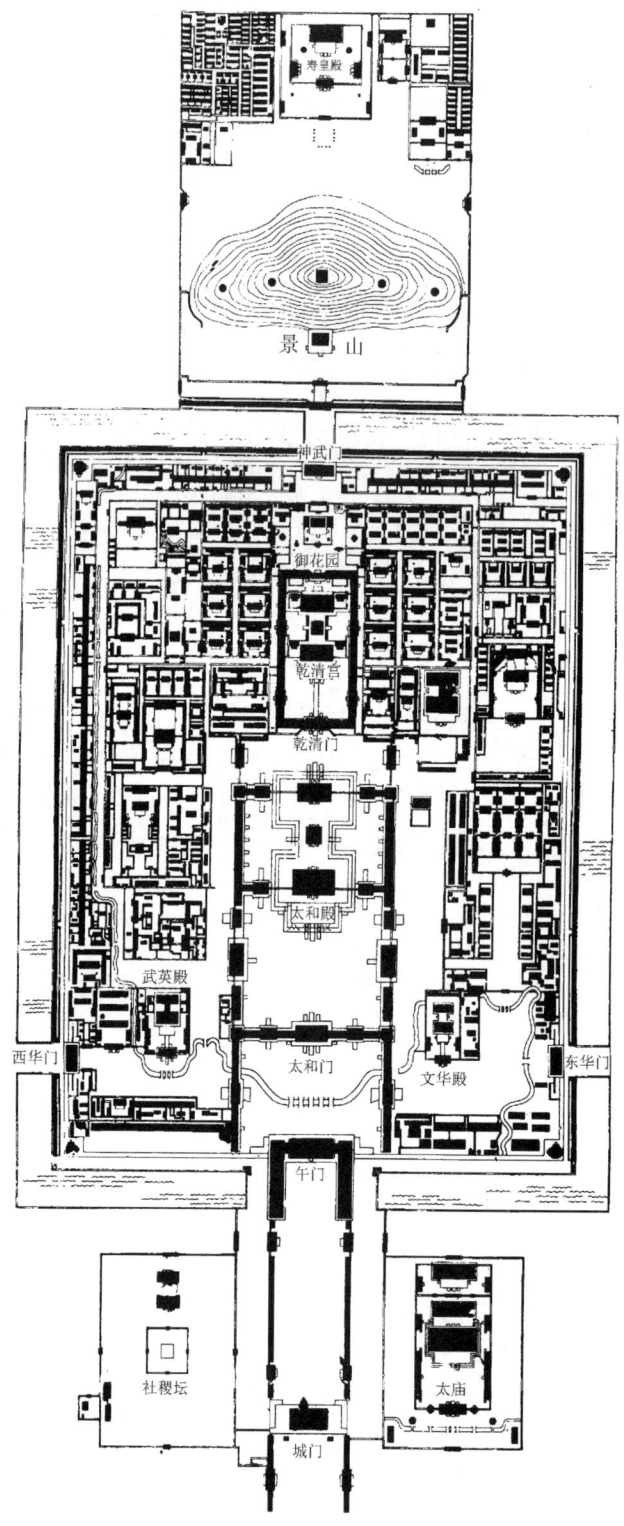

北京·故宫平面图

宫、毓庆宫、宁寿宫、慈宁宫及御花园等，是皇帝平日处理政务以及皇帝、皇后等居住、礼佛、读书和游玩的地方。总体布局为中轴对称，前三殿、后三宫坐落在全城中轴线上，气势雄伟、豪华壮观，为我国现存最大、最完整的古典建筑群，也是世界上别具一格、辉煌壮丽，并具有中国古典风格和东方格调的建筑物和世界上最大的皇宫。

（曹南燕等《中国风景名胜区》）

[分析] 这段故宫的布局介绍清晰明了。介绍是按照总—分—总的顺序进行。请大家注意其中一些词今后可以用在自己撰写的导游词中。"组成""以……为中心""以……为两翼""分布在中轴线上"这样的句式能够展示我们导游的专业性。

天坛有两重坛墙，分内坛与外坛。内外坛墙的北面是圆形，南面是方形，这种北圆南方的形式迎合了古代的"天圆地方"之说；北部墙高，南部墙矮，表示天高地矮。天坛的主要建筑是祈年殿、皇穹宇和圜丘坛，它们依次排列在天坛南北向的一条中轴线上，构成了一幅完整的、富有图案美的画卷。

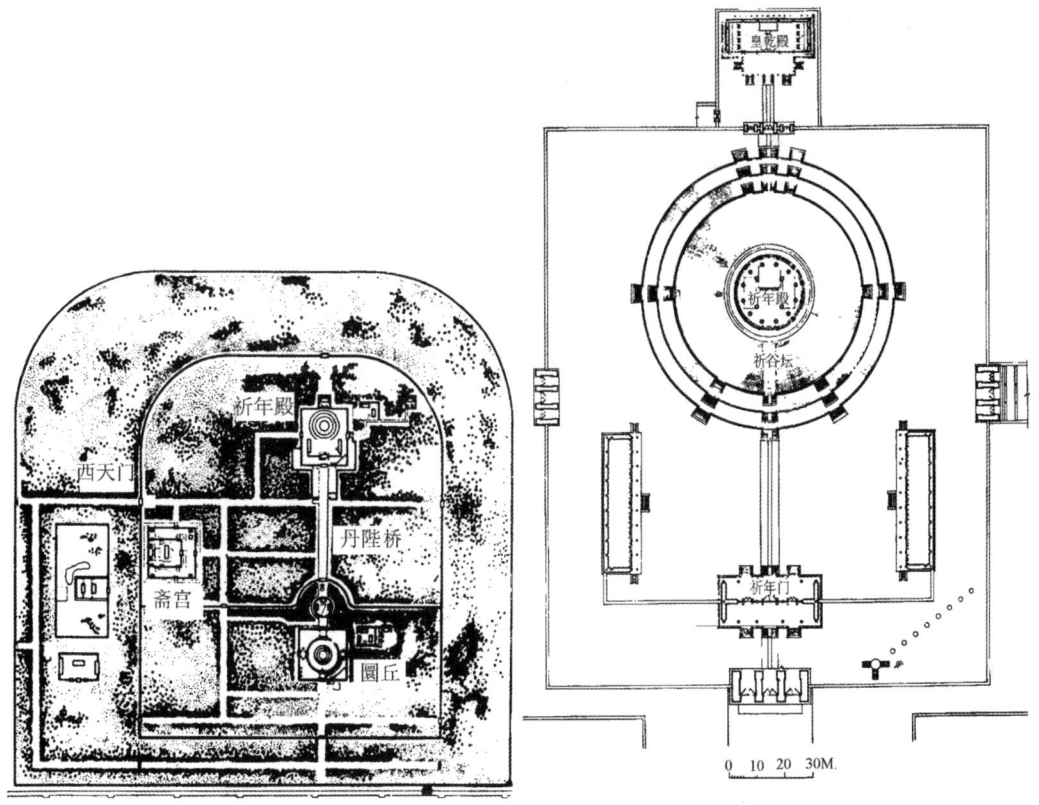

北京·天坛总平面图　　　　北京·天坛祈年殿平面图

[分析] 天坛的布局简洁明了，由于是一般的游客，所以不要一次灌输过多的建筑知识，否则容易使游客迷惑。讲解时，方位的指示要准确，要放慢语速，同时要增加指示性的手势语，以利于游客理解。

知识链接

中国古代宫殿建筑的布局特点：
(1) 体现阴阳五行的理念　　(2) 严格的中轴对称　　(3) 左祖右社
(4) 三朝五门　　　　　　　(5) 前朝后寝　　　　　(6) 前宫后苑

北京·故宫俯瞰图

[练一练] 查找相关资料，找到云南丽江古城的布局特色与故宫布局的异同点。

3. 建筑构件的讲解

中国古代建筑有一些自己独特的构件，这些构件对一般游客来讲是非常陌生的。导游要将其构造讲解清晰，同时运用类比法等方法来增强讲解效果。下面以天坛祈年殿的内部构造讲解为例。

到此，祈谷坛的主体建筑祈年殿就出现在我们面前了。

祈年殿的基座是三层的圆形石台，在正面三层石台阶中，分别装饰着巨大的浮雕，叫做殿前丹陛石雕。从下至上内容分别是：瑞云山海、双凤山海、双龙山海。各层排水孔的图案和浮雕的内容也是对应的。东西两旁的配殿有九间，原来是安放祭祀牌位的地方，不过在嘉靖年间，把它们挪到了先农坛，所以现在这里也就没有什么实际用途了。

祈年殿本身就是一座极具中国特色的独特建筑。圆形三重檐攒尖屋顶向上层层收缩，用蓝色的琉璃瓦覆盖，以此来象征天。顶部是镏金宝顶，抬头仰视，便是龙凤藻井，中心是龙凤呈祥的图案。巨大的三层殿顶是靠殿内的 28 根落地柱支撑的，中间的四柱名叫龙井柱，东南西北方向分别代表了春夏秋冬；龙井柱外围的 12 根红漆金柱所分割出来的 12 个开间，则分别代表了一年的 12 个月份；外面两环的 24 个开间又分别代表了一年的 24 个节气；28 根大柱，代表了天上的 28 个星宿。

据说,祈年殿是仿照古代明堂设计建造的。在感叹殿内建筑的同时,也让我们把注意力转移到殿内的陈设上来。这里的陈设是按照清朝咸丰年间原状恢复的,正面的雕龙宝座上供奉着的是满汉合璧的皇天上帝神版,左右两侧的石台上供奉的是清朝前八位皇帝的牌位。

北京·天坛祈年殿

以上这段导游词讲解介绍的顺序是:_____。
介绍了中国古代建筑的_____、_____、_____、_____、_____、_____。

下面以长城的构造为例,看看如何讲解专业词汇。

八达岭长城由三台两墙组成。什么是三台两墙呢?现在就让我给大家来解释一下,三台分别是城台、敌台、烽火台。城台的构造非常简单,只是驻守的官兵避风寒的地方。敌台的构造要相对复杂一些,分为两层,下层是由田、井、回等字形建筑组成,上层有垛口和望孔,是观察军情和射箭用的,因而这里有防御敌人的功能。

下面就到了烽火台,又叫烽燧、狼烟台,是不和长城相连的独立建筑。一旦敌人来犯,就点燃烽火通报军情。古人把白天点燃的烟叫做烽,晚上点燃的烟叫做燧。明朝的时候,还对烽火与敌人的关系作了严格的规定:敌人百余个,燃一烟点一炮;五百人,燃两烟点两炮;千人以上,三烟三炮;五千人以上,四烟四炮;万人以上,五烟五炮。通过这种方式,在边关的军情能够飞速地传递到皇城之内。

说完了三台,下面就来说一下两墙。长城外侧的高墙叫做堞墙,有垛口是用来防御敌人的。内侧不足一米高的墙则叫做女儿墙,也叫做宇墙。起初,长城内侧是没有女儿墙的,可是经常有人会跌下山崖,所以就修建了这道墙。在长城墙根的地方每隔不远处就有一个小水沟,雨天的时候由吐水嘴向外排水,以免水冲刷城墙。长城的墙体里面是用石头块筑成的,外边砌上砖,再在上面铺上石板,使建筑非常牢固!

(曹南燕等《中国世界遗产名录》)

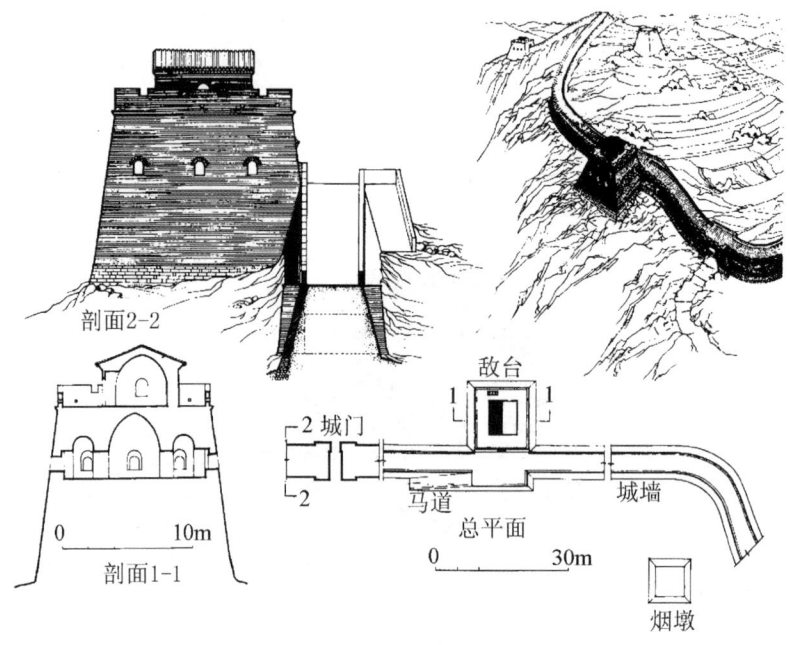

山西·应县附近长城敌台

[分析] 长城是我国著名的建筑遗存，对于大多数游客来讲，比较难理解的是一些专业词汇，比如说三台：城台、敌台、烽火台。

[试一试] 作为导游，有些景点是我们无法实地考察的，而通过照片和视频进行了解，是不错的方法。请你试一试，标注下面九幅图的屋顶式样。

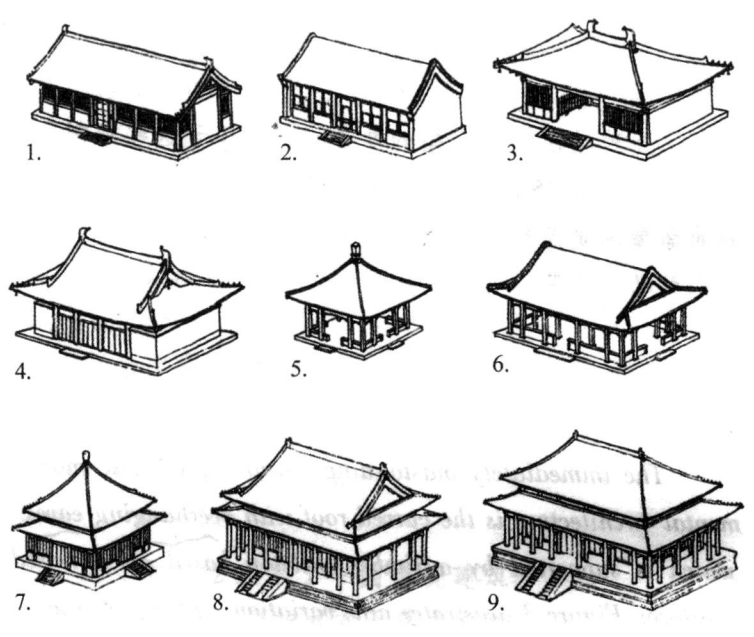

下图中我国古代建筑的独特构件叫做_____，其在中国 2010 上海世博会的_____馆中得到了充分应用。

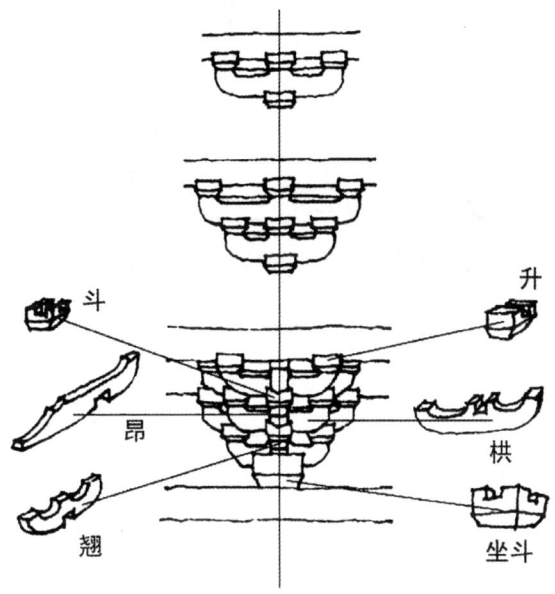

4. 建筑陈设的讲解

建筑陈设是中国古代建筑的重要组成部分，导游要为游客做清晰的介绍，不要让游客觉得建筑只有外形可看。下面以故宫太和殿陈设为例。

太和殿内外有大量特殊的陈设，殿前月台上摆的铜鼎、铜龟、铜鹤是大典时用来焚香的，有江山永固之意。

在数千年的文化中，不论是歌颂、赞美鹤所代表的高尚德行的诗词歌曲，还是描摹、升华鹤所独具的翩然身姿的画作精品，可谓数不胜数。首先从铜鹤的造型、神态来看，风格写实，造型丰满健硕。与乾清宫略有秀美阴柔之气的铜鹤对比，更多了几分大气和庄重。可见负责设计制作的工匠是专门为迎合太和殿（外朝三大殿之首）的地位、风格而设计成如此格调的。虽然造型简单，但铜鹤造像摆设于此的内涵却是颇有渊源的。在古文化中，仙鹤一直是以高尚的德行被世人传唱、赞誉，鹤所代表的不仅仅是它的婀娜多姿，在太和殿门外的铜鹤造像更多要表达的是鹤自身的那种精神。也许正是出于这个原因，工匠们刻意削弱了对铜鹤外形上的雕琢，让观者见到铜鹤时更会留意它所代表的精神内涵。太和殿铜鹤同时也带有一些宗教色彩。太和殿是紫禁城内举行大典的地方，明清两代皇帝登基、宣布即位诏书、皇帝大婚、册立皇后等重大仪式都在此举行。而统治者对祭祀、仪式等活动极为重视，在古人看来，祭祀、大典关乎着国运兴衰、江山社稷之安危。

北京·故宫太和殿前的铜鹤

　　以文学、艺术等不同载体及形式赞美、传诵的鹤，出现在太和殿的汉白玉露台上，充分表现出鹤文化在古老中国的崇高地位。平凡的鹤以其不凡的精神内涵与神格化的龟身兽矗立在太和殿广场之上，一同为天朝盛世颂德祈福。

　　[分析]这段导游词从建筑陈设摆放的位置、艺术造型等角度进行讲解，同时对陈设的功能及寓意进行了深入挖掘。具体讲解时，可以采用类比法来进一步讲解古代建筑群的陈设。

　　[试一试]试着讲解故宫太和殿内的"双龙戏珠"藻井。

　5. 建筑的文化意义讲解

　　建筑不仅具有居住功能，同时具有社会文化传播功能，如我们常说的"门当户对"，就是由建筑术语演变而来。在建筑讲解中，对建筑文化意义的讲解难度较高。

北京·中山公园社稷坛

　　社稷坛是中山公园的主体建筑，位于园内中心。它是一座三层方坛，四周用汉白玉围砌，坛面铺有黄、青、白、红、黑五色土壤，象征道教阴阳五行学说。五色之中黄色居中，借古代神话传说，黄帝统治天下，居于中央；东青，象征东方太昊，木神辅佐，持圆规，掌管春天；南红，象征着炎帝，火神辅佐，持秤杆，掌管夏天；西白，象征西边少昊，金神辅佐，拿曲尺，掌管秋天；北黑，象征颛顼，水神辅佐，拿秤锤，掌管冬天。

[分析] 这段文字非常清晰地介绍了社稷坛的五色土，用词干净，表达精练。将五方五色的文化意义介绍得非常清晰。

故宫的核心是坐落在 8 米多高的汉白玉三层台基上的太和殿，它是紫禁城建筑整体乐章的高潮部分。它的一切设计，都为着一个目的，就是把至高无上的皇权烘托至极致。

太和殿曾经是北京城最高的建筑，从庭院到正脊高 36.57 米，相当于 12 层楼房的高度，太和殿也是紫禁城中最大的建筑，建筑面积达 2381 平方米，相当于半个足球场那么大。它的长度比例正好是 9∶5，代表着九五至尊。紫禁城的建筑很多地方都与 9 有关，9 为最大，体现了至尊的含义。像大门上的 9 排 9 路门钉，房檐上的 9 个走兽等。然而，对于太和殿来说，连最大的数字 9 都不足以表示它的尊贵，它的面阔是 11 间，屋顶走兽出现了 10 个，这在中国古代建筑中仅此一例。

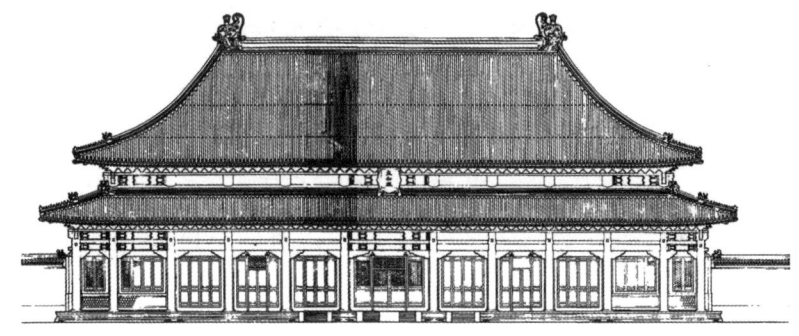

北京·故宫太和殿立面图

[分析] 这段导游词对太和殿的建筑体进行了各个方面的数据分析，同时介绍了"九五至尊"的皇权文化在故宫太和殿中的应用。

[试一试] 试着讲解天坛内外两重坛墙及北圆南方的文化含义。

讲解技巧⑩

类比法

类比法，是通过用旅游者熟悉的事物与眼前的景物进行对比，达到以熟喻生、触类旁通的效果的讲解方法。类比法可以是同类相似比较，也可以是同类相异比较。如将苏州的拙政园与北京的颐和园作为中国古典园林的私家园林和皇家园林做比较，可以使北方或南方游客更加容易理解不同园林之间的异同，达到以熟喻生的效果。在运用类比法的过程中，需要考虑游客的知识结构，切不可做不相宜的比较。

中山陵作为一座陵墓，吕彦直在设计上继承了我国传统的陵墓建筑风格，如依山为陵，保留了牌坊、墓道、陵门、碑亭、祭堂等中国古代陵墓中常用的基本建筑格局，但又剔除了古代帝王陵墓中属于封建糟粕的东西，如摈弃用于显示古代帝王威严的石人石兽，同时汲取了西方建筑的一些先进技艺。整个构思的确称得上是古为今用、洋为中用、别具匠心。

（钱钧《华东黄金旅游线导游词》）

江苏·南京中山陵

[分析] 这段导游词利用了类比法，将中山陵与中国古代传统的陵墓建筑相比较，属于同类相异比较，突出了中山陵的雄伟，又体现了中山先生天下为公的高风亮节。

[练一练] 将你所在的学校与你初中就读的学校做个对比，向你初中的老师介绍一下你的新校园。

任务 34
做一个建筑讲解的能工巧匠

1. 言之有序

讲解可以按照空间顺序进行，也可以按照逻辑顺序进行。在古代建筑的讲解中，我们多采用从外到内、从上向下、从左往右的顺序讲解。下面以兵马俑坑为例。

秦始皇陵及兵马俑坑这一重大考古发现举世瞩目，人们决定在俑坑遗址上修建展览大厅。1976年4月和5月，考古人员又相继钻探出两座兵马俑坑，根据发现的顺序，三座兵马俑坑编为一号坑、二号坑、三号坑。1979年10月1日，一号坑兵马俑遗址保护大厅建成，由叶剑英元帅题写馆名的"秦始皇兵马俑博物馆"正式对外开放。1989年、1994年兵马俑三号坑和二号坑也分别对外开放。三座兵马俑坑的建筑结构完全一样，它们都是半地下坑道式土木结构建筑，俑坑底部都用青砖满铺，坑的平均深度大约是5米，坑的四周留有长方形斜坡门道。当时，秦人根据俑坑的形制大小挖成土圹，土圹的底部用填土逐层夯筑，然后在中间筑成夯土隔墙，隔墙两侧及俑坑四周密排木柱，木柱的上端横放枋木，枋木上密排棚木，棚木上覆盖着一层芦苇或竹席，席上覆盖一层厚10~30厘米的胶泥土，再覆盖黄土形成坑顶。等陶俑、陶马放进俑坑后，把门用立木封堵，门边用夯土填实，这样就形成了封闭式的地下军事营垒。

西安·兵马俑坑

各位朋友请看，一号坑东西长230米，南北宽62米，面积14260平方米，这是一个由步兵、车兵组成的长方形军阵。按已出土的陶俑、陶马的排列密度推算，一号坑可出土6000多件兵马俑。俑坑最东端站立的这三排武士，是军阵的前锋，由204名免盔束发、身着战袍的弓弩手组成。南北两侧分别面向南北的武士，组成军阵的侧翼，俑坑的尾端还有一列面向西的武士，组成军阵后卫。中间38路面向东的纵队是秦军的主体，由身披盔甲的步兵护卫着45辆战车组成，他们都手握兵器，威风凛凛，严阵以待。

[分析] 导游按时间顺序为游客介绍了兵马俑坑的发现和建造过程，对三个俑坑的共同特点进行了分析，特地选取了一号坑的一部分进行介绍。不难发现，导游按照东端、南北两侧、西端、俑坑的尾端、中间几个方位进行介绍，同时也是按照军队的前锋、侧翼、后卫、主体进行介绍，显得条理清晰、通俗易懂。

2. 做个中西建筑专家

欣赏中国古代建筑的不仅有中国人，同时还有很多外国旅游者。如何为他们介绍中国古代建筑，感受中国古代劳动人民的智慧，需要我们在了解中国古代建筑的基础上，对西方古代建筑也有所了解。

中西建筑比较

不同的建筑材料、不同的社会功用，使得中国与西方的古典建筑有了不同的"艺术语言"。

不同的语言，表达着不同的思想，流露出不同的情感；不同的建筑，承载着不同的文化，体现着不同的信念。西方的石制建筑一般是纵向发展，直指上苍的。这样一来，能否将高密度的石制屋顶耸入云霄，便成为建筑艺术的关键所在，而执行这一项目的柱子也便成了关键中的关键。所以，西方建筑的"基本词汇"是柱子，即那些垂直向上、顶天立地的石头。如果说，柱子是西方建筑艺术的"基本词汇"，那么，屋顶则是其"主要句式"。屋顶不同，会直接决定其风格类型上的差异，如希腊式、罗马式、拜占庭式、哥特式、巴洛克式等。

与西方的石制建筑不同，中国古代的木制建筑以斗栱为"基本词汇"。所谓斗栱，是将屋檐托起的交叠的曲木，它可以将纵向的力量向横向拓展，从而构造出多种多样的飞檐。同西方建筑的屋顶一样，作为中国古代建筑的"主要句式"，飞檐也有许多类型，或低垂，或平直，或上挑。其不同的形式营造出不同的艺术效果，或轻灵，或朴实，或威严。不仅亭、台、楼、阁都要用飞檐来标明自己的身份，表达自己的情感，就连飞檐的高低、长短也会成为建筑设计的难点和要点。正所谓"增之一分则太长，减之一分则太短。"飞檐的设计必须恰到好处，才能显得轻灵而不轻佻、朴实而不机械、威严而不呆板。

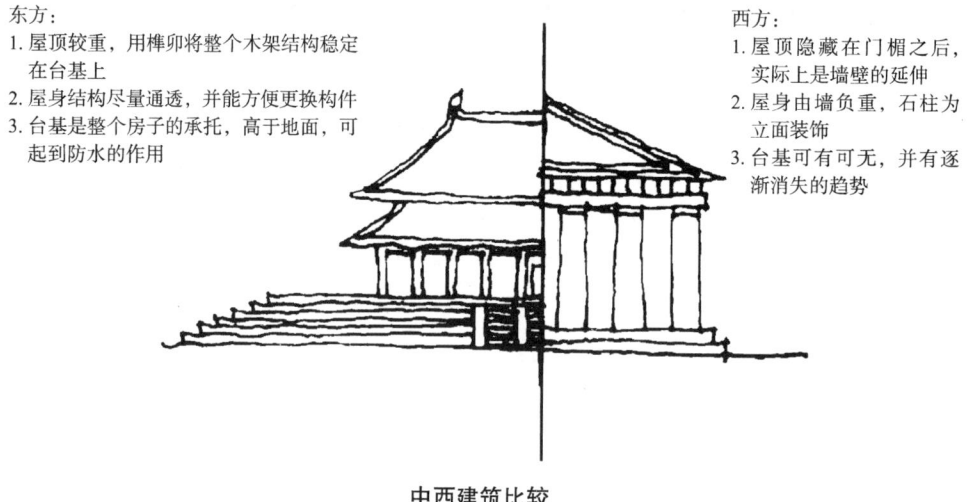

东方：
1. 屋顶较重，用榫卯将整个木架结构稳定在台基上
2. 屋身结构尽量通透，并能方便更换构件
3. 台基是整个房子的承托，高于地面，可起到防水的作用

西方：
1. 屋顶隐藏在门楣之后，实际上是墙壁的延伸
2. 屋身由墙负重，石柱为立面装饰
3. 台基可有可无，并有逐渐消失的趋势

中西建筑比较

[分析] 这段材料对中西古代建筑因构成要素不同造成的外观等方面的差异进行了生动的阐释。作为导游，有时候要将枯燥的理论通过生动形象的比喻来表达出来。

[试一试] 请介绍您所在的城市中最著名的建筑遗存。

建造的年代：_____ 建造人：_____ 面积：_____

建筑的整体特点：_____

建筑的屋顶形式：_____

建筑的功用：_____

建筑的内部陈设：_____

根据上述提示，请写一段500字的导游词，并在课堂上讲解。

课后任务

[领取任务] 为来自香港的游客介绍北京天坛的祈年殿。

[任务提示]（1）上网或到图书馆收集资料。

（2）能介绍祈年殿的位置。

（3）能介绍祈年殿的造型特点。

（4）能介绍屋顶式样。

（5）按照从上到下、从外到里的顺序讲解。

（6）运用渗透法。

建筑景观讲解评价表

编号	表现	Yes	No
1	建筑布局所处位置功能完整		
2	建筑的特征明显		
3	介绍顺序能从上到下、从外到里		
4	能按照一定顺序介绍内部陈设		
5	能突出建筑景观的独特之处		
6	能与游客熟悉的景物作比较		

讲解者＿＿＿＿＿　评价者＿＿＿＿＿　通过□　不通过□

答案

建筑名称	所在省份（直辖市）	建筑年代
天坛	北京	明清
应县木塔	山西	辽
孔庙大成殿	山东	汉
兵马俑坑	陕西	秦
平遥古城	山西	清
故宫	北京、沈阳	明清

古典园林讲解

园林是人类将自然生态和人文景观有机结合的作品,中国古典园林艺术是人类文明的重要遗产,它被举世公认为世界园林之母、世界艺术之奇观。中国的造园艺术以追求自然精神境界为最高目的,形成"虽由人作,宛自天开"的审美情趣。中国古典园林作为我国五千年文化史造就的艺术珍品,充分体现了中国文化的内涵。

面对这笔宝贵的财富,导游如何向中外游客进行介绍呢?如何让游客获得独特的园林游览体验呢?

任务 35
走进中国古典园林

旅行社安排导游小刘接待一个法国旅游团游览北京、承德,行程中将重点带领游客游览中国皇家园林。作为导游,小刘如何胜任本次工作?

导游小刘在带领游客参观中国皇家园林前,需要提前做好知识准备,掌握中国古典园林的相关知识。现在让我们一起为他归纳一下吧。

1. 了解中国古典园林的起源、发展

(1)渊源阶段。上古时代出现了"囿",当时周文王修建灵台,巡游灵囿,用"囿"来蓄养禽兽,这便是中国古典园林的起源。

(2)萌芽阶段。西周、东周时期的园林已经具备了园林组成的相关要素,比如种植树木、修建亭台、挖地修池、堆土成山等,即我们现在常说的植物、建筑、理池和筑山。

(3)生成阶段。秦汉时期出现了宫苑式样的园林,比如汉高祖的"未央宫"、汉文帝的"思贤苑"、汉武帝的"上林苑"。

(4)转变阶段。魏晋南北朝时期慢慢形成崇尚自然的士人园林,注重山水、植物,讲究空间造型、构景手法,将诗歌、绘画融入其中。

(5)成熟阶段。隋朝、初唐、盛唐时期皇家园林体系格局趋于成熟,比如隋朝洛阳西苑、唐代大明宫等,规模宏大,建制齐全。

(6)提升阶段。中唐到北宋、南宋时期的园林追求"壶中天地"的意境,以小见大,比如宋徽宗营造的艮岳。

（7）精深阶段：明清时期的园林追求"芥子纳须弥"的意境，在局促的空间表现宇宙的无穷，比如苏州园林、上海豫园等。

2. 了解中国古典园林的分类

按占有者身份划分

可分为皇家园林、私家园林、寺观园林。

（1）皇家园林。是专供帝王休息享乐的园林，特点是规模宏大，真山真水较多，园中建筑色彩富丽堂皇、体形高大，比如北京颐和园、北海公园，河北承德避暑山庄等。

皇家园林·北京颐和园总平面图

（2）私家园林。是供皇家的宗室外戚、王公官吏、富商大贾等休闲的园林，特点是规模较小，常用假山假水，园中建筑色彩淡雅素净、体形小巧玲珑，比如北京恭王府、苏州拙政园、上海豫园等。

私家园林·上海豫园

（3）寺观园林。又称为宗教园林，包括儒家学宫、学院、佛寺园林、道观园林等。如淮东第一观——江苏扬州大明寺，其采用了东寺西园的布局方式。

单元5　徜徉历史长河——人文景观讲解 | 139

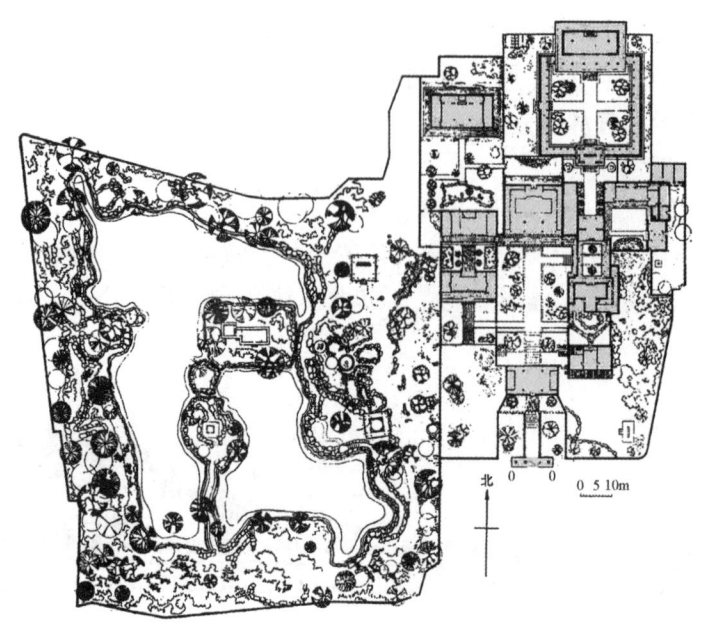

寺观园林·江苏扬州大明寺平面图

按地理位置划分

可分为北方园林、江南园林、岭南园林。

（1）北方园林。又称为黄河类型园林。因北方地域宽广，所以园林范围较大，又因大多位于古都，所以建筑富丽堂皇。但园石、常绿树木较少，风格粗犷而秀美不足。北方园林大多集中于北京、西安、洛阳、开封，尤以北京为代表。颐和园、承德避暑山庄及其周围寺庙被列为世界文化遗产。

北方园林·河北承德避暑山庄鸟瞰图

（2）江南园林。又称为长江类型园林、扬子江类型园林。因为南方地域较小，所以园林范围较小，又因河湖、园石、常绿树较多，所以园林景致细腻精美，风格明媚秀丽。但因其面积小而略感局促。南方园林大多集中于南京、上海、无锡、苏州、杭州、扬州等地，尤以苏州为代表。苏州古典园林被列为世界文化遗产。

江南园林·江苏扬州瘦西湖

（3）岭南园林。又称为珠江类型园林，因这类园林地处亚热带，终年常绿，又多河川，所以具有热带风光，建筑物都较高而宽敞。比如广东顺德的清晖园、东莞的可园、番禺的余荫山房，以及佛山的梁园等并称为岭南四大园林。

岭南园林·广东顺德清晖园

[考一考] 以下五道题目看看你能正确完成几题。（答案在本单元中找）

（1）中国古典园林起源于上古时代的 _____ 。

（2）中国古典园林在中唐到北宋、南宋时期追求 _____ 的意境。

（3）按所有者身份划分的话，北京颐和园属于 _____ 园林。

（4）_____ 园林的特点是景致较细腻精美，风格明媚秀丽，景致曲折幽深。

（5）中西方园林有很多不同之处，比如西方园林强调建筑原则，而中国园林则强调 _____ 原则，"诗中有画，画中有诗"。

通过上面的测试，相信同学们对中国古典园林知识有了初步了解。

导游在讲解园林的过程中可以渗透中国古典园林的相关知识，帮助游客了解中国古典园林。我们的导游小刘如果认真准备了相关知识，肯定能顺利完成中国古典园林的讲解工作！

答案 1. 囿 2. "壶中天地" 3. 皇家 4. 江南园林 5. 绘画

任务 36
中国古典园林讲解

在中国古典园林讲解中，除了渗透中国古典园林的相关知识外，还需要掌握中国古典园林的讲解方法。现在我们一起来学习中国古典园林的讲解要点——构成要素、构景手法、艺术特色。相信通过学习，同学们一定能用生动的语言、恰当的讲解技巧、专业的表述为中外游客讲解中国古典园林！

1. 中国古典园林的造园要素

（1）筑山。简单来说，筑山就是运用一定的造型手法，将石土堆叠成山，让假山浑然天成。秦汉的上林苑就是用太液池所挖的土堆成岛，象征东海神山，开创了人为造山的先例。明代计成的《园冶》一书中归纳了筑山中园山、厅山、楼山、阁山、书房山、池山、内室山、峭壁山、山石池、金鱼缸、峰、峦、岩、洞、涧、曲水、瀑布等17种形式。上海豫园大假山便是明代叠山名家张南阳的传世之作。

游客们，"筑山"是我国古典园林中常用的建园手法，颐和园作为皇家著名园林，在筑山造型艺术上展现了独特的魅力。

北京·颐和园万寿山

首先，我为大家介绍一下万寿山的修建过程。万寿山原名瓮山，是燕山的余脉，高约60米，临近昆明湖，位置优越。乾隆皇帝在为母亲祝寿的时候，在山上园静寺的遗址上兴建了大报恩延寿寺，将瓮山赐名万寿山，取意长寿，这也体现了中国传统文化中希望长辈福寿延年的特色。建园时，将开拓昆明湖的泥土按照原布局的需要堆放在万寿山上，使东西两坡舒缓而对称，成为全园的主体。山上先后修建不同的建筑，形成一条层层上升的中轴线——我们可以依次游览"云辉玉宇"牌楼、排云门、二宫门、排云殿、德辉殿、佛香阁直至山顶的智慧海。这些建筑依托山势显示出它们的磅礴气势，的确不同凡响。人们常说，正因为有了万寿山，我们的颐和园才彰显出了皇家园林的大气。

[分析] 颐和园的万寿山突显了皇家园林的气势，在导游讲解时，需要为游客重点介绍，让游客感受万寿山的独特之处。导游先后介绍了万寿山的位置、高度、来历、寓意、建筑等情况，抓住了万寿山的主要特色，并融入了中国传统文化，讲解重点突出，层次分明。在讲解过程中，需要处理好语句的停顿，便于游客理解。为了突显万寿山的气势，我们需要在重音和语速上对部分词语进行处理，比如"层层上升""磅礴气势"等。

（2）理池。理池是园林中水体景观的造型艺术，无论哪类园林，水都是最富有生气的元素。我国古典园林以表现静态的水景为主，水面平静如镜或烟波浩渺，人们可观赏水中倒影、游鱼、睡莲等。

理池有三种方法：第一，掩，用建筑、绿化将曲折的池岸加以掩映；第二，破，水面很小时，如曲溪绝涧、清泉小池，可用乱石为岸，怪石纵横、犬牙交错，并配以细竹野藤，令人似有深邃山野的审美感；第三，隔，通过下面例子学习这种手法吧。

荷风四面亭与两侧曲桥是拙政园中部理池的大手笔。有此一亭两桥，便使中部水面有了明显的分隔，而两座曲桥桥身空透，桥栏低平，使视线能一直延伸过去，这种似分非分的处理，仍保持了池水的开阔和绵延。在亭子的正南面，则是一小汊湾，中途经过位于倚玉轩西南的廊桥——小飞虹，朱红色桥栏倒映水中，水波粼粼，宛若飞虹，故以为名。它斜跨于从大水池分流南去的河汊上，造型秀美，曲线柔和，朱柱朱栏上承托弧形灰瓦卷棚顶，加上水光的映照，逶迤远去，不知所终。小飞虹作为架空的廊桥，既有分割空间的作用，又可使两侧空间相互渗透，从而加强了空间的层次感。半通半隔，意境悠远。

苏州·拙政园中部景区

[分析] 拙政园荷风四面亭附近的桥与亭是典型的理池手法"隔"的应用，或筑堤

单元5 徜徉历史长河——人文景观讲解 | 143

横断于水面，或隔水建浮廊可渡，或架曲折的石板小桥，或涉水点以石，增加景深和空间层次，使水面有幽深之感。讲解时需注意画面较复杂，所以要放慢语速，同时指示要清晰。

（3）植物。植物是筑山、理池不可缺少的因素。中国古典园林着重表现自然美，对花木的选择也是如此，比如注重植物的姿态美、颜色美、香味及象征意义。

古树名木在营造园林意境方面也发挥着重要的作用有利于营造园林古朴、幽深的意境。在中国古典园林设计中，如果建筑物与古树名木发生了矛盾，人们宁可挪动建筑也要保住古树名木。

除古树名木和繁花外，草皮也十分重要，或平坦或起伏或曲折的草皮，也令人陶醉。

[试一试] 你能告诉游客下列导游词中出现的植物的象征意义吗？现在就请你和导游小刘一起完成下面这段导游词吧。

游客们，苏州园林的植物配置基调以落叶树木为主、常绿树木为辅。用竹类、芭蕉、藤萝和草花做点缀，通过孤植和丛植的手法，选择枝叶扶疏、体态潇洒、色香清雅的花木，按照作画的构图原理进行栽植，使树木不仅成为造景的素材，其本身又成为景观的主题。许多树木的种植和园林建筑、诗词匾联、人物典故相呼应，寓情于草木中。狮子林的植物配置亦照此理，东部假山区以古柏和白皮松为主，西部和南部山地则以梅、竹、银杏为主。配植色、香、态俱佳的花木，疏密相间，错落有致，成为真正的"城市山林"。

苏州·留园五峰仙馆前的植物配置

[分析] 从植物的种类、种植的手法和植物的寓意几个方面体现了植物在"城市山林"中的地位和作用。

（4）建筑。中国古典园林除了用来欣赏山水美景之外，也往往承载着住宿的功能，园林中的建筑分为宗祠、居住生活和欣赏风景三种功能类型，无论哪种风格的建筑，都突出体现了中国古典建筑的特点，飞檐翘角，讲究造型艺术，具有庄严雄伟、舒展大方的特色。它不仅只展现外形美，还注重与山水树木相配合，共同形成古典园林风格。

园林建筑物常作景点处理，既是景观，又可用来观景。其室内布置陈设古色古香，与外部古典园林环境和谐统一，增强了建筑美的艺术效果。

[试一试] 你能说出6种或以上的常见园林建筑吗？
_____、_____、_____、_____、_____、_____、_____。（答案在本单元中找）

游客们，从花园穿过"别有洞天"的圆门洞之后就是苏州拙政园的西花园了。西花园的主体建筑"卅六鸳鸯馆"和"十八曼陀罗花馆"是鸳鸯厅结构，从外面看是一个屋顶，从里面看是四个屋面；从外面看是一个大厅，从里面看分为两个客厅，北面的客厅是夏天纳凉用的，南面的客厅是冬天取暖用的。北厅"卅六鸳鸯馆"的匾额为清朝状元洪钧所书，南厅"十八曼陀罗花馆"的匾额出自清代状元陆润庠手笔。这里四面窗格上都嵌有菱形蓝白相间的玻璃，构成了美丽的图案。盛夏烈日下，阳光透过窗户变成一道道蓝白相间的光束，洒在地面上泛起阵阵凉意。游客们如果有兴趣的话，可以靠近蓝色玻璃窗往外看，只见屋顶上、树枝上、石块上、荷叶上，都像是撒了一层白雪。

苏州·拙政园香洲、倚玉轩、荷风四面亭

[分析] 园林中的建筑是重要的人文景观，融汇了中国传统文化。本篇讲解词以卅六鸳鸯馆的名字为切入点展开介绍，介绍了鸳鸯厅这种独特的建筑形式，同时通过蓝白相间的玻璃窗突出中西合璧的建筑风格，融情于景，结合建筑周围景观，引导游客慢慢品味这座建筑带给人们的审美享受。

古人在园林中设计亭子，关键在于位置的选择。亭，是园中的"点睛"之笔，所以，古人一般将亭子设计在视线的交界处。我们所在的荷风四面亭就在四面临水的小岛上，它东与雪香云蔚亭相连，南边经过曲桥与倚玉轩相接，西边经过小桥与见山楼对望。由于四周水面开阔，所以在这里便形成了我们视觉的焦点。而西南两面有两座曲桥与它相连，由此可见，荷风四面亭位置的重要性。

荷风四面亭为六角攒尖，四面通透，临池莲花亭亭净植，岸边柳枝婆娑；若从高处俯瞰荷风四面亭，但见亭出水面，飞檐出挑，红柱挺拔，基座玉白，分明是满塘荷花怀抱着的一颗光灿灿的明珠。

在拙政园内，欣赏荷花的地方不少，比如东园的芙蓉榭，中园的倚玉轩，但能四面赏荷的建筑，仅此一处。李鸿章的弟弟李鸿裔当年游园曾留诗云："柳浪接双亭，荷风来四面。"很恰当地道出了当年风景设计的立意，小亭也得名于此。亭中有抱柱联："四壁荷花三面柳，半潭秋水一房山。"这恰好勾画出拙政园春夏秋冬的景色。春柳轻，夏荷艳，秋水明，冬山静，使得荷风四面亭不仅最宜消暑，更是四季皆佳景。所在的小岛与待霜亭、雪香云蔚亭所在的二岛营造出"一水三山"的海上神山境界。

（5）书画。中国古典园林常借名人书画增添园林意境，其主要表现形式有题景、匾额、楹联、题刻、碑记、字画等。如苏州拙政园的浮翠阁引用苏东坡诗中的"三峰已过天浮翠"，上海豫园点春堂中挂有任伯年的《观剑图》等。

点春堂《观剑图》

游客们，现在我们来到了点春堂内，大家一定被堂内的布局吸引住了吧，尤其是中堂悬挂的这幅图，它的名字叫做《观剑图》，是海上画派代表人物任伯年老先生的著名作品。它用笔严谨，布置得法。名字中的"剑"是宝剑的意思，在我国古代，人们经常借用"观剑"来抒发自己的情怀，希望为国出力，成就一番大业。那为什么要把这幅作品放在点春堂呢？请大家看我们面前的小橱柜，里面陈列有兵器、文告、钱币等，这些都是清末小刀会起义时所用物品。小刀会起义时，义军城北指挥部就设在点春堂，将这幅《观剑图》挂在点春堂中堂，就是为了纪念小刀会起义的壮举，让后人永远铭记那段不同寻常的历史。

[分析] 书画是园林中体现人文之美的一个重要载体，它蕴含了中国的历史、传统文化等内涵，是引领游客欣赏园林魅力的重要媒介。本篇讲解词侧重介绍了点春堂中挂放的《观剑图》，因为这幅画点出了点春堂在历史中的重要价值，能帮助游客理解小刀会起义的壮举，突出点春堂作为爱国主义教育基地的积极意义。

2. 中国古典园林的构景手法

（1）抑景。就是欲扬先抑、先藏后露的手法，比如园林入口处常迎门挡以假山，这种处理叫做山抑；如果见到照壁，叫做壁抑；如果见到树丛，叫做树抑。

（2）添景。当风景点在远方，如果没有其他景点在中间或近处做过渡，就会显得虚空而没有层次，这时就需要在观景者和景点之间设计乔木，或在近处设计花卉，这种构景手法就是添景。比如人们站在颐和园昆明湖南岸的垂柳下观赏万寿山远景时，万寿山因为有倒挂的柳丝作为装饰而生动起来。

（3）夹景。当风景点在远方，如果景物两侧宽大，没有建筑物或树木花卉，那么就会显得单调乏味。在远方美景两侧设计建筑物或树木花卉，使远方风景出现层次感，这便是夹景。比如在颐和园后山的苏州河中划船，远方的苏州桥主景被两岸起伏的山脉和美丽的植物带所夹峙，构成了明媚动人的景色。

（4）对景。从甲观赏点观赏乙观赏点，从乙观赏点观赏甲观赏点的构景方法叫做对景。比如上海豫园会景楼景区中的流觞亭和九狮轩构成了对景。

（5）框景。园林中的建筑的门、窗、洞，或乔木树枝抱合成的景框，往往把远处的山水美景或人文景观框在其中，这便是框景。比如苏州拙政园芙蓉榭进门门框上装了一个圆光罩，透过这个圆光罩可以看到前面的小桥流水，犹如一幅镶嵌在圆形镜框里的水墨画。

（6）漏景。在园林围墙上或走廊墙上常设计有各种造型的漏窗，游客透过漏窗的窗隙可见园外美景，这叫做漏景。比如苏州沧浪亭的一百零八式漏窗，狮子林的"四雅"漏窗都能使游客欣赏到别样的美景。

（7）借景。大至皇家园林，小至私家园林，空间都是有限的。往往通过远借、仰借、应时而借等构景手段扩大园林景色，或使游客产生联想，这便是借景。借远方的山，叫远借；借邻近的大树叫邻借；借空中的飞鸟，叫仰借；借池塘中的鱼，叫俯借；借四季的花或其他自然景象，叫应时而借。比如承德避暑山庄远借磬锤峰一带山峦的景色，上海豫园鱼乐榭便仰借了万花楼前高大的古银杏。

（8）障景。园林中必须遮挡的事物，可以用假山、树木、花丛等加以遮挡，这便是障景。比如在垃圾箱等处设有花丛加以遮挡。

（9）透景。从甲观景点远望乙景观，视线中虽有建筑物、树木等障碍，但能透过建筑物和树木之间的空隙，看到乙景观，这便是透景。

中国古典园林构景手法较多，不同的构景手法营造了不同的意境，导游在游览园林过程中要善于引导游客通过这些构景手法，帮助游客从不同角度去观赏园林景致，从而在园林审美方面获得美的享受。

中国古典园林善于运用造景手法，营造出独特的空间艺术，而对于外部空间景物的利用，就有一种"嘉则收之"的手法，我们称之为借景。借景是古典园林打破界域，扩大空间，创造审美的重要方法。明末造园名家计成认为："夫借景，林园之最要者也。"我也化用一句，夫沧浪亭，借景之最要者也。

说到沧浪亭的借景，首先就得从借"水"说起。与苏州其他园子不同，沧浪亭面水而建，大家看，大门北向而开，一道石桥跨于水面之上，池水从西向东蜿蜒而过。岸边湖石随意堆叠，一行杨柳垂于水面，在绿树环绕中，沧浪亭向我们敞开了大门。这种在园外借水的设计，让我们未入园而先得景，引人入胜，可谓是苏州园林中的一绝。

[试一试] 现在，请同学们自行设计或收集三段导游词，为游客介绍三种构景手法。

（1）_____

（2）_____

（3）_____

3. 中国古典园林的艺术特色

（1）造园艺术，师法自然。师法自然在造园艺术上包含两层意思：一是总体布局、组合要合乎自然，比如山与水的关系，假山中峰、涧、坡、洞等各景象要素的组合要符合自然界山水生成的客观规律；二是每个山水景象要素的形象组合要合乎自然规律，比如假山峰峦是由许多小的石料拼叠合成，叠砌时要仿天然岩石的纹脉，尽量减少人工拼叠的痕迹。水池常做自然曲折、高低起伏的样子。

北京·北海公园濠濮间因山就势的造园艺术

（2）分隔空间，融于自然。中国古代园林常用多种办法来分隔空间，其中主要是用建筑分隔空间。分隔空间力求从视角上突破园林实体的有限空间的局限性，使之融于自然、表现自然。为此，必须处理好形与神、景与情、意与境、虚与实、动与静、因与借、真与假、有限与无限、有法与无法等种种关系，把园内空间与自然空间融合、扩展开来。比如，漏窗的运用能使空间流通、视觉流畅。

河北·承德避暑山庄的万壑松风以"声"入境

（3）园林建筑，顺应自然。中国古代园林中，有山有水，有堂、廊、亭、榭、楼、台、阁、馆、斋、舫、墙等建筑。人工的山，石纹、石洞、石阶、石峰等都显示自然的美色。人工的水，岸边曲折自如，水中波纹层层递进，也都显示自然的风光。所有建筑，其形与神都与天空、地下自然环境吻合，同时又使园内各部分自然相接，以使园林体现自然、淡泊、恬静、含蓄的艺术特色，并收到移步换景、渐入佳境、小中见大等观赏效果。

苏州·留园中部景观移步换景

（4）树木花卉，表现自然。与西方园林不同，中国古代园林对树木花卉的处理与安设，讲究表现自然。松柏高耸入云，柳枝婀娜垂岸，桃花数里盛开，乃至于树枝弯曲自如，花朵迎面飘香，其形与神，其意与境都十分重在表现自然。

苏州·网师园月到风来亭

单元5　徜徉历史长河——人文景观讲解 | 149

法国最著名的凡尔赛宫，它显示的是西方园林的特色，讲究人对自然的征服，突出建筑的宏伟，强调几何形状，布局规整。大家知道我们中国古典园林的特点吗？如果您想更深入了解中国古典园林，就请跟随我一起去感受与西方园林完全不同风格的可园。

游客们，现在我们来到了东莞可园，它是清代广东四大名园之一。

可园是中国古典园林的典型代表，它的特色可以概括为人和自然的融合。大家一会儿在园林中可以看到婀娜多姿、造型各异的树木花卉，它不像西方古典园林那样讲究整体规整，而是让其自然生长；同时，大家还会发现园林中的道路既不笔直，也不对称，它们会随着地形的变化而变化，高低起伏，自由自在，让人感觉园林中仿佛藏着一幅水墨画。中国古典园林体现的便是中国传统文化表现自然、师法自然的造景理念。

广东·东莞可园

[分析] 师法自然，融于自然，顺应自然，表现自然，这是中国古代园林体现"天人合一"民族文化之所在，是独立于世界之林的最大特色，也是我国古典园林永具艺术生命力的根本原因。本篇讲解词先从中西园林比较入手，用问答的形式激发游客的兴趣，再从园林中植物造型、道路设计、地形变化等角度突出了犹如水墨画般的中国园林，解释了"天人合一"的理念。

答案 常见的园林建筑有厅堂、楼阁、书斋、榭、轩、舫、亭、路、廊、桥、园墙等。

任务 37
学习中国古典园林的讲解原则

1. 注重突出园林特色

中国古典园林除了整体特色鲜明外,各类园林也有自己不同的特色,即使是同类园林,也会各有特色。我们在讲解时要重点突出其特色,让游客从多个角度欣赏园林,从而获得不同的游览感受。

请看下面两段导游词是如何介绍同类园林特色的。

游客们,我们前一天还在游览北京,今天已经在承德避暑山庄了。避暑山庄是我国现存最大的皇家园林,它和北京颐和园、北海公园同为皇家园林,气派非凡,但它又有自己与众不同的地方。如果说,颐和园秀美中显雄奇、以秀美为主,那么,避暑山庄则是雄奇中显秀美、以雄奇取胜了。这里宫殿、湖泊、平原、山岳相互融合,显出了独一无二的霸主之气,这便是它的个性。大家在游览的时候可以将它与北京的其他皇家园林稍作比较,品味它与众不同的地方。

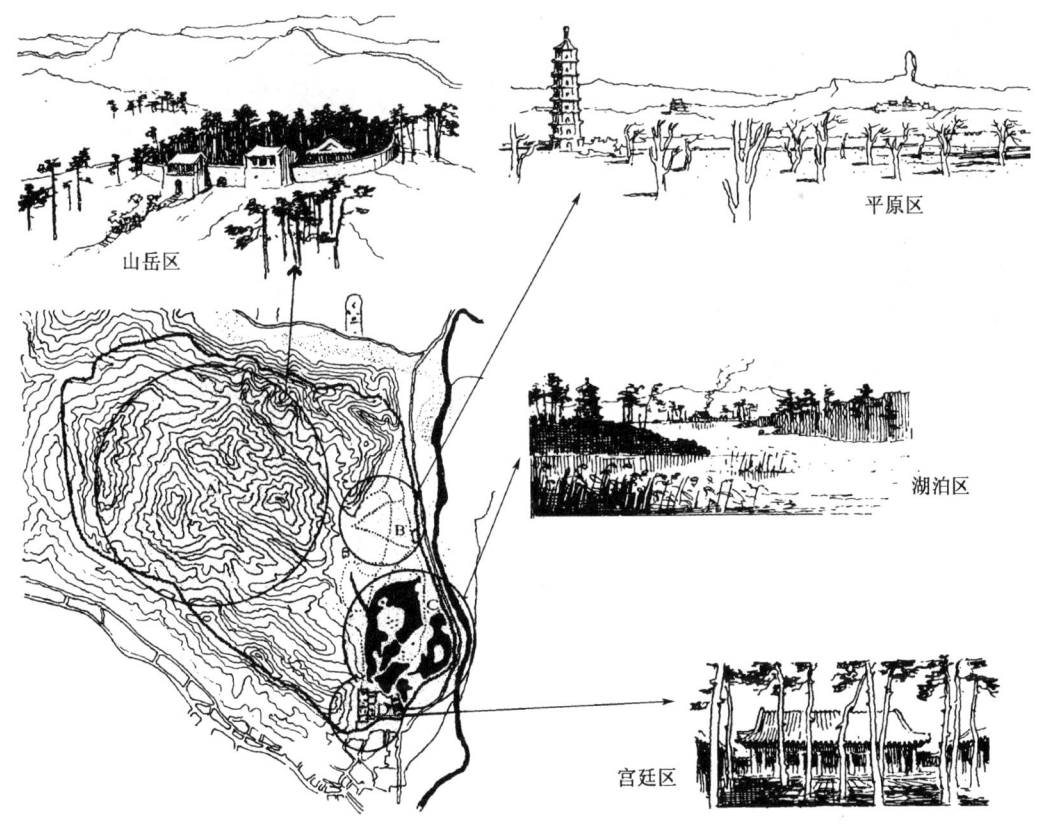

河北·承德避暑山庄分区示意图

承德避暑山庄的特色：_____

游客们，留园是我国四大名园之一，地位和苏州拙政园相同，并且都建于明朝，体现了明清园林"芥子纳须弥"的意境。游客会问，小导，既然两座园林如此相似，那我们为什么都要参观呢？岂不是重复欣赏了？现在我回答大家，肯定不会让大家重复欣赏。虽然这两座园林都能体现私家园林的小巧精致，但设计的侧重点却不尽相同。拙政园以水景为主，其面积占全园的3/5，各类建筑临水而建，展现了古典园林"理池"的特色；而留园则以曲廊闻名，这个长廊长达700多米，将四个景区有机地连接在一起，长廊借助山体的变化而曲折多变，使全园精致富有变化。留园的花窗设计别出心裁、独具匠心。设计师巧妙地把花纹图案设计在窗棂上，中间留出较大空间，使窗外的景物透入室内，看上去就像墙上挂了几幅生动的图画一样。这些都显出了留园的典雅，也是大家欣赏的重点。

苏州·留园冠云峰庭院

留园的特色：_____

2. 注重突出园林的文化内涵

中国古典园林追求意境，讲究文化氛围，它的立意、布局、叠山、理池、植物、书画、建筑、匾额、石刻都值得游客慢慢品味。导游可通过讲解匾额、楹联、题字来突出园林的文化氛围。

中国古典园林中还有很多典故、传说，园林及其建筑的名称往往最能体现园主人的情趣、追求等，这些都可以成为讲解的重点。比如，豫园万花楼景区中的鱼乐榭的名字与庄子、惠子有关，可重点为游客讲解；而流觞亭是仿绍兴兰亭而建的，可以为游客重点讲解"曲水流觞"的典故。苏州沧浪亭取名于《渔父》中"沧浪之水清兮，可以濯吾缨；沧浪之水浊兮，可以濯吾足"，可向游客重点讲解。如此设计，可以使游客形成景观、建园理念和主人性格的系统概念。

　　游客们,今天我们身处拙政园雪香云蔚亭中,大家已经看到了亭中的对联:"蝉噪林愈静,鸟鸣山更幽。"这是王籍《入若耶溪》中的诗句,它运用了衬托手法,以闹衬静,以闹衬幽,显示出山林的幽静。今天天气的确很热,连蝉都鸣叫不停,这副对联放在这里必有其独特的地方,是否给我们一些启发呢?让我们一起在这蝉鸣声中、鸟叫声中去找寻园林中那"林愈静""山更幽"的感觉吧。

苏州·拙政园雪香云蔚亭

　　[分析]中国古典园林中很多建筑都有楹联,既体现了园主人的修养、情趣,也展现了中国传统文化的独特魅力。这篇讲解词为游客重点介绍了雪香云蔚亭的对联,情景交融,通过阐释对联的含义,引导游客感受园林的幽静,从而获得独特的游园体验。

　　中国古典园林与中国古代绘画有着异曲同工之妙,如果只懂得欣赏真实景物而不懂得欣赏那留白,就很难理解苏州园林的真意。所谓虚实相生,虚是苏州园林的生命所在。拙政园西园有一池清水,水上建有一曲廊,池对岸有一座扇面亭——与谁同坐轩,造型小巧玲珑,是看水赏月迎风小憩的最佳处。想象一下,我们坐在轩中看着眼前流动的溪水,近处的曲廊上开着各式的空窗,有如一个个画框将远处的景致送到眼前。若从曲廊看过来,我们也变成了扇面画的一部分。动的水,静的画,诗样的情,让人分不清身处何地,顿时生出苏轼的"与谁同坐,清风明月我"的豪情。

　　[分析]通过将园林与中国古代绘画相类比,从欣赏绘画的留白到园林的虚实相生,帮助游客体会苏州园林框景、对景的玄妙之处。通过不同语言风格的转换,带来虚实相生的质感。

任务 38
掌握中国古典园林讲解技巧

中国古典园林专业知识体系完整，思想性和艺术性都比较强，导游进行讲解时首先要做到字正腔圆，能正确运用语音、语调、语速，声情并茂地为游客讲解。

1. 善于使用修辞手法

在讲解过程中，我们可以巧妙地运用比喻、排比、比拟、类比、引用、夸张等修辞手法。使用修辞手法时要注意几个方面：首先，要为传情达意服务；其次，要适应语言环境。合理使用修辞手法能使讲解生动活泼、形象幽默、富有情趣，让游客对中国古典园林产生浓厚的兴趣，从而理解中国古典园林的特色。

游客们，在进入豫园之前，请大家猜一猜玉玲珑是什么。现在，它就近在眼前！它是一块奇妙的太湖石。现在我为大家重点讲解我们的玉玲珑。和旁边的两块石头相比，您能发现这块太湖石有什么与众不同的地方吗？……大家说了很多不同之处，比如它上面有很多小孔洞，这的确是一大特色。大家数数看，它有多少个小孔洞……好像数不过来，我来告诉大家，它足足有72个小孔洞，而且都是天然形成，绝不是人工雕琢出来的，是不是很奇妙？这72个小孔洞是彼此相连的，如果在玉玲珑下面放一鼎香炉，将香点燃，这72个小孔洞都会冒烟；如果将一盆水从玉玲珑上方倒入小孔洞，您猜猜会怎样？对的，每个小孔洞都会流出水来，这真是非常奇妙的事情啊。

上海·豫园玉玲珑

同学们，你能告诉我，这段导游词主要运用了什么修辞手法？

2. 善于使用讲解方法

在讲解过程中，要善于运用各类讲解方法，尽量避免单一的陈述法。引用名人名句,类比法、虚实法等讲解方法,能增加古典园林的艺术感染力和文化内涵。

讲解技巧 ⑪

渗透法

渗透法,是指导游在讲解景物或者事理时,适当介绍一些相关的背景知识和材料的一种讲解方法。如介绍故宫时,可以渗透介绍中国古代宫殿建筑的布局,彩画的种类和代表的不同级别等内容,便于游客更加清楚故宫作为皇宫的地位和价值。使用渗透法讲解时应注意,渗透的知识必须有助于旅游者对于景物的理解,针对不同文化层次的游客,渗透的知识量要有所不同。

在各类构景手法中,抑景容易让游人产生强烈的观赏兴趣。但园林空间毕竟有限,要使之以小见大,走向无限,借景是重要的途径之一。计成在《园冶》借景篇中强调,借景,意在笔先。苏州园林四周多为建筑,难以外借远借,站在拙政园中部的"梧竹幽居"亭向西望,可见北寺塔巍然高耸,将园林空间的边界推到了数里之外,还给横向展开的园内风光增添了纵向的景观,这是远借的唯一实例,因而极为珍贵。

远借有难度,苏州园林设计者们巧妙运用了邻借或者是俯借。建于宋代的沧浪亭,园中除一潭外,就再无水景,为了让沧浪之水清兮,将园墙拆除,依假山建了一段复廊,将园外一湾清流巧妙地引入园中。复廊上一侧临水,可欣赏园外的风光;另一侧依假山环绕,连接起了整个园林。这是中国古典园林借景的经典之作。真可谓,清风明月本无价,近水远山皆有情。

[分析] 在介绍苏州古典园林的借景手法时,将借景的概念渗透其中,帮助游客理解眼前景致之美。在介绍概念时,语速要放慢,用逻辑重音辅助游客对关键字句的理解。

导游讲解要做到发音准确、字正腔圆。看看下面容易读错的字、词,大声练习吧!

灵囿(yòu)	宫苑(yuàn)	纡(yū)曲	咫(zhǐ)尺	芥(jiè)子
蓬瀛(yíng)	艮(gèn)岳	清漪(yī)园	园冶(yě)	拙(zhuō)政园
豫(yù)园	粗犷(guǎng)	清晖(huī)园	东莞(guǎn)	楹(yíng)联
崤(xiáo)山	掇(duō)山	深邃(suì)	书斋(zhāi)	水榭(xiè)
远眺(tiào)	船舫(fǎng)	休憩(qì)	字帖(tiè)	谐(xié)趣园
竣(jùn)工	御(yù)笔	洗濯(zhuó)	米芾(fú)	灌园鬻(yù)蔬
阊(chāng)门	婀(ē)娜	浩渺(miǎo)		

今后,我们在带团游览的过程中,会遇到很多比较生僻的字、词,只要我们平时多注意积累、练习,成为一名读音准确的导游就不成问题啦。

课后任务

[领取任务]当地旅行社派你带当地游客到苏州游览拙政园，请为游客概要介绍拙政园。

[任务提示]（1）你所在的地区游客对 _____ 园林比较熟悉（皇家、私家）。

（2）拙政园属于 _____ 园林（皇家、私家）。

（3）拙政园的最大特色是 _____ 。

（4）运用我们所学习的类比法。

园林景观讲解评价表

编号	表现	Yes	No
1	园主人、建园时间、历史沿革等要素完整		
2	突出园林布局的特点		
3	介绍主要的造园手法		
4	能突出园林的文化内涵		
5	按总—分—总的顺序介绍		
6	详略得当		

讲解者 _____ 评价者 _____ 通过□ 不通过□

宗教景观讲解

年轻的朋友，说到宗教，你会想到什么？是周杰伦《双节棍》中哼哼哈兮的少林武当？还是幽静的青灯古佛？又或是宏伟的宫观、神秘的经文、异域的风景……

无论你的脑海里闪现的是什么，都让它暂时过去吧，因为接下来，我们将一同走进这个对我们来说颇显庞大和深奥的课题——宗教。作为初学者，我们仅同小王一起试着从景点讲解的角度掀开"宗教"庞大体系的冰山一角。

任务 39
了解我国的宗教旅游资源及相关宗教政策

近年来，随着我国旅游事业的不断发展，各民族文化交流也越来越频繁，宗教景区的游客数量也日益增多。这些游客来自天南海北、五湖四海，有着不同的肤色、不同的宗教信仰和习俗，导游要在不断学习宗教文化的基础上，正确理解和把握我国的宗教政策，熟悉、了解、尊重不同游客的宗教信仰和习俗，在导游讲解工作中争当一名优秀的"文化使者"。

既然是"文化使者"，那么，熟悉自己国家宗教文化的基本情况就是理所当然的事喽！让我们先和小王一起了解一些宗教及宗教景区的基本知识吧。

1. 我国的宗教景观资源

宗教是一种融合社会现象、历史现象、文化现象的社会意识形态之一。至 20 世纪 90 年代，主要的世界性宗教有佛教、基督教、伊斯兰教等。宗教是一种历史现象，有其产生、发展和消亡的过程。（《辞海》）

中国是一个有着五千年文明的古国，宗教在中华文明的发展过程中不断发展，并日益成为十分重要的旅游资源。

"天下名山僧占多"，以汉传佛教为例，其有四个中心道场全部都在大山中，被称为中国四大佛教名山，即山西五台山、浙江普陀山、四川峨眉山和安徽九华山，分别是文殊菩萨、观世音菩萨、普贤菩萨、地藏菩萨的道场。我们在讲解这些佛教景区景点时，不免会涉及佛教名山的自然景物和风土人情。

佛教建筑包括寺院、佛塔、石窟。除此之外，佛教经幢既是一种建筑艺术，又是一种金石书法艺术；佛教绘画在我国美术史上具有独特的地位；以佛像雕塑、壁画闻

单元5　徜徉历史长河——人文景观讲解 | 157

名于世的莫高窟、龙门石窟、云冈石窟已经成为世界文化遗产；佛教音乐以其独特的悠远、清净、灵动、淡雅的物质，使人意念净化、精神升华；寺院园林又是我国古典园林的一个重要分类，既有典雅的庙堂氛围，又有鸟语花香的自然情趣；佛家的素食因与养生、长寿结合在一起，而成为中华饮食文化的一部分，深受游客的喜爱；形式各异、内容丰富的庙会，也是游人喜闻乐见的民俗节庆活动……

宗教旅游资源不仅涉及宗教知识，还涉及哲学、历史、地理、园林建筑、美学、文学、雕刻、书画、音乐、生物、饮食、民俗等多方面的知识。这些，都是导游讲解取之不尽的内容源泉。

2. 我国的宗教信仰政策

《中华人民共和国宪法》第三十六条规定：中华人民共和国公民有宗教信仰自由。任何国家机关、社会团体和个人不得强制公民信仰宗教或者不信仰宗教，不得歧视信仰宗教的公民和不信仰宗教的公民。国家保护正常的宗教活动。任何人不得利用宗教进行破坏社会秩序、损害公民身体健康、妨碍国家教育制度的活动。宗教团体和宗教事务不受外国势力的支配。

任务 40
宗教旅游资源的讲解内容和注意事项

宗教文化蕴含丰富的内容，我们在讲解宗教景观时要把握哪些讲解重点呢？

1. 讲解宗教的文化起源与发展

作为一名导游，首先要了解不同宗教的文化历史知识，在了解、熟悉的基础上，有针对性地讲解宗教的起源、发展简况、基本教义、尊奉的主要对象、宗教经典、特殊称谓、宗教建筑布局及代表性景观等，能够辨别佛像等宗教供奉对象所在的位置、名称及景区的历史沿革与特色等内容。

（1）宗教人物故事讲解。事物的发展总有源头，宗教也不例外。我们在讲解宗教景区时，首先要向游客介绍的就是某景区宗教的起源。讲述宗教起源时，可以从经典故事说起，但是，其创立时间、创立人、创立地点要准确无误。下面以禅宗六祖慧能大师为例。

慧能南回广东后，隐姓埋名长达 15 年，然后才到广州法性寺（光孝寺）落发。

说起来这里还有个小插曲，那年的正月初八，慧能来到法性寺，正遇上印宗法师在开讲涅槃经。讲经时，有风吹着殿中的经幡左右晃动，有个和尚便说："这是风在动。"另一个和尚则说："这是幡在动。"慧能则说："既不是风在动，也不是幡在动，而是你们的心在动。"意思是说，倘若专心听经，既不会感到风动，也不会感到幡动。慧能的说法可谓语惊四座。印宗法师立即请慧能上座，并请他开示经中奥妙。

［分析］本篇导游词通过讲故事的方式让游客明白禅宗蕴含的深刻哲学思想。在讲

故事的时候同学们要配合表情和其他身体语言，通过声音来塑造不同的人物形象。

（2）宗教文化发展简史讲解。在我国的四大宗教中，除了道教是本土宗教外，佛教、基督教、伊斯兰教都是外来宗教。在漫长的发展历程中，每个宗教都经历了不断的变革以适应不同的社会环境。作为导游，要了解不同宗教和同一宗教内部宗派的区别，以提高讲解的准确性和客观性。

藏传佛教，俗称喇嘛教，是由发源于古印度的佛教传入西藏地区后形成的一个佛教支派。由于藏传佛教寺庙中取得佛学学位的僧人在藏语中被称为"喇嘛"，所以喇嘛教这个称呼就传开了。

格鲁派是15世纪才出现的藏传佛教的一个派别。"格鲁"是藏语译音，意思是"善规"。因它的教规对僧人要求十分严格，故得名"善规"，又因该派僧人在做法事时戴黄色的帽子，所以更多的人称它为黄教。

[分析] 本篇导游词用比较的方法，从古印度佛教到藏传佛教再到格鲁派的形成，讲清了藏传佛教的发展历程，同时也通过简洁的语言让游客了解了其发展历程。

又如，佛教于西汉时期传入中国后，对中国的政治、思想、文化产生了广泛而深远的影响，并在其后的发展过程中形成了不同的教派。由于佛教这种异域文化的传播，使得我国的文化更加丰富多元。

2. 宗教建筑讲解

宗教作为一种精神产物，其实体建筑无不体现其宗教信仰和内涵。实体建筑作为信徒日常举行宗教活动和居住的场所，本身又有实用性的需求。为此，在宗教景点的讲解中，我们要通过各种方式，向游客展现这种实用性和精神信仰需求相结合后，经过无数能工巧匠所创造出的宗教建筑与众不同的艺术效果。

（1）讲清宗教建筑的基本格局。宗教建筑是信徒们最基本、最主要的宗教活动场所，要讲清某一建筑在整体建筑群中的地位、功能、作用，使游客对宗教建筑能有初步认知。

任何外来宗教本土化后才能生根发芽，宗教建筑也不例外。许多宗教在进入中国后，都进行了本土化变革。本土化前后两种风格截然不同的建筑，其功能布局、建筑艺术是导游讲解的重点。

在前面单元的学习中，你还记得中西建筑比较的内容吗？中西建筑在建设理念和平面布局上有什么不同呢？

在基本理念上，中国古代建筑重在表现敬天祀祖等理念，西方古代建筑重在表现上帝的至高无上等理念。在平面布局上，中国古建筑重中轴线与东西偏殿对称布局，楼层不高；西方建筑重立体发展，楼层较高；前者重庭院式，后者重独体式。

[试一试] 看图分辨，说说以下哪个是西亚式的清真寺，哪个是中国传统的清真寺，并试着说说它们各自的特点。

福建·泉州清净寺

广东·广州怀圣寺

中国的伊斯兰教建筑大体可以分为两类：阿拉伯式（西亚式）建筑和中国殿堂式建筑。前者如新疆地区的清真寺和福建泉州清净寺。这种风格的建筑主要表现为高耸的尖塔（或圆柱形，或方形，或多边形）、尖拱形洞式门窗、大圆拱顶。

广州怀圣寺则是中国传统建筑形式，它的特点在于布局完整（四合院式，有中轴线，突出主体建筑，不过中轴线呈东西向），中国式的庭院处理（遍植花草树木、堆石叠翠、设置香炉、鱼缸、立碑悬匾等），中国传统楼阁式邦克楼建造，使用斗栱，中西合璧的建筑装饰（如不用动物，用花卉图案，各种地域色彩等）。

[分析] 通过对比的方法，比较了伊斯兰教清真寺两种不同建筑类型的特点，以及伊斯兰教中轴线建筑和中国传统中轴线建筑的不同，让游客对广州怀圣寺的建筑风格和布局有明晰的了解。

（2）突出宗教建筑本身的艺术特征。例如，有特色的外观造型、与众不同的建造材料、奇特的周围环境、庞大的规模等。

唐代大雁塔

玄奘法师亲自组织修建的这座佛塔，因砖表土心，风雨剥蚀，逐渐毁坏。武周长安年间，女皇武则天和王公贵族施钱重建，将大雁塔改建为七层宝塔，人称七级浮屠，较前更加庄严雄伟。人们常说的"救人一命，胜造七级浮屠"概由此而来。

千百年来，大雁塔一直是古城西安的象征和标志，高耸入云的大雁塔，象征着玄奘法师崇高的人格和伟大精神。

大雁塔是典型的仿木结构楼阁式砖塔，更以"唐僧取经"的故事驰名中外。它由塔座、塔身、塔刹组成，通高64米多，门楣门框上雕刻有唐代线刻画。四个门楣分别以流畅生动的阴刻线雕雕刻了佛、菩萨、金刚力士画像。特别是西门楣线刻画中，那讲经说法的佛祖神情端庄慈祥，30尊各路菩萨神态自若、栩栩如生，是今天我们研究唐代建筑、佛教艺术和历史文化的珍贵资料。

西安·大雁塔西门门楣石画像（梁思成临摹，《图像中国建筑史》）

[分析] 导游通过详尽的介绍，为游客展现了大雁塔的发展历史，重点介绍了其建筑结构，以及精雕细刻的工艺，总结了大雁塔的文化象征。

上海徐家汇天主教堂是哥特式建筑，是基督教文化在我国深入发展的产物。这种建筑风格开始用神圣感替代神秘感，以宗教发展鼎盛的自豪感淡化了以往的畏惧感。

所谓"哥特式"，是指12—15世纪西欧的艺术与建筑风格。1140年，哥特式建筑开始在巴黎北部的圣丹尼修道院兴起。圣丹尼修道院院长在教堂重建时率先提出，教堂建筑要比例协调、光线明亮、高耸入云。建筑师们按这个要求大胆创新，采用塔顶向上延伸、增强窗户透光度和重新安排建筑比例等措施进行重建，从而使新的建筑风格"哥特式"得以诞生。这种教堂具有尖形的拱、菱形的顶、高大的花窗和复杂的装饰，给人以雄伟、明快、修长、奢华和耸入云霄的感觉，以此表达人们对上帝的一种敬仰与接近之情。哥特式建筑拔地而起的主体，插入天际的塔尖，光彩闪烁的花窗，以及复杂奇妙的建构使人感受到一种超凡脱俗、飞腾升华、直入天国的宗教氛围。

上海·徐家汇天主教堂

单元5　徜徉历史长河——人文景观讲解

[分析]通过介绍基督教哥特式建筑的产生、建筑的特色及表达的文化含义,让游客对国外的宗教建筑有了清晰的认知。

(3)突出宗教旅游资源的独特性。如介绍伊斯兰教清真寺——泉州清真寺时,除了介绍它的唯一性——中国十大名寺中唯一入选的伊斯兰教寺院外,还可以介绍寺内的"敕谕"石刻。它是明朝永乐五年颁发的保护清真寺和伊斯兰教的文告,极其珍贵。又比如,在介绍佛教建筑时,一定离不开佛像塑像的独特造型艺术。

佛教艺术品是信徒崇拜的象征物,信徒通过崇拜这些象征物来获取善业功德。因此,只有将这些作为崇拜对象的宗教雕塑和绘画按照规定的尺寸、比例准确地制作出来才合乎要求。导游在讲解此类景物时要善于从塑像制作的材料、造型、神态、色彩等方面体现塑像的宗教内涵和艺术特色。

请大家跟随我推开这唐代的大门进入殿内,首先映入眼帘的是正面一个巨大的佛坛,最醒目的是三尊佛像和两尊菩萨像。三尊大佛正当中的是释迦牟尼,左侧是未来佛弥勒佛,右侧是西方极乐世界的阿弥陀佛,与一般的排列方法不同,佛光寺大殿将空间和时间相结合的做法体现了它的特别之处;两尊菩萨像分别是文殊和普贤,它们与三尊佛像并列而坐。细心的游客会发现,一般文殊在左普贤在右,而这里正好相反,可能因为五台山是文殊的道场,普贤是"远道而来的客人",所以请他上座。

山西·五台山佛光寺东大殿(梁思成临摹,《图像中国建筑史》)

请大家仔细观察,佛像面颊丰满,弯弯的眉毛,端正的口唇。而菩萨像身体大多微微向前倾斜,腰部弯曲,腹部略微凸起,与敦煌塑像同出一范,这是唐代中叶以后塑像的特征。除了唐代建筑和泥塑外,这里还有唐代的壁画和题记。全殿保留下来的唐代壁画共有60多平方米,虽然都是碎片性的,但依然能够感受到"曹衣出水"大唐盛世的风采。

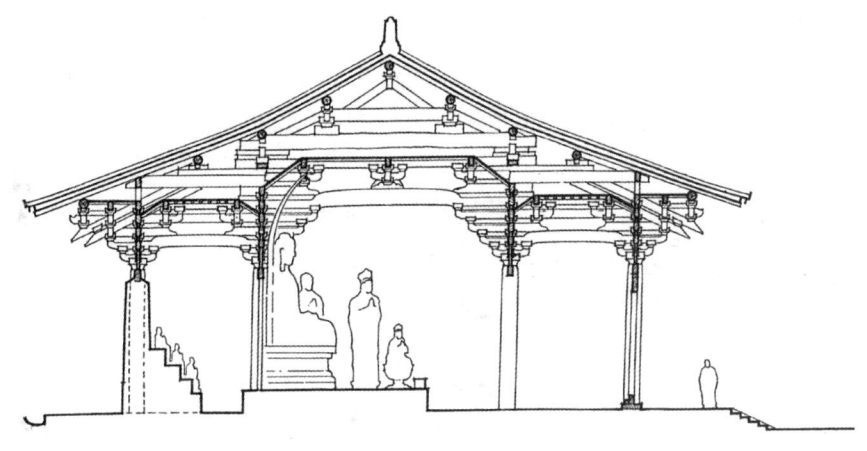

山西·五台山佛光寺大雄宝殿（梁思成临摹，《图像中国建筑史》）

[分析] 在这篇讲解词中，导游为了让游客能够更好地领略山西五台山佛光寺东大殿内的建筑规制和佛教供列，运用了大量列数字、举例子、下定义的讲解方法。尤其是将佛像和菩萨像的特点与敦煌的对比，找到了唐代佛像的共同特点。

乐山大佛，是依崖开凿而成的弥勒佛坐像，位于峨眉山东麓，濒临岷江、青衣江、大渡河三江汇流之处。面对峨眉三峰，背倚凌云九顶，与中国历史文化名城——乐山，仅一江之隔。大佛坐像通高71米，开凿于唐开元元年。1986年经维修，大佛工程人员实测，大佛头高14.7米，额头宽10米，口横长3.3米，颈高3米，耳长7米，指长8.3米，比例均匀，妙像庄严。在没有任何先进科学设备观测的历史条件下，要建造这么宏大的造像是很难想象的。且头顶的1051个螺形发髻和流畅的衣纹巧妙地组合成十分科学的排水系统，使红色页岩做成的佛像得以完整保存至今，并与周围山水融合为一体。"山是一尊佛，佛是一座山"。乐山大佛作为世界文化史上的奇迹，成为世界自然与文化双遗产。

四川·乐山大佛

[分析] 导游通过运用精确的数字，为游客描绘了一幅乐山大佛的画面。法相庄严，排水系统设计巧妙，巨大的体量和科学的设计，成为其独一无二的标签。

3. 讲解以石窟为代表的其他艺术形式

在宗教建筑中，还有各种表现佛教内容的壁画、石雕、砖雕、木雕的装饰、彩绘等艺术形式。我们这里以中国典型的石窟艺术为例来学习如何讲解这类内容。

石窟也是佛教重要的建筑形式之一。在岩石表面雕刻出来、浅凹进去的阁，称"龛"；在洞内雕塑的，称"窟"；在岩石表层直接雕刻的，称"摩崖石刻"。石窟最早是佛教徒的修习场所，后来发展成为供佛、礼拜的地方，故又称石窟寺。石窟艺术沿着古丝绸之路传入我国。南北朝时，作为佛教活动场所的石窟的开凿开始兴盛，且规模宏大，分布较广；隋唐时期达到鼎盛，技法也趋于成熟；到宋以后开始衰退。石窟艺术源于印度，发达于中亚，落户于中国，是我们取之不尽的艺术宝库。

被誉为中国四大石窟艺术宝库的甘肃敦煌莫高窟、山西大同云冈石窟、河南洛阳龙门石窟、甘肃天水麦积山石窟，以其精湛而广博的艺术闻名于天下。其他石窟石刻艺术也以其独特的艺术成就各领风骚。

石窟艺术属于佛教建筑艺术的范畴，但因为其独特的表现形式，又有别于一般的佛教建筑艺术。石窟在题材上、内容上和佛教建筑艺术都有一定的传承关系，并在某些方面影响着后世的佛教建筑艺术，如佛像造型、壁画的表现手法等。

在讲解石窟艺术时，我们除了掌握一定的历史知识外，还需要有一定的艺术修养。当然，对于我们这些初学者来说，这是一个不断积累的过程。我们在平时的学习生活中要善于做有心人，把平时吸收的点点滴滴予以积累和消化，这样在需要时就可以游刃有余了。在现阶段，我们可以先了解一下在石窟讲解过程中需要把握的几个要领。

[考一考] 在石窟讲解过程中，游客可能会问我们哪些问题呢？

在游览石窟的过程中，游客在看到精美的石窟艺术和浩大的工程后常问的问题可能有以下几种：

第一，这么浩大的工程是如何完成的？

第二，石窟中的精美壁画表现的是什么意思？

第三，为什么佛像不仅面部表情不一，连身高、胖瘦区别都很大呢？

大同·云冈石窟
（水野清一版《云冈石窟全集》）

第四，为什么有的石窟看起来简陋粗糙，而有的则精致大气呢？

要回答这些问题，需要我们事先做好充分的准备。我们可以通过书籍、网站了解相关知识。

由于石窟建筑往往依山而建，规模庞大，在游览过程中，不能一一游历。所以，在讲解中，我们要突出本石窟中最能反映石窟艺术特色的洞窟和内容，选择其中的部分洞窟，让游客在边走边看中实际感受石窟的结构布局和艺术特色。

云冈石窟第19窟，洞窟内主佛像高16.8米，端庄凝重。雕刻者在这里表现的是三世佛。大家也许会问，明明窟中只有一尊佛，怎么能称三世佛？其他两尊呢？

在有限的空间内，如果一定要三尊佛像并立，势必出现三尊佛像一起按比例缩小的情况，这样就难以达到突出主佛的目的了。该怎么解决这个问题呢?游客们,让我们一起从洞窟门口后撤,你们看到了什么?对了,眼尖的游客已经发现,在主洞的两边,工匠们又各开设了一个耳洞,分别雕刻着另外两尊佛像。这种巧妙的构思,的确让人叹为观止。

[分析] 在这段讲解词中,导游提问预设埋伏,从不同角度欣赏大佛,选取最佳观赏位置,极大地调动了游客的参与热情,让他们在实践中找到真知,获得了很好的效果。

中国石窟的建筑艺术和技术也有一个逐渐提高的过程。开始比较粗,后来各地都开始了大规模开凿。俗话说,熟能生巧,技术、艺术也就大幅度提高了。到了后期,我国古代建筑中"尚大"的观念在石窟建造中也得到了十足的体现。如四川的乐山大佛,高达71米,用了90年才完工!

石窟工程浩大,往往要花费几代人上百年的时间,不同时期人们的审美差别较大,使得洞窟内的佛像、壁画造型迥异。从佛像上来讲,北魏时期的佛像看起来比较清瘦、飘逸,而唐代石窟中的佛像则比较丰腴、高大。

大家请看,在南壁东侧的"观无量寿经变图"中,平台上有六位伎乐天神呈"八"字形分坐左右。正中这一位,高髻云鬟、面部丰腴、肌肤莹白,眉眼顾盼生姿,神情温婉雍容;手持琵琶,半裸着上身,翩翩翻飞,天衣裙裾如游龙惊凤,生姿摇曳,项饰臂钏则在飞动中叮当作响,别有情韵。突然,她一举足一顿地,一个出胯旋身,双手猛然后举,使出了"反弹琵琶"的绝技——刹那间,时光凝固,众生静默。她无疑是众神之中最光彩照人的那一个!请大家仔细看,她的双脚拇指跷起似在晃动,以应节拍,这种特殊的舞技是印度舞蹈留下的痕迹。

"反弹琵琶"实际上是又奏乐又跳舞,举琵琶至颈后,左手按弦,右手弹拨,将"反弹琵琶"绝技的一瞬间化作了永恒。

(选自2018年教育部全国职业院校技能大赛高职组导游服务赛项成果展示,杨红《敦煌壁画》)

中唐·莫高窟第112窟"反弹琵琶"临摹画

任务 41
宗教景区讲解的原则和技巧

1. 掌握宗教习俗和禁忌

在旅游活动中,我们常说要"入境问禁""入乡随俗"。进入宗教景区景点时,更是要掌握宗教的习俗和禁忌。导游如果事前没有做好"功课",不仅会在带团途中遇到不愉快的事情,甚至可能引起不必要的误会和冲突。

我们在带团过程中也要注意一些宗教景点的参观常识。比如:进入宗教场所不能大声喧哗;不能吃东西和吸烟;在一些殿堂中严禁拍照、摄像;不随意碰、摸宗教场所中的器物、壁画和雕像等。这些都是导游要熟知并且要告知游客的东西。

对于游客的一些不文明行为,我们要随时善意规劝和引导。对于一些利用宗教进行违法活动的团员,更要及时向上级主管部门和有关方面汇报。

2. 常用讲解方法

(1)重点讲解法。重点讲解法,就是在导游讲解时避免面面俱到,而突出某一方面的讲解方法。在宗教景区景点中使用重点讲解法,不是指讲解景区内的主要建筑如大雄宝殿等,而是要讲解该景区景点中最有知名度的景观。

(2)问答法。问答法,是向游客提问题或启发他们主动提问题的讲解方法。通常有自问自答法、我问客答法、客问我答法三种形式。问答法容易吸引游客的注意力,激发他们的游览兴趣。

各位游客,刚才在游览石窟的过程中,有朋友问:这么大的工程是怎么完成的?下面,我就把石窟的开凿过程给大家简单地做个介绍。

洛阳·龙门石窟

开凿石窟首先要选址。它不像木结构建筑有那么大的随意性,我们首先要考虑石窟开凿出来的使用功能和恒久性保存问题，所以在什么地方开凿石窟是很有讲究的。选址一般从三方面考虑：一要离水源近，既便于生活又占有景色。所以，我们可以看到，石窟都是依山傍水。如莫高窟有泉，云冈石窟有武州川，龙门石窟有伊水，四川乐山大佛有青衣江。太原天龙山石窟虽然开凿在1200米的山上，但这里泉水潺潺，松柏成阴。炳灵寺石窟面临黄河，陡壁千丈，河水奔涌，也是绝好的景观。二是选择山体石质。石窟要在山体开凿，就必须选择那些适合开凿的石质，既易于开凿，又能长久保留。比如云冈为矿岩，龙门为石灰岩，都是利于开凿易于雕琢而又不易碎裂的石质。像新疆克孜尔石窟、敦煌莫高窟地处沙漠，石质为砾岩，不易精细地塑造佛像，窟内就以泥塑为主。三是考虑山体的朝向。根据我国的地理气候条件，西向和北向都容易受到风雨的侵袭，不宜使用和保护。所以最好选择南向或东向。云冈石窟坐北朝南，龙门石窟坐西朝东，都满足了这些条件。

　　选址后，第二步就是开凿。为什么选择这样的悬崖峭壁呢？为了减少开山的工程量，古人往往选择陡坡和悬崖峭壁。那时候无论是技术还是工具都较为落后，既没有火药也没有机器，只能靠一把锤头一把铁锹一点一点地凿。可以想象，这么大的工程量古人要耗费多少人力、物力与时间才能完成。云冈石窟工程期较为集中，仅北魏一个朝代，就耗时50多年。50多年是一个什么概念？三代人呀！如果你20岁开始开凿，等到完工，你已经70岁了，人的一生都给了这浩大的工程，石窟的开凿是何其艰难！

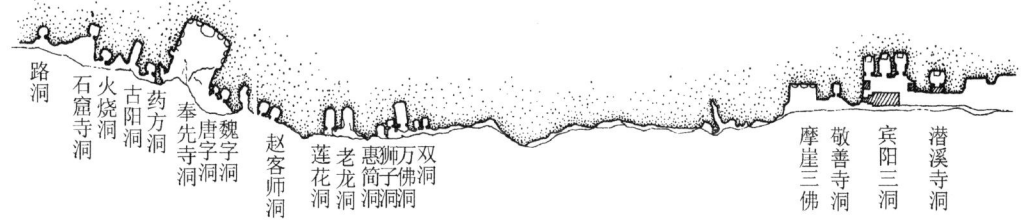

洛阳·龙门石窟西山平面图

　　据专家分析，一般洞窟的开凿工艺程序大致是"自上而下"的。就是在拟开凿的窟前堆土垒石，然后再开明窗，从明窗运出上部的废石，凿出顶部及主佛的头顶；再逐步向下，凿出中部主佛的身、臂部；再开窟门，运出下部废石，凿出下部主佛的腿部；最后清理并补刻。那就是说，在上部开凿头部的时候，就需要对全身的结构布局了然于胸。您想想，在那个时代，这是多么不容易啊。也有的石窟由于开凿时间过长，以致上部与下部的雕刻手法呈现不同的特征。例如，龙门的古阳洞，现存的莲花座以上部分与以下的台座及壁面上的造像风格就截然不同。

　　开凿的最后一步，就是在洞窟上加盖木构窟檐。由于洞窟高大，所以有的窟檐被建成楼阁，十分雄伟壮观，比如云冈石窟第五、第六窟现存的楼阁即是典型窟檐建筑。

　　[分析]　本篇中，导游用"有朋友问：这么大的工程是怎么完成的"开头，立刻吸引了游客的注意力，引发了他们的求知兴趣。"耗时50多年。50多年是一个什么概

念？三代人呀！如果你20岁开始开凿，等到完工你已经70岁了，人的一生都给了这浩大的工程，石窟的开凿是何其艰难！"通过反问50多年是一个什么概念，突出凿窟时间之长、工程之艰苦程度。采用自问自答的方式，主要针对一些有一定难度、游客不容易回答的问题，可以起到较好的活跃气氛的作用。

讲解技巧 ⑫

敏感话题的讲解原则

很多入境游客十分关心中国的社会问题，尤其在宗教景点会提出敏感话题，这个时候，就需要导游掌握国家的政策法规，如宗教信仰自由政策等。针对个别贬低或伤害我国宗教信仰自由的言论，导游要不卑不亢、有礼有节地进行解释。

总之，宗教景区景观是中国文化的重要组成部分，是一潭永不枯竭的泉水，只要你愿意，总能舀出你想要的甘泉。

要使我们的讲解体现出一定的文化底蕴，靠的是不断学习、细心观察、耐心积累和对文化的感悟。学无止境，同学们，让我们继续努力吧。

课后任务

[领取任务] 带领美国功夫爱好者参观少林寺，介绍少林寺的千佛殿和白衣殿。

[任务提示]（1）能讲出少林寺的历史发展。
　　　　　（2）能讲出少林功夫的特点。
　　　　　（3）能讲出千佛殿和白衣殿的位置。
　　　　　（4）能讲出内部的陈设。

宗教景观讲解评价表

编号	表现	Yes	No
1	讲解中不传教		
2	讲解宗教景观能凸显其文化艺术性		
3	能通过对比等方法方便游客理解		
4	能运用重点法讲解		
5	景点介绍中能提及注意事项		

讲解者 _____　评价者 _____　通过□　不通过□

项目 15
多姿多彩——民俗风情讲解

你一定听说过这样一句话："上知天文地理，下知鸡毛蒜皮。"可见，导游在游客心目中是本"万宝全书"。游客来到一地，除了游览山水风光、名胜古迹外，还希望了解当地的风俗民情。而要做好民族风情讲解，除了成为一个杂家外，更重要的是还要成为一名民俗学专家。我们该从何入手，让自己成为一名专家呢？

任务 42
做个民俗知识的小行家

常言道："十里不同风，百里不同俗。"我们国家是一个多民族的国家，56个民族像56朵花分布在祖国幅员辽阔的土地上。从地域的划分上来看，由于我国民族众多，地域广大，不同地域会呈现多姿多彩的风俗特征。比如：我国东北、华北地区少数民族特别突出的代表活动是蒙古族的摔跤、赛马等；西北地区少数民族颇具特色的民族活动如维吾尔族的盘子舞、手鼓舞，锡伯族的射箭活动等；西南地区民族众多，风俗习惯多姿多彩，极富情调，主要活动如壮族的赛歌会，彝族的火把节，傣族的泼水节等。民俗风情涉及生活的方方面面，从建筑居室到饮食服饰，从年节信仰到婚丧嫁娶，几乎包罗万象。这方面的知识往往是导游的短板，我们往往知之不多，或知其然不知其所以然。因此，平时要注意查阅书籍，追根溯源，刨根究底，力求精进。

民族风情讲解内容主要包括：介绍少数民族发展简史；地理环境的特征与衣食住行的喜好；婚嫁生丧习俗、节日庆典仪式、内容及传说；信仰崇拜；风物特产等。

［连连看］请将下列民族服饰与所属民族一一对应。（答案在本单元内找）

则高利	朝鲜族
马蹄袖	满族
礼帽	藏族
蜡染	回族
白色圆顶小帽	苗族
氆氇	蒙古族

单元5　徜徉历史长河——人文景观讲解

小王是一名年轻的导游，这天，旅行社委派他接待一个华侨旅游团，进行为期4天的黔东南民俗风情游，第一次接触民俗风情游的小王该如何做好这次接待工作呢？

1. 讲解各民族历史文化要符合历史

中华民族是一个大家庭，各少数民族在中华大地上生根发芽，形成了自己的语言、自己的聚居地，形成了属于自己的民族特质。讲解各民族历史文化时，不能与中华民族的发展史割裂开来。

"羌笛何须怨杨柳，春风不度玉门关。"王之涣这句诗里的羌笛就是羌族特有的乐器。现在流行的羌笛是用高山油竹制成，两管并列，共12个孔。古代流行的羌笛有的是用鹰的翅膀制成，吹出的曲子真是意境丛生，那是飞鹰脱胎换骨，以神灵的名义奏出的羌族人心中最自由的声音。悠久的历史和长期闭塞的生活环境，使羌族文化中保留了那份纯朴厚重的古代遗风。

［分析］导游结合了王之涣的诗句，以点带面地向游客介绍了羌族独特的文化，使羌族文化的苍凉、厚重之感扑面而来。在进行民俗风情讲解时，导游要学会以小见大，以点带面。

各位游客，黎族是海南岛最早的居民。学者考察认为，海南黎族的形成，是历史上各少数族群多次于不同时期陆续迁移到海南岛的结果。一般来说，距今1万年前，海南岛上就有人类活动的遗迹了。我们从海南岛三亚落笔洞遗址及后来发现的海南陵水黎族自治县南湾半岛西北角的石贡遗址和陵水三才镇的大港村遗址出土的动物骨骼化石和陶制品的特征可以判断，在新石器时代早期，海南岛南部沿海地区已经开始出现了以渔猎为生的族群活动。

［分析］导游在介绍黎族的起源时没有用什么花哨的语言，而是用翔实的历史考古发现证明了黎族是海南岛上最早的居民。

羌族　　　　　　　　　　黎族

［练一练］在你生活的当地有哪些主要的少数民族，请介绍该民族的起源和在当地的发展过程。

2. 各民族的衣食住行讲解要体现民族文化的灿烂多姿

各少数民族由于居住地区的自然环境不同，生产活动、生活方式、历史进程、宗教信仰、风俗习惯不同，其饮食来源、制作、器具、礼俗、饮食观念和思想等也迥然不同，从而形成了各具特色的民俗文化。即使同一民族，因居住地不同而存在明显的文化差异。正所谓"十里不同风，百里不同俗"。

第一乐章　温馨家园

家，甲骨文字形，上面是"宀"（mián），表示与室家有关，下面是"豕"，即猪。古代生产力低下，人们多在屋子里养猪，所以房子里有猪就成了人家的标志。本义是屋内、住所。而"家"这个字上面是宝盖头，象征着勤劳智慧是中国少数民族的禀赋。他们就地取材，在民族大观园中创建了一幢又一幢风格迥异、千姿百态的住宅。如鄂伦春族、鄂温克族的仙人柱、撮罗子，蒙古族的蒙古包，藏族的藏式碉楼，傣族的竹楼，哈尼族的蘑菇房，苗族、侗族的吊脚楼，布依族的石板房，黎族的船型屋……这些建筑无不巧妙地适应了不同民族地区的自然条件，有着各自不同的优点。有的适合游牧生活，拆迁方便；有的防潮避湿，通风凉爽；有的厚实保暖，防风防火。

各位游客，大家一定认为"蒙古包"来自蒙语，其实，它是满族对蒙古族牧民住房的称呼。"包"，满语是"家""屋"的意思。居室由毡块、木料构成。蒙古语称"蒙古勒格尔"。圆形尖顶，用一层或两层羊毛毡子覆盖。在大风雪中阻力小，不积雪，包顶不存雨水。包门方而小，且连地面，寒气不易侵入。迁徙拆散，定居安装。

蒙古包的最大优点是拆装容易，搬迁简便。架设时将组件拉开便成圆形的围墙，拆卸时将组件叠合，体积便缩小，又能当牛、马车的车板。一顶蒙古包只需两三小时就能搭盖起来。

蒙古包看起来外形不大，但是包内的使用面积却很大，而且，室内空气流通，采光条件好，冬暖夏凉，不怕风吹雨打，非常适合于经常转场放牧的牧民居住和使用。

蒙古包外观

蒙古包内部

[分析] 导游介绍了蒙古包名称的来历、材料、造型，同时突出了蒙古包易拆卸、冬暖夏凉等特色。

各位游客，纳西族民居大多为土木结构，比较常见的形式有以下几种：三坊一照壁、四合五天井、前后院、一进两院等。其中，三坊一照壁是丽江纳西族民居中最基本、最常见的民居形式。在结构上，一般正房一坊较高，方向朝南，面对照壁，主要供老人居住；东西厢略低，由晚辈居住；天井供生活之用，多用砖石铺成，常以花草美化。如有临街的房屋，居民会将它作为铺面。农村的三坊一照壁民居在功能上与城镇略有不同。一般来说，三坊皆两层，朝东的正房一坊及朝南的厢房一坊楼下住人，楼上做仓库，朝北的一坊楼下当畜厩，楼上储藏草料。天井除供生活之用外，还兼供生产（如晒谷子或加工粮食）之用，故农村的天井稍大，地坪光滑，不用砖石铺成。

纳西族民居最显著的特点是，不论城乡，家家房前都有宽大的厦子（外廊）。厦子是丽江纳西族民居最重要的组成部分，这与丽江的宜人气候分不开。因而纳西族人民把一部分房间的功能如吃饭、会客等搬到了厦子里。

长期以来，纳西族人形成了崇尚自然、崇尚文化，善于学习和吸收其他民族先进文化的优良传统。这一传统尤其对民居建筑艺术产生了极大影响。表现为，民居特色鲜明，构筑因地制宜，造型朴实生动，装修精美雅致。此外，纳西族人在房屋的建筑设计上一直着重考虑抗震性能，并总结了一些有效的抗震构造措施。1996年"2·3"地震中，古城民居房墙大量倒塌，但主体框架仍保持完好。

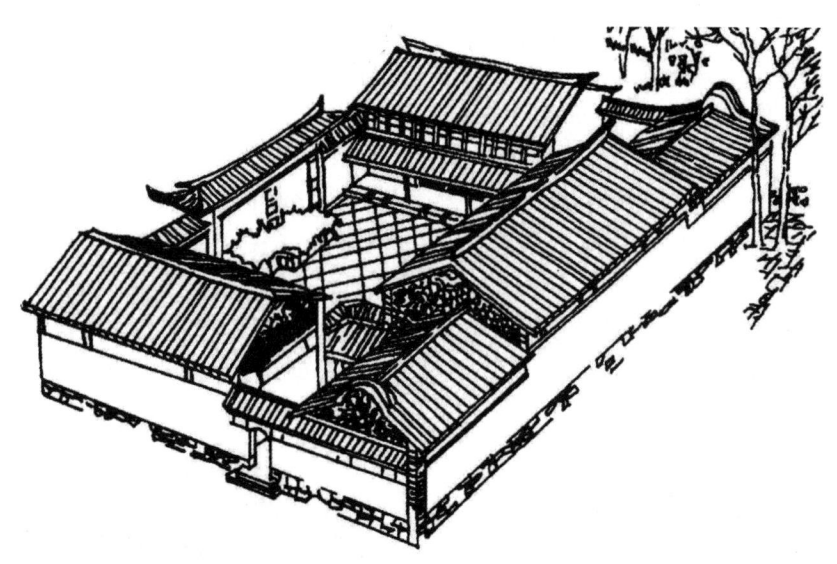

纳西族民居的三坊一照壁

[分析] 导游从纳西族的房屋类型，讲到三坊一照壁的结构布局及其特色，再讲到建筑，条理清晰，表述完整。

[练一练] 练习讲解藏族的碉楼。

第二乐章　霓裳羽衣

服饰是人类特有的劳动成果，生活习俗、审美情趣、色彩爱好，以及种种文化心态、宗教观念，都积淀于服饰之中。千万里山河的滋养，各民族智慧的创造，成就了中华"衣冠之国"博大精深的服饰文化。绚丽多姿的少数民族服饰有着悠久的发展历史，是中华服饰的重要组成部分。其纷繁的款式，精湛的工艺，多彩的民俗，不断丰富装点着各族人民的生活，成为中华大地一道亮丽而绵延流长的文化景观，而蕴藏其间的各民族的生活情趣、审美观念、婚姻道德、宗教信仰及工艺技术等，体现了多民族的文化交融，成为认识东方文明独特形态的又一途径，是研究中华民族深厚文化内涵的宝贵资源。

蜡染是我国古老的民间传统纺织印染手工艺，古称蜡缬，与绞缬（扎染）、夹缬（镂空印花）并称为我国古代三大印花技艺。蜡染是用蜡刀蘸熔蜡绘花于布后以蓝靛浸染，去蜡，布面就呈现出蓝底白花或白底蓝花的多种图案。在浸染中，作为防染剂的蜡自然龟裂，使布面呈现特殊的"冰纹"，尤具魅力。由于蜡染图案丰富，色调素雅，风格独特，用于制作服装服饰和各种生活实用品，显得朴实大方、清新悦目，富有民族特色。

贵州苗族姑娘及蜡染服饰

在苗族地区的很多地方都流行有《蜡染歌》（古歌），代代传唱叙述着有关蜡染起源的故事：有一个聪明美丽的苗族姑娘并不满足于衣服的均一色彩，总希望能在裙子上染出各种各样的花卉图案来，可是，一件件手工绘制实在太麻烦，但她一时又想不出什么好办法，为此终日闷闷不乐。一天，姑娘看着一簇簇一丛丛的鲜花发愣，办法没想出来，却在沉思中昏昏入睡。朦胧中有一个衣着漂亮的花仙子把她带到了一个百花园中，园里有无数奇花异草，鸟语花香、蝶舞蜂忙。姑娘在花园中看呀看呀，看得入了迷，连蜜蜂爬满了她的衣裙也浑然不知。等她醒来，才知道刚才是睡着了，可是低头再看：花丛中的蜜蜂真的刚刚飞走，而且在她的衣裙上留下了星星点点的蜜汁和蜂蜡,很不好看。她只好把衣裙拿到存放着靛蓝的染桶中去,想重新把衣裙染一次,试图覆盖掉蜡迹。染完之后,又拿到沸水中去漂清浮色。当姑娘从沸水中取出衣裙的时候,奇迹出现了:深蓝色的衣裙上被蜂蜡沾过的地方出现了美丽的白花!姑娘心头一动,立即找来蜂蜡,加热熬化后用树枝在白布上画出了蜡花图案,然后放到靛蓝染液中去染色,最后用沸水熔掉蜂蜡,布面上就现出了各种各样的白花。哦!染缸中居然染出了印花布,姑娘高兴地唱起了山歌。人们听到了姑娘的歌声,纷纷来到她家听她讲百花园里的梦境,看她染出的花裙,学习她描花绘图的技艺。大家回到自家,照着姑娘教给的方法,也都染出了花样繁多的花布。从此,蜡染技术就在苗族及与之杂居的布依族、瑶族等兄弟民族之间流传开来。

[分析]导游通过虚实法,将美丽的传说故事贯穿在介绍纺织技法专业而枯燥的内容之中,显得丰富而有趣。

[练一练]练习介绍下图中纳西族的披星戴月服饰。

第三乐章 美食佳肴

每个少数民族都有独具特色的饮食风俗。比如,以畜牧业为主的少数民族,习惯吃牛羊肉和各种奶制品,饮奶茶;而从事农业的南方少数民族,大多以稻米为主食,北方人则以面食和杂粮为主食;生活在寒冷地区的少数民族爱吃蒜,居住在气候潮湿地区的少数民族偏爱辣;信仰伊斯兰教的回族、维吾尔族等不吃猪肉,还禁食凶猛动物、自死动物;受喇嘛教影响的藏族不吃鱼……如果不了解这些风俗和禁忌,在与这些少数民族交往的过程中就可能出现尴尬的场面。

各位游客,萨其马是很多人喜爱的糕点之一,但很多人不知道,萨其马其实是满族的一种食物,它是将面条炸熟后,用糖混合成小块制成。萨其马是北京著名四季糕点之一。在北京亦曾写作"沙其马""赛利马"等。萨其马具有色泽米黄、口感酥松绵软、香甜可口、桂花蜂蜜香味浓郁的特色。

《燕京岁时记》中写道:"萨其马乃满洲饽饽,以冰糖、奶油和白面为之,形如糯米条,用木炭火炉烤熟,遂成方块,甜腻可食。"萨其马是当时重要的小吃。据《光绪顺天府志》记载,"赛利马为喇嘛点心,今市肆为之,用面杂以果品,和糖及猪油蒸成,味极美。"道光二十八年的《马神庙糖饼行行规碑》也写道,其"乃旗民僧道所必用"。当年,北新桥的泰华斋饽饽铺的萨其马奶油味最重,它北邻皇家寺庙雍和宫,那里的喇嘛僧众是泰华斋的第一主顾,作为佛前之供,用量很大。

萨其马

[分析]满族的萨其马是很多人爱吃的点心,但是很少有人了解萨其马与满族之间的关系,导游通过引用《燕京岁时记》和《马神庙糖饼行行规碑》,有力地证明了两者之间的关系。

[练一练]练习介绍回族的油香和馓子。

各位游客,回味无穷的三道茶,是云南大理白族的一种古老品茶艺术,已有千余年历史,据说,在公元8世纪的南诏王时期就开始饮用。这三道茶是指"苦茶""甜茶"和"回味茶"。头道苦茶是用当地雷响茶泡的,浓醇苦味,能生津止渴、消除疲劳;二道甜茶是用核桃仁、红糖及本地的邓川乳扇沏泡的,香甜可口,提神补气,使人气定神闲;三道回味茶是用蜂蜜、花椒、姜片、桂皮冲制而成的,能使人感到甜麻香辣,回味无穷。饮用三道茶既能清热解暑,又能帮助饮用者体味人生哲理,感叹人生总是先苦后甜。

白族

白族三道茶敬茶的礼节也十分讲究,烤茶者首先将第一杯茶用双手举到齐眉处,敬给客人,客人接过茶后再按照同样的方式转敬给主人家的最长者,依次而为,等在座都得到茶之后,才开始饮用。

[分析] 具有少数民族特色的食物往往是游客比较偏爱的讲解内容,导游从三道茶的程序、特色和食用礼仪方面进行了详细的介绍,使人产生了现在就想喝三道茶的愿望。

第四乐章 灿烂遗产

在中国五千年文明史中,少数民族的文化无论对东方文化还是全人类文化都有着伟大的贡献。他们创造出大量的具有自己民族特色的优美动人的诗歌、神话、传说、音乐、舞蹈、绘画等文学艺术作品及许多科学典籍,产生了不少著名的文学艺术家和科学家。

联合国教科文组织设置的口头和非物质文化遗产具有鲜明的文化性、民俗性、传承性和民族性。中国作为世界文明古国之一,创造了丰富的口头和非物质文化遗产。其中,少数民族口头和非物质文化遗产更是一个巨大的宝库。随着社会变革,一些少数民族口头和非物质文化遗产面临濒危、失传的危机,抢救和保护少数民族文化遗产尤为重要和迫切。

自昆曲列入《人类口头和非物质遗产代表作》名录以来,人们越来越关注口头和非物质文化遗产。

各位游客,大家对新疆歌舞一定喜闻乐见,其中,源于喀什噶尔的维吾尔族民间古典音乐《十二木卡姆》,继承融合了疏勒乐、龟兹乐、于阗乐的传统,体现了维吾尔族艺术中歌、舞、乐的高度统一,是维吾尔族音乐之母,也是中华民族音乐文化的无价瑰宝。

"木卡姆"源于阿拉伯语,意思是"地点""地位""法律",作为音乐术语,意为成套的民间古典音乐。

维吾尔族的《十二木卡姆》产生于公元14—16世纪西域音乐的融汇时期,经过多次的整理、规范,才成为今天的《十二木卡姆》。

木卡姆的第一次规范,在公元16世纪。这一时期,我国西域城邦小国叶尔羌汗国的拉失德汗在位,他的妃子阿曼尼莎罕精于维吾尔音乐艺术。她与当时的木卡姆大师喀迪尔汗一起,邀请各地熟悉木卡姆的民间艺人,对散失在民间的木卡姆进行了系统收集整理。这一工作使维吾尔族木卡姆与其他民族木卡姆得到了区分;第一次确定了十二木卡姆的规模;形成了木卡姆特有的琼乃合曼、达斯坦和麦西莱甫三部分结构;还重新确定了木卡姆的歌词。

第二次规范,是在19世纪清代光绪年间,由当时喀什噶尔的著名木卡姆艺术家艾里姆·赛里姆和民间艺人赛提瓦尔共同完成。他俩对流行在喀什噶尔的木卡姆加以整理、规范,形成了规模更大的音乐舞蹈套曲,产生了"喀什十二木卡姆"。

这一木卡姆体系经吐尔地阿洪流传至今。吐尔地阿洪出生在英吉沙县一个演唱木卡姆的世家,他在喀什、和田等地,演唱木卡姆长达50多年。新中国成立后,他被正式邀请到喀什文工团,担任木卡姆专职演员。

维吾尔族

十二木卡姆由拉克、且比亚提、木夏乌热克、恰尔尕、潘吉尕、乌扎勒、艾介姆、乌夏克、巴雅特、纳瓦、西尕、依拉克十二套套曲、245首乐曲组成。每一套都分为琼乃合曼、达斯坦、麦西莱甫三个部分。琼乃合曼苍劲深沉,蕴蓄无穷;达斯坦流畅欢快,抒情优美;麦西莱甫则载歌载舞,把演奏推向高潮。

新中国成立后,各级党和政府对收集、整理民族民间音乐工作十分重视,组织专人对《十二木卡姆》的乐曲录音、记谱、出书,并将歌词记录、整理、出版。一方面使《十二木卡姆》这一优秀文化遗产得以继承,另一方面继续使其发扬光大。由木卡姆改编的《拉克歌舞》,令人耳目一新;用木卡姆音乐演唱的《艾里甫与赛乃姆》,被人们誉为维吾尔族的"红楼梦";移植的歌剧《红灯记》,在国内产生巨大反响,还被拍成电影……今天,有了专门研究《十二木卡姆》的机构。用五线谱出版的《十二木卡姆》,为它的探索和研究走向世界开辟了新的道路。

《十二木卡姆》,上承汉唐龟兹、疏勒、于阗乐舞之遗风,下开现代维吾尔族民间乐舞之先河,博采众长,革新传世。《十二木卡姆》作为不朽的维吾尔族音乐之母,历经千秋,常奏常新,是中华民族音乐文化史上的丰碑!

[分析]《十二木卡姆》是世界遗产,同时也是维吾尔族的灿烂遗产,导游详尽地介绍了木卡姆的组成和特色,使游客有了全面的认知。

3. 独特的习俗讲解要客观,不要猎奇

中国是一个多民族、多宗教并存的国家,56个民族的部分群众信仰着不同的宗教,保存着许多宗教禁忌。一些少数民族中还遗存着原始宗教信仰。在游览过程中,导游需要提醒游客尊重当地少数民族的宗教信仰、风俗习惯,注意待人接物的禁忌。

在泸沽湖,最让游客感兴趣的恐怕就是摩梭人的走婚制。纳西族是中国最富有传奇色彩的一个民族,泸沽湖大部分村落聚居的都是摩梭人。摩梭人至今仍保留着"男不婚、女不嫁、结合自愿、离散自由"的母系氏族婚姻制度。

泸沽湖的摩梭人

我们去看看摩梭人的生活习惯和民族特色。他们的居室内以火塘为中心,旁边是老人和未成年孩子住的地方,二层楼房为客房,上面是青壮年妇女与她们的阿注的居室。由于各种历史原因,摩梭人的阿注婚姻形态仍保留着母系氏族公社时期的特点。这种婚姻可长达数十年,妇女们可与一两人结成阿注,也可与更多的人寓居。与此相适应,家庭是以由血缘为纽带的母系家属组成,家里的财产也是由母系血统的成员继承。

摩梭人的阿注婚被人们称为婚姻的活化石。

[分析] 导游给游客介绍摩梭人独特的婚俗习惯时,一定要告知旅游禁忌:纳西族非常忌讳别人观察他们的婚恋生活。

各位游客,朝鲜族节日与汉族节日基本相同。不过,朝鲜族有三个家庭节日比较独特,其中一个就是"回甲节"(六十大寿)。朝鲜族一向讲究礼仪。每逢年节,所有的菜肴和糕饼都要用辣椒丝、鸡蛋片、紫菜丝、绿葱丝或松仁米、胡桃仁等加以点缀。所有礼仪筵席,以祝贺老人六十大寿的"花甲"席最为讲究和隆重。届时,要先在餐桌上摆一只煮熟的大公鸡,公鸡的嘴里还要叼一个红辣椒。筵席的菜点不仅花样繁多,造型也优美华丽,好多食品都要做成鸟兽形。

[分析] 朝鲜族与汉族一样都有尊老的优良传统,导游介绍了回甲节宴席之风盛,让人们对这一特殊节日有了更加深入的了解。

[练一练] 练习介绍壮族的三月三歌圩节。

朝鲜族

壮族

任务 43
讲好民俗风情故事

1. 掌握并灵活运用导游讲解方法和技巧

根据民俗风情旅游资源的特点,在实际导游讲解服务中,应针对性地运用一些更有效的讲解方法。如利用讲故事激发游客兴趣。我们在讲解中通过相关的民间传说、神话故事,既可以激发游客的好奇心,增添旅游中的娱乐性,同时也可以帮助游客了解当地的民俗风情,加深对旅游地的印象。

那达慕是蒙古语音译,意为"娱乐、游戏",用以表达丰收的喜悦之情。那达慕大会是蒙古族历史悠久的传统节日,在蒙古族人民的生活中占有重要地位。每年七八月份牲畜最肥壮的季节举行的"那达慕"大会,有惊险刺激的赛马、摔跤,争强斗胜的棋艺,引人入胜的歌舞。

那达慕的前身是蒙古族的"祭敖包",其有着悠久的历史。据《成吉思汗石碑》记载,那达慕起源于蒙古汗国建立初期,早在 1206 年,成吉思汗被推举为蒙古大汗时,为了检阅自己的军队,维护和分配草场,每年七八月间举行"大忽力革台"(大聚会),将各个部落的首领召集在一起,为表示团结友谊和祈祷丰收,都要举行那达慕。起初只举行射箭、赛马或摔跤的某一项比赛。到元朝和明朝时,射箭、赛马、摔跤比赛结合在一起,成为固定形式。后来,蒙古族人民亦简称此三项运动为男子三项,为那达慕的基础项目。这个习俗沿袭至今,每年,蒙古族人民都举行那达慕大会。

(廖广莉《导游词创作和讲解技巧》)

蒙古族赛马

[分析]通过下定义和讲故事,将多种讲解方式结合在一起,让游客对蒙古族的传统节日有了深刻认知。

2. 入乡问禁,入乡随俗

针对那些对民族民俗文化感兴趣的游客,可以采用引导的讲解方式。

例如,讲解藏族献哈达的习俗时,导游可以通过问答方式引导游客理解和熟悉这个习俗。

各位游客,今天我给大家介绍的是献哈达这一藏族习俗。大家可能会问,"献哈达"到底是怎样的一种习俗?藏族人民献哈达的方式是怎样的?现在我为大家一一解答。

藏族

"哈达"是一种生丝织品,纺得稀松如网,也有用丝绸为料的,多为白色、蓝色,也有黄色等。另外还有五彩哈达,颜色为蓝、白、黄、绿、红。蓝色代表蓝天,白色是白云，绿色是江河，红色是空间护法神，黄色象征着大地。藏族认为白色象征纯洁、吉利，所以哈达一般是白色的。

在西藏，婚丧节庆、迎来送往、拜会尊长、参拜佛像、送别远行等，都有献哈达的习俗。献哈达是向对方表达纯洁、诚心、忠诚、尊敬的意思。五彩哈达是献给菩萨用的，是最珍贵的礼物。佛教教义解释五彩哈达是菩萨的服装。所以五彩哈达只在特定的情况下使用。

那么藏族人民献哈达的方式是怎么样的呢？献哈达的动作因人而异，一般来说，要用双手捧哈达，高举与肩平，然后再平伸向前，弯腰献给对方，这时，哈达与头顶平齐，这表示对对方的尊敬和最大的祝福——吉祥如意。

献哈达在西藏十分普遍，大家来到西藏，当藏族同胞为你献上纯洁的哈达时，请用恭敬的姿态双手平接。大家都准备好了吗？

[分析] 通过介绍哈达的材质颜色代表的含义，让游客对于哈达的类型有了正确的认知，同时说明献哈达和接受哈达的习俗规范。讲解这样的内容时，可以通过模拟示范的方法为游客介绍，这样会更加形象生动，通俗易懂。

知识链接

尊重民风民俗

一个民族的风俗习惯是在其长期的历史发展过程逐渐形成的，表现在服饰、饮食、节庆、居住、婚姻、礼节、丧葬及生产活动等诸方面。导游在少数民族聚居区做讲解时，一定要引导游客尊重当地的民风民俗，坚持各民族平等的原则。尊重他人，才能得到他人的尊重。

3. 适当学习民族语或方言

各民族和各地方的人们对自己的语言都寄予了深厚的感情，哪怕仅仅会说一点点当地的语言，都能赢得当地人的友爱与亲近，便于工作的开展；民族语言和方言蕴含着民族文化和乡土文化的"灵性"，了解民族语言和方言，有助于全面、生动地讲解民俗风情。

4. 讲解过程应有灵活性

导游在讲解过程中要能察言观色，根据游客的兴趣及时调整导游词，要能增能减，举一反三，对答如流。例如，在讲解土家族的婚俗"哭嫁""骂媒人"时，游客会问："为什么要哭嫁？为什么要骂媒人？是怎么骂的？"导游只有平常多积累，熟练掌握民俗知识，灵活运用，才能给游客一个满意的回答。

答案　则高利—朝鲜族　　马蹄袖—满族　　礼帽—蒙古族
蜡染—苗族　　氆氇—藏族　　白色圆顶小帽—回族

课后任务

[领取任务]旅行社派你带团到云南丽江,游客请你介绍一下丽江的纳西族服饰、纳西古乐和婚俗。

[任务提示](1)查找资料。

(2)了解纳西族的服饰特点。

(3)能讲解纳西古乐的由来。

(4)能讲解走婚形式的形成原因。

(5)注意正确引导游客,尊重当地民俗。

民族风情讲解评价表

编号	表现	Yes	No
1	讲解民族的历史演变		
2	突出民族特色		
3	能尊重民族文化的独特性		
4	能运用虚实法讲解		
5	讲解中能提及注意事项		

讲解者＿＿＿＿　评价者＿＿＿＿　通过□　不通过□

都市风光讲解

我们在进行都市风光讲解时,包含的内容可以非常广泛,建筑、景观、地方文化及城市整体,这些内容听上去似乎是零散的,但我们要想办法使它们有机地联系起来,成为一个整体,使游客在听完我们的介绍之后,对城市有一个较为完整的了解,并产生对这座城市的向往与留恋之情。

任务 44
讲解都市风光的中国速度和中国技术

小王是一名年轻的导游,这天,旅行社委派他接待一个优秀农民工旅游团,进行为期三天的新北京新奥运游,第一次接触都市风情游的小王该如何做好这次接待呢?

下面我们就以北京、上海为例,来与大家一起学习如何进行都市风光的讲解。

1. 现代化建筑鳞次栉比

现代化的都市往往拥有属于自己的城市地标,比如法国巴黎的埃菲尔铁塔,比利时布鲁塞尔的原子塔、澳大利亚悉尼的歌剧院等,我国的一些城市也在不断地建设属于自己的城市地标,塑造城市的风格。

北京CBD

1993年经国务院批准,西起东大桥路,东至大望路,南自通惠河,北达朝阳路的区域,被规划为北京CBD中央商务区。

何谓CBD? C,指中心或中央;B,为商务;D,系街区的意思。合在一起,就是集金融、保险、贸易、信息、商务、办公、文化娱乐等于一体的现代化多功能新城区。

北京朝阳区地理位置优越,交通便利,涉外机构和商务设施的数量、质量与密度,在我国首屈一指。已先后建起了高度超前与规模超前的现代化国贸中心、中央电视台总部大楼、中信大厦及一批高档饭店、写字楼、公寓等。在CBD中央商务区的核心地带,已崛起一大批体现新北京国际大都市形象的标志性建筑。如高度达528米,被誉为"中国尊"的北京第一高楼中信大厦,建设高度260米的财富中心,建高250米的银泰世贸中心,以及高度为100~200米的现代城、国际大厦、国际公寓、万达广场、超级商厦和世界最豪华、最昂贵的华贸中心内的丽思·卡尔顿酒店和万豪酒店等。同时,中央电视台与北京电视台也东迁于此,并辟建有布局合理、规模可观的文化广场和主题公园等。

北京·CBD

　　CBD 重点发展外资银行、保险、基金、证券、电信、信息服务及中外合资合营企业。目前，世界 500 强中有 200 多家在北京落户，其中 150 多家已经入驻 CBD 及周边地区。如沃尔玛、时代华纳、雅高酒店集团、百盛集团等，均已在此落户。新兴的北京 CBD 是一个 24 小时全天候充满活力的商务区，每当夜间或节假日，也不会出现人去楼空的孤城景象。这里已经成为一个令人向往的现代游览胜地。

　　[分析] 导游首先对人们相对陌生的"CBD"进行了解释，然后再介绍 CBD 地区的特点，让人们对于中央商务区的主要建筑及特色有了清晰的了解。

　　下面以上海的东方明珠为例进行讲解。

　　众所周知，上海被誉为东海之滨的璀璨明珠。它之所以有如此大的吸引力，这个城市的建筑功不可没。现在，我们所在的位置就是浦东陆家嘴金融贸易区，它是近现代建筑的缩影、后现代新上海辉煌成就的代表。抬眼望去，两百多幢高楼，鳞次栉比，造型各异，相辅相成，美轮美奂，无一不显露着上海经济发展"龙头"的气度。

　　在这里，最为人们津津乐道的，也是诸多上海建筑中最富特色的，就是我们眼前的东方明珠电视塔，全称"上海东方明珠广播电视塔"。作为陆家嘴金融中心的轴心建筑，东方明珠开工于 1991 年，历时 4 年完工，塔高 468 米。自其建成至今，与纽约的自由女神、悉尼歌剧院、巴黎的埃菲尔铁塔一样，成为当地的标志性建筑。东方明珠与左侧的南浦大桥和右边的杨浦大桥一起，成双龙戏珠之势。东方明珠塔卓然秀立于陆家嘴地区现代化建筑楼群，与隔江的外滩万国建筑博览群和后方新耸立起的上海中心、金茂大厦和环球金融中心交相辉映，展现了国际大都市的壮观景象。

上海·东方明珠塔

请各位游客抬头看，东方明珠电视塔主要由塔基、3 根直径 9 米的直立支柱及 3 个巨大的圆球体组成。其中，塔基又由 3 根直径 7 米的斜插入地的支柱支撑，而分布于整个建筑的 11 个圆球体则是其赢得明珠之名的缘由。珠玉在中国传统文化中占有举足轻重的地位，皆因其外表圆润，能够发出悦耳的声响，既能赏心亦能悦目。而这恰恰是上海这座独具魅力的大城市所独有的特质。从更实效的角度来看，东方明珠电视塔集观光、展览、餐饮及电视广播于一体。譬如位于底层大厅的上海城市历史发展馆，通过不同时期的 6 个展厅，将上海 6000 余年的演变史向人们娓娓道来。当然，最吸引游客的无疑是矗立在空中的三个圆球体。它们分别是 3 个 360 度的主要观光层，游客尽可在不同高度欣赏都市美景。位于 350 米处的是太空舱，263 米处的是主观光层，259 米、90 米处的是室外观光层，三个球体分别与直立圆柱中的双层高速电梯相连，电梯的速度分别达到了 4 米每秒和 7 米每秒。享誉中外的东方明珠空中旋转餐厅位于东方明珠塔 267 米高的球体内，在这里，美食与美景共享。

一会儿，我会带领大家进入上球体和太空舱参观。光彩夺目的上球体观光层直径 45 米、高 263 米，是鸟瞰大上海的最佳场所，站在塔内远望，黄浦江美景一览无余。自高空俯视而下，真有"会当凌绝顶，一览众山小"的豪迈感觉。高耸入云的太空舱建在 350 米处，人们可以通过天文望远镜遥看星河。

自 1994 年建成以来，东方明珠日均接待游客 6000 人，至今已接待游客逾亿，成为最受游客推崇的景点。

东方明珠景区虽没有外滩的怀旧基调，但其海纳百川的气势却丝毫不输给外滩。若浦西是一本本沉重厚实、韵味独到的历史书，那浦东便是千姿百态、千变万化的电子魔法书。让我们赶快去领略这非同一般的明珠风采吧。

[分析] 通过介绍东方明珠塔的外形、布局及特色，从美誉到夜景，让人对其产生

向往之情。

[练一练] 介绍中华第一高楼上海中心或者你所在城市的最高建筑。

2. 著名商业街琳琅满目

商业街，就是由众多购物商场、餐饮休闲场所、娱乐演出场所、体育用品商店、数码产品汇集地等共同组成，按一定结构比例，规律排列的商业繁华街道，为多功能、多业种、多业态的商业集合体，是一座城市商业的缩影和精华。

国内每个城市都有数量不等的特色商业街，如北京有王府井大街，上海有南京路，成都有春熙路，重庆有解放碑步行街，广州有上下九步行街，香港有铜锣湾，台湾有西门町。国外的著名商业街如伦敦的牛津街、巴黎的香榭丽舍大道、莫斯科的阿尔巴特大街、米兰的拿破仑大道、苏黎世的班霍夫大街、纽约的第五大道、迪拜购物中心、东京银座商业街、首尔明洞大街等。这些街道历史悠久、名店汇集、建筑卓越，充盈着现代版的神话和故事。

按照建筑形式，也可将商业街分为单层商业街和多层商业街。另外，也可以按商业街商铺的形式划分为完全采取铺面形式的商业街、完全采取铺位形式的商业街和铺位、铺面相结合的商业街等。

我国北京王府井、上海南京路都是知名商业街，但事实上，它们都是由多个规模不同的购物中心、百货大楼、体育用品商店、娱乐餐饮等各类商业房地产组成；微观上讲，常见的商业街有建材、汽车配件、服装精品街、酒吧街、美容美发用品街等。上述以某类商品为经营内容的商业街，起步早的，大多数已经取得了成功。也有不少商业街采取各类商品混合经营的方式，商业街的命名只体现地点特征，这类商业街取得成功的难度比较大，除非像北京王府井大街，它经过长期的发展，已经成为中国人普遍了解、认同的商业品牌。

这是北京最著名的商业街。据考证，在700多年前的元代，此处便是元朝众多机构和王府的聚居之地。明代时已有商业活动，至清代光绪年间，因为这里有一口甜水井而定名王府井。

北京有三条驰名的传统商业街，即王府井大街、前门大街和西单北大街，其中，王府井大街最负盛誉。该大街从南到北为2千米左右，有大小商店数百家。由于历史悠久，店堂老化，街道狭窄，已不适应改革开放后市场经济发展的要求。根据1983年经国务院批准的《北京城市建设总体规划》，北京市政府与港商投下巨资，大规模高标准地改造、重建了这条街。著名建筑有东方广场、工美大厦、新东安市场、百货大楼和华侨大厦等。街头辟建有广场、绿地、花坛、喷泉、雕塑、花灯、座椅等。新改建的王府井大街，商业与文化一体，商厦与绿荫相扶，步行街与街边小憩空间相间，地上街与800米长的地下街并存，成为一条立体型、多功能、环境高雅、明亮多彩、变幻丰富的世界一流的现代化商业大街。这里已与东京新宿、纽约曼哈顿第五大道、巴黎香榭丽舍大道和莫斯科阿尔巴特街结为姐妹街，并于2001年9月在北京发表了《王府井宣言》。这条商业街正朝着建设高度现代化水准的国际性商业大街目标而奋勇前进。王府井周围为众多高级旅游饭店的集聚之地,有著名的北京饭店、北京贵宾楼饭店、东方广场、王府饭店、台湾饭店、国旅总社、天伦王朝酒店、华侨大厦等星级大酒店及写字楼群。

北京·王府井大街

此外,王府井已打开东出口,即从金鱼胡同东口打通至东二环路,大大便利了王府井的东西行车进出。

[分析] 本导游词介绍了王府井大街的发展历程,让人们对金街上的商家特色有了认知。

[练一练] 查找资料,比较上海南京路与北京王府井大街的共同点与不同点。

3. 现代交通四通八达

在人类把车辆作为交通工具之前,城市公众出行以步行为主,或以骑牲畜、乘轿子等代步。货物转移多靠肩挑或利用简单的运送工具运输。车辆出现后,马车很快成为城市交通工具的主体。1819年,巴黎街上首先出现了为城市公众租乘服务的公共马车,从此产生了城市公共交通,开创了城市交通的新纪元。随着科学技术的进步和工业的发展,城市交通量激增,原始的交通方式已不能满足人们出行的需求,各种交通工具越来越多,加速了城市交通事业的发展。

城市交通的特征因各城市的规模、性质、结构、地理位置和政治经济地位的差异而有所不同,但是,它们具有的主要特点则是相同的:①城市交通的重点是客运;②早晚上下班时间是城市客运高峰；③每个城市的客流形成都有自身的规律；④城市客运量大小与该城市的总体规划和布局有直接关系。

游客们，众所周知，长江是中国最大的河流，然而，千百年来，它却一直阻隔着南北交通，被人们视为"天堑"。

1960年，我国建桥大军发扬大无畏精神，依靠自己的聪明才智，在苏联单方面撤走桥梁专家和研究人员的艰难情形下，奋斗8年，耗资2.8亿多元人民币，耗用150多万个铆钉、各类混凝土约38.4万立方米、各类钢材约6.7万吨，终于建成了这座举世闻名的长江大桥。

现在，我们的车已经驶上大桥的引桥了。这座大桥，由引桥和正桥两部分组成，上层为公路桥，正桥长1577米，引桥长3012米，宽19.5米，可供4辆大卡车同时并行；下层为铁路桥，全长为6772米，宽14米，铺设双轨，两列火车可同时对开。两端接地部分建有22个富有鲜明民族特色的桥孔。

请大家向前看，这就是桥头堡，桥的南北各有一对，高为70米，桥头堡上各有三面旗。请大家向左看，这座雕像上的5个人物，是当时中国社会的5大组成部分，即工、农、兵、学、商。他们共举五星红旗昂首向前，象征着团结一致革命的苦干精神。大桥两侧整齐地排列着150对白玉兰花灯，每当夜幕降临，花灯齐放，万盏灯火，把大桥雄姿勾勒得无比清晰、迷人，着实是一幅"疑是银河落九天"的画面。"天堑飞虹"作为金陵四十景之一，可谓名副其实。

江苏·南京长江大桥

[分析] 本导游词除了对南京长江大桥的结构、功能做了明确交代之外，还通过桥

头堡，勾勒出长江大桥的雄伟身姿。由此可见，介绍新景点时要注意重点突出，不必面面俱到。

讲解技巧 ⑬

巧用数字

运用数字，关键在一个"巧"字。如介绍上海磁悬浮列车时，就可巧用数字，说明磁悬浮列车在能源消耗方面具有很强的优势。

各位游客，上海磁悬浮列车专线西起上海地铁 2 号线的龙阳路站，东至上海浦东国际机场，全长 29.863 千米。它由中德两国合作开发，2001 年 3 月 1 日在浦东挖下第一铲，2002 年 12 月 31 日全线试运行，2003 年 1 月 4 日正式开始商业运营。它是世界第一条商业运营的磁悬浮专线。这列当今世界上最酷的列车，带车头的车厢长 27.196 米，宽 3.7 米。中间的车厢长 24.768 米，14 分钟内能在上海市区和浦东机场之间打个来回。置身其中，您将亲身体验到这架"陆地客机"所带来的奇异感受。

磁悬浮列车是 21 世纪人类理想的交通工具。磁悬浮列车的工作原理并不深奥。它是运用磁铁"同性相斥，异性相吸"的原理，使磁铁具有抗拒地心引力的能力，即"磁性悬浮"。科学家将"磁性悬浮"这种原理运用在铁路运输系统上，使列车完全脱离轨道而悬浮行驶，成为"无轮"列车，时速可达几百千米以上。这就是所谓的"磁悬浮列车"，亦称"磁垫车"。

上海·磁悬浮列车

作为目前最快速的地面交通工具，磁悬浮列车技术的确有着其他地面交通技术无法比拟的优势：

第一，它克服了传统轮轨铁路提高速度的主要障碍，发展前景广阔。第一条轮轨铁路出现在 1825 年，经过 100 多年努力，其运营速度才突破 200 千米 / 小时，由

200 千米/小时到 300 千米/小时又花了 50 多年时间。轮轨铁路提高速度的代价是很高的，300 千米/小时高速铁路的造价比 200 千米/小时的准高速铁路高近两倍，比 120 千米/小时的普通铁路高三至八倍，继续提高速度，其造价还将急剧上升。与之相比，世界上第一个磁悬浮列车的小型模型是 1969 年在德国出现的，日本是 1972 年造出的。可仅仅 10 年后的 1979 年，磁悬浮列车技术就创造了 517 千米/小时的速度纪录。目前，该项技术已经成熟，可进入 500 千米/小时实用运营的建造阶段。

第二，磁悬浮列车速度高，常导磁悬浮可达 400~500 千米/小时，超导磁悬浮可达 500~600 千米/小时。对于客运来说，提高速度的主要目的在于缩短乘客的旅行时间，因此，运行速度的要求与旅行距离的长短紧密相关。各种交通工具根据其自身速度、安全、舒适与经济的特点，分别在不同的旅行距离中起骨干作用。专家们对各种运输工具的总旅行时间和旅行距离的分析表明，在总旅行时间方面，旅行距离小于 700 千米时，300 千米/小时的高速轮轨才比飞机更优越，而 500 千米/小时的高速磁悬浮列车比飞机优越的旅行距离达 1500 千米以上。

第三，磁悬浮列车能耗低。在同为 500 千米的时速下，磁悬浮列车每座位千米的能耗仅为飞机的 1/3；当 TR 磁悬浮列车时速达到 400 千米时，其每座位千米能耗与时速 300 千米的高速轮轨列车持平；而当磁悬浮列车时速也降到 300 千米时，它的每座位千米能耗可比轮轨铁路低 33%。

[分析] 通过介绍磁悬浮的工作原理和磁悬浮的优点，并进行数据对比，让游客对于世界上第一条投入商业运行的磁悬浮列车有了深入的了解。

4. 都市文化丰富多彩

都市往往被人们认为是文化的沙漠，但由于优越的地理位置，深厚的文化底蕴，有素质的观众群体，都市往往又是世界文化的重要集散地。很多著名城市都建有自己的文化艺术中心，这些往往成为吸引游客的重要资源。以北京的国家大剧院为例。

各位游客，国家大剧院是国家兴建的重要文化设施，也是一处别具特色的景观胜地。大剧院位于人民大会堂西侧，占地约 12 万平方米，总建筑面积 16.5 万平方米，投资约 30 亿元。大剧院主体结构造型独特，在其外围，大面积的绿地、树木和花卉，以及一池清澈见底的湖水，不仅美化了大剧院外部景观，同时能够有效起到降尘、防噪、杀菌、降温的作用，极大改善了周围地区的生态环境，也体现了人与人、人与艺术、人与自然和谐共融、相得益彰的理念。

大剧院由法国著名建筑设计师保罗·安德鲁设计，建造于 2001—2007 年。国家大剧院中心建筑为独特的壳体造型，高约 46 米，地下最深 32.5 米，周长达 600 余米。壳体表面由 18000 多块钛金属板和 1200 多块超白透明玻璃共同组成，两种材质巧妙的拼接曲线，营造出舞台帷幕徐徐拉开的视觉效果。每当夜幕降临，透过渐开的"帷幕"，金碧辉煌的歌剧院尽收眼底，而壳体表面上星星点点、错落有致的"蘑菇灯"，如同扑朔迷离的点点繁星，与远处的夜空遥相呼应，使大剧院充满了一种含蓄而别致的韵味与美感。整个壳体风格简约大气，宛若一颗晶莹剔透的水上明珠。

北京·国家大剧院

  壳体周围是面积达 3.55 万平方米的人工湖。人工湖水域的设计理念来自京城水系，为北京城中心地区增添了一处灵动水景。人工湖水池采用了水循环系统去除浊物，冬季不结冰，夏季不长藻。光洁现代的壳体矗立于轻波微漾的水面中央，宛如一颗水上明珠。宁静清澈的水面和静谧宏大的椭圆形壳体下，笼罩着充满无限生机与活力的五彩斑斓的艺术世界。

  文化休闲广场位于人工湖的四周，按照将自然园林引入城市的思路和以人为本的设计原则，为周围居民开辟了繁华中的一片宁静场所。在景观设计上和大剧院的主体建筑保持协调一致，设计中体现了隐与显、密与疏的适度结合，融入了复层、群落等景观设计理念。此外，还栽植了大量时令花卉以营造景观效果。

  隐与显、密与疏、东方与西方、古典与现代、人文与自然……这片城市中的花园让一切和谐共融。

  [分析] 通过对国家大剧院造型设计及周边设施的介绍，让游客对国家大剧院有了初步的认知。

任务 45
都市风光讲解注意事项

上面已经为大家介绍了都市风光讲解包括的几项内容,在实际操作中,如何做好都市风光的讲解工作呢?这里有几条小建议,希望对大家有所帮助。

1. 体现现代建筑的先进性

一个都市可供讲解的东西太多太杂,而游客们的参观时间却非常有限,要做到面面俱到是非常困难的。具体讲解时应提前确定讲解对象,突出重点,重讲优势。下面以广州塔为例进行讲解。

总结起来,广州塔有五个世界之最:一是有最长的空中云梯,1000多个台阶旋转上升;二是最高的旋转餐厅,在424米高处的旋转餐厅可容纳400人就餐;三是最高的4D电影院;四是最高的商店,在432米高的广州塔纪念品零售商店,可以把广州塔精美模型带回家;五是最高的横向摩天轮,在450米露天观景平台外围,我们可以乘坐摩天轮一览广州美景。

广东·广州塔

[分析] 导游的此段讲解词通过突出广州小蛮腰的五个"之最",突出了广州塔的独特之处,通过引用数据,科学直观地证明了这一点。

2. 体现特色与差异,让游客充满兴趣

游客之所以外出旅游,有一个非常重要的原因就是猎奇。人们总是会对自己没见过、没听过、没做过的事情充满好奇,如果我们在讲解的时候能够利用游客的这一心理,重点讲本地与游客生活城市的不同之处,一定能吸引游客的注意,将游客的情绪充分调动起来。

3. 都市文化与都市风光相结合

在进行都市风光讲解的时候,往往会涉及许多景点或建筑物等的建造背景、历史事件或与之有关的历史人物,而这些知识对于一些文化层次高的人来说,恰恰是最有吸引力的。如果我们能让一次观光既有观赏性，又充满了知识性和故事性，那必定会达到最佳效果。

各位游客，我们已经来到北京城中心的天安门广场。请看广场正北方的天安门，它是明清两代皇城的正门，始建于明永乐十五年，至今已有600多年历史。

天安门城楼耸立在巨大的须弥座城台之上，通高34.7米，下设5个券洞。城台上的大殿为重檐歇山式，宽9间，深5间，以体现封建帝王的"九五至尊"。天安门城楼红墙黄瓦，飞金走彩，金碧辉煌，十分雄伟壮观。

天安门前辟有金水河，河上纵横五座金水桥。桥前左右装饰有威武的大石狮及直插云天的秀丽华表，从而形成十分和谐、典雅、雄浑的气势。

天安门广场是因天安门而得名的，广场南北长880米，东西宽500米，占地44万平方米，可容纳100万人举行盛大的集会、游行，是当今世界上最宏大的城市中心广场。1949年10月1日，新中国的开国大典就在这里举行。

北京·天安门

请看广场的中北部，五星红旗高高飘扬，每天都有隆重的升旗仪式吸引着众多游人，巍峨的人民英雄纪念碑屹立在广场中央。广场的南端则是高大古典的正阳门城楼和箭楼。这些古今建筑自北而南坐落在一条中轴线上，布局十分引人注目。再加上广场西侧的人民大会堂，东侧的中国国家博物馆的有力衬托，构成了一幅气势磅礴的动人画卷。

[分析] 导游为游客介绍了天安门的整体布局，突出了天安门历史的久远及其重要的政治地位。

4. 可以给出拍照建议

在都市风光讲解时，注意向游客给出拍照建议，尤其是高层建筑和大型场馆，因游客对景点不熟悉，拍照取景往往不得其法，作为导游可以给游客适当建议。

能力训练 5

增强导游讲解的现场感

手势语是通过手的动作来传情表意的一种态度语。讲解时的手势，不仅能强调或解释讲解的内容，而且能形象地表达讲解语言所无法表达的内容，游客看得见、悟得着。

1. 引导型手势语

引导手势是使用最多的手势语言。如请客人进门、就座、为客人指引方位、物品或为他人做介绍等。

体侧式引领手势训练

（1）五指并拢，手心微凹。
（2）以肘关节为轴，上臂带动前臂，自下而上将手臂抬起到胸前。
（3）将手臂平送至手势所指方向，掌心斜向上方。
（4）最后有一个定格，身体微前倾，头略转向手指示的方向。
（5）面向客人，面带微笑，目视来宾。
（6）致问候语："您好！这边请！"

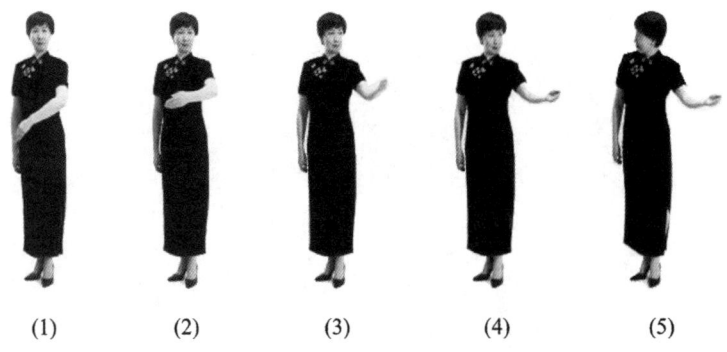

(1)　　(2)　　(3)　　(4)　　(5)

曲臂式引领手势训练

若一只手拿着东西或扶着门，另一只手不便做体侧式"请"的手势时，可采用曲臂式"请"的手势。

（1）五指并拢，手臂自然伸直。
（2）掌心向上，以肘关节为轴，将手臂由体侧向体前方自下而上抬起。
（3）肘关节自然弯曲，大臂与小臂夹角以 140 度为宜，将手臂平送至手势所指方向。
（4）身体微前倾，头略转向手势所指方向。
（5）面向客人，面带微笑，目视来宾。
（6）致问候语："您好！这边请！"

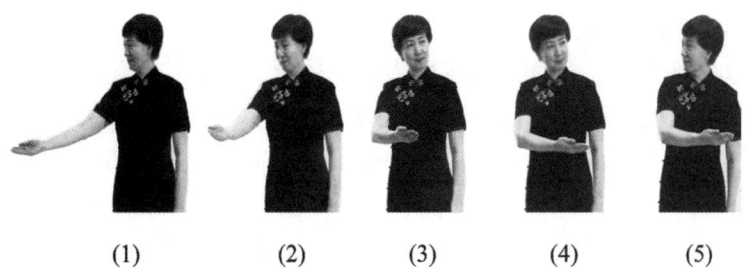

(1)　　(2)　　(3)　　(4)　　(5)

直臂式引领手势训练

为客人指路、指示方向可以采用直臂式手势。

（1）五指并拢，掌心向上，手形如握手状，手腕略打开。

（2）曲肘，将胳膊由身前抬起。

（3）将胳膊抬到略高于肩时，再向要指的方向伸出前臂。

（4）最后有个定格，手肘微伸。

（5）上体微前倾，面带微笑，面向客人，兼顾客人是否会意。

(1)　　(2)　　(3)　　(4)　　(5)

2. 其他类型手势语

（1）情意性手势语，用来表达导游讲解的情感，使之形象化、具体化。如在说"我们的社会主义现代化建设一定会取得成功"时，可以用表示强烈情感的握拳等手势语。

（2）象形手势语，作用是模拟物状。如介绍中国古代屋顶时，可以用两手交叉的样子表示房子；讲黄山的笔架峰时，可以用手在空中勾勒出笔架的框架。此种手势语有利于游客对不能直观看到的景物或难以理解的景物有感性认知。

（3）指示性手势语，指示具体对象。眼前景物纷繁复杂，可以说："各位游客，请大家顺着我的手指的方向看过去，会发现……""在释迦牟尼的左手侧，是过去佛燃灯古佛"，同时用手指向燃灯古佛。这些都属于指示性手势语，有利于游客迅速找到你所介绍的景物。

（4）象征性手势语，表示抽象的概念。表达故宫有三大殿的时候，可以伸出三个手指，加强游客的认知。比如做出 OK 的手势语表示一切顺利。

3. 注意手势语的民族性

在使用手势语时，一定要注意手势语的民族性。在不同文化中，某些副语言知识意义相通，有些则差异较大，甚至意义相反。譬如：在中国文化中，点头表示赞同，摇头表示否定；而在尼泊尔，意义则恰好相反。中国人用竖起拇指好的、赞同等肯定意义，英美在这一点上与中国类似，而同样的手势在澳大利亚则被视为侮辱的信号而会引起反感和敌意。英美人在表示"1~4"时，除用和中国人一样的手势外，通常用拇指表示"1"，用拇指和食指表示"2"，而后一种手势则会被中国人看做是"8"。

> **课后任务**

[领取任务]请介绍广州广播电视塔。

[任务提示]（1）查找资料。

（2）能讲出广州广播电视塔的全名和俗称。

（3）能讲出高度、造型特点。

（4）能讲出功能、内部设施。

（5）灵活运用数据进行讲解。

城市景观讲解评价表

编号	表现	Yes	No
1	介绍城市景观的地位		
2	介绍建造过程		
3	介绍建筑的功能性		
4	介绍建筑的造型特色		
5	能运用重点法讲解介绍		
6	整体字数在500字左右		
7	讲解时发音正确、停顿适合		
8	讲解时有表情配合		

讲解者 _____ 评价者 _____ 通过 □ 不通过 □

> 特级导游的N个力荐
>
> 讲解各类人文景观，要把握共性中的个性和个性中的共性，要讲出它们的文化内涵，这样才不会流于贫乏和肤浅

单元 6

文旅融合——主题性讲解

伴随着生活水平的不断提高和文化素养的提升,千禧一代成为旅游主体,亲子游、研学游成为热门;街头那些原本不起眼的建筑前,总有些人拿着"长枪短炮"拍个不停;旗袍、昆曲这些文化遗产也逐渐进入我们的生活,成为新的旅游热点。

项目⑰ 寓教于游
——研学旅行主题讲解

研学旅行主题讲解

两千多年前，中国伟大先贤孔子打破了"学在官府"的传统，杏坛设教，开启了体验式教学的新篇章，形成了以"道德践履、仁爱贵和、精思善疑、平等民主"为核心的游学思想，成为我国研学旅行的奠基人。其后，文人学士们在自然山水与人文旅行中学习知识、体悟人生、修为人格、传承文化。"三人行，必有我师""读万卷书，行万里路""纸上得来终觉浅，绝知此事要躬行"。20世纪30年代，著名教育家陶行知倡导"知行合一"，认为"行是知之始，知是行之成"，并开展了一系列长途修学活动，"教育+旅行"的理念得到进一步发展。2013年，国务院印发《国民旅游休闲纲要（2013—2020年）》，正式提出"逐步推行中小学生研学旅行"，2016年，教育部将研学旅行纳入中小学教育计划中。

研学旅行内容新颖、参与者特殊、活动形式多样、教育意义深远，作为研学旅行的讲解者和引领者，你做好准备了吗？让我们开始这个项目的学习吧。

[考一考]认知和把握研学旅行的教育功能，把研学内容和活动形式有机组合，对导游来讲是一个挑战。请完成下面的题目，看看以下6个观点是否正确。

（1）校外兴趣小组、俱乐部活动、棋艺比赛、校园文化等属于研学旅行的范畴。

（2）研学旅行就是在旅途中获得学校教育中所欠缺的体验感、现实感、趣味感教育。

（3）周末，青少年三三两两出去旅游一下，属于研学旅行的范畴。

（4）研学旅行以年级为单位，以班为单位，乃至以学校为单位进行集体活动，同学们在老师或者辅导员的带领下一起活动，一起动手，共同体验，相互研讨。

（5）研学旅行要坚持安全第一，建立安全保障机制，明确安全保障责任，落实安全保障措施，确保学生安全。

（6）研学旅行要结合学生身心特点、接受能力和实际需要，注重系统性、知识性、科学性和趣味性，为学生全面发展提供良好的成长空间。

如果你不能很快回答上述问题，那就需要认真学习下面的内容哦！

研学旅行，是由学校根据区域特色、学生年龄特点和各学科教学内容需要，通过集体旅行、集中食宿的方式组织学生走出校园，在与平常不同的生活环境中拓宽视野、丰富知识，加深与自然的亲近感，增加对集体生活的体验，提升中小学生的自立能力、创新精神和实践能力。研学旅行继承和发展了我国传统游学"读万卷书，行万里路"

的教育理念和人文精神，成为素质教育的新内容和新方式。

任务 46
研学旅行内容知多少

按照资源类型，可将研学旅行产品分为知识科普型、自然观赏型、体验考察型、励志拓展型和文化康乐型。

研学旅行资源一览表

研学旅行资源类型	研学旅行的意义	资源内容
知识科普型	（1）逐步培养学生相信科学、尊重科学、依靠科学、崇尚科学的意识；（2）培养青少年从小热爱科学技术知识的兴趣，培养科技后备力量；（3）了解有关自然现象的成因、特征、规律，明了人类历史上各民族的重点任务和典型事件及各个政权的发展演变；（4）参观当今社会科技进步的文明成果，激励自己为了更加美好的生活而努力	各种类型的博物馆、科技馆、主题展览、动物园、植物园、历史文化遗产、工业项目、科研场所等
自然观赏型	（1）可以使学生改变常居环境，开阔眼界、增长见识、陶冶性情、怡悦心情、鉴赏大自然造化之美、享受现代化城市生活的情趣等；（2）具有良好的环境教育功能，陶冶学生情操、锻炼人生意志	山川、江、河、湖、海、草原、沙漠等
体验考察型	给青少年带来一种异于其本身生活的体验，可以拓展个人视野，感受不同的生活体验或者获取个人生活范围以外的信息	农庄、实践基地、夏令营营地或团队拓展基地等
励志拓展型	青少年自身的潜能得到开发，在心理素质、人际交往能力、沟通能力、团队意识等方面得以提高。体会到解决问题、应对挑战的重要性，以及相互信任、理解、默契配合的重要性	红色教育基地、大学校园、国防教育基地、军营等
文化康乐型	（1）引导青少年用健康向上的康乐活动进行消遣；（2）在一定程度上丰富青少年的业余生活，纠正不良的生活习性，树立正确的世界观、人生观和价值观；（3）通过理想信念教育、实践体验教育、榜样示范教育，提高青少年自我教育、自我管理的能力，树立远大的人生目标	各类主题公园、演艺影视城等

任务 47
研学旅行的讲解内容与方法

1. 合理运用开场白激发青少年的研学兴趣

无论是哪种类型的研学内容，导游在讲解的时候首先要清楚讲解对象是青少年，要运用合理的开场白拉近与青少年的距离，激发青少年探索知识的兴趣。

各位同学，大家好。我是今天的研学导游毛豆老师。今天我将带领大小朋友们进入上海梦清馆的"课堂"，上一堂精彩的博物馆体验课。我们为什么要选择探索梦清馆呢？毛豆老师想给同学们读一首宋代词人赵彦端写的《瑞鹧鸪》，来解答同学们的疑问。"榴花五月眼边明，角簟流冰午梦清。江上扁舟停画桨，云间一笑濯尘缨。""梦清馆"的"梦清"两字就取自这首古诗，"梦清"表达了上海人民连做梦都在期待苏州河早日变清的强烈愿望。如今的苏州河两岸风景宜人，但是在几十年前，苏州河遭受了严重污染。随着城市发展的脚步，"保护环境、爱护水资源"的话题被政府和百姓不断地探讨着。为什么我们要大力倡导爱护水资源呢？我们的生活与水有怎样的关系？苏州河的水是如何变清的、两岸的百姓生活是如何更安乐的？一会儿我们进入梦清馆就能一一了解了。

同学们，我们该如何正确参观梦清馆？毛豆老师给大家提几点小建议：第一，在梦清馆里不要大声喧哗，宁静创造和谐之美；第二，在梦清馆里不要碰触展品。同学们的无意之举可能会损坏展品，玻璃展柜如果不小心被碰碎了，还会让同学们受伤。第三，同学们要有秩序地跟随毛豆老师，我们是一个集体，代表的是一个班级，同学们如果有特殊情况（买水、上洗手间等），需要及时向毛豆老师说明。"与文明同行，做可爱的观博人"，同学们有信心做到吗？接下来就让我们一起进入梦清馆的"课堂"吧！

[分析] 研学旅行的受众是青少年同学，导游在讲解开始前一定要给同学们留下良好的"第一印象"。导游既要从青少年可以接受的讲解方式入手，又要注意从内容上激发学生探究的欲望。

2. 研学旅行的"知识传递"与"实践"要深度融合

研学旅行是研究性学习和旅行体验相结合的一项教育活动。在教育理念上，研学旅行强调认知学习和实践体验，从而促进学生的全面发展。在教学方式上，研学旅行倡导课堂讲授和现场实践紧密结合。导游在执行研学旅行活动中，一定要注意"研"和"学"深度融合。下面以秦始皇兵马俑研学讲解为例。

古都西安拥有6000多年的历史，风景秀丽，名胜众多，是一个被浓厚历史熏陶的文化之城，素有"200步一个古物，500步一个古墓"的说法。秦始皇兵马俑博物馆位于陕西省西安市临潼区城东，是中国第一个封建皇帝秦始皇嬴政的陵园中一处大型的丛葬坑。博物馆是以秦始皇兵马俑为基础，在兵马俑坑原址上建立的遗址类博物馆，也是中国最大的古代军事博物馆。秦始皇秦兵马俑的发掘和展出轰动世界，被称为"世界第八大奇迹"。

各位同学，今天的"行走课堂"我们将一起走入秦始皇兵马俑博物馆，感悟千年的陶俑文化。

秦始皇兵马俑博物馆共有一、二、三号3个兵马俑坑。一号坑是一个以战车和步兵相间的主力军阵，总面积14260平方米，约有6000个真人大小的陶俑。二号坑是秦俑坑中的精华，面积6000平方米，由四个单元组成，四个方阵由战车、骑兵、弩兵混合编组，严整有序，无懈可击。三号坑是军阵的指挥系统，面积524平方米。

西安·兵马俑

一号坑的6000多个兵马俑中可以看出有几位大将军，他们个个身材高大、魁梧健壮，头戴鹖冠，身披铠甲，从身体两侧隐约能看出佩戴有长长的宝剑。其他的武士身高全在一米八左右，个个高大健壮，体态匀称。他们身着战袍，身披铠甲，手里握着兵器，目光凝视远方，整装待发。马俑与真马一样，一匹匹形态健壮，肌肉丰满，似乎只需一声令下就会撒开四蹄腾空而起，冲向敌人。

（带领学生有序走到景区空旷人少处）同学们请到这里来，毛豆老师手里的这个陶俑仿制品究竟是如何制作的？"哐"的一声陶俑摔到了地上（捡起所有破碎的陶俑片）。同学们肯定很好奇，毛豆老师为什么要摔坏这个陶俑呢？毛豆是为了让同学们理解和掌握陶俑的制作和复原工艺。同学们是不是想亲自体验一下？那让我们一起走进陶俑制作工坊，在毛豆老师的指导下去亲手制作和复原兵马俑吧！

[分析]通过参观兵马俑坑及铜车马展厅，了解兵马俑的布局，感受"秦王扫六合"的雄心与壮志。通过研学导游讲解和动手实践，深入了解兵马俑的诞生过程和复原工艺，致敬"工匠精神"，学习"工匠精神"。

3. 要善于运用各种教育方法进行研学讲解

研学旅行注重学生在"行中学"、在"做中思"。研学旅行导游不是简单地对旅行内容进行描述，应结合各种教育方法，比如PBL教育法、"预学、共学、延学"三阶段法等，进行研学讲解。

讲解技巧 ⑭

PBL教学法

PBL教学法，是指"以学生为中心，以问题为基础"，通过采用小组讨论的形式，让学生围绕问题独立收集资料，发现问题、解决问题，培养学生的自主学习能力和创新能力的教学模式。

"预学、共学、延学"三阶段法:"预学"是指提前将学生带入学习场景中,提前进行知识的储备,培养学生主动获取信息和转化信息的能力;共学阶段是校外实践活动的重点,学生将以小组合作形式,针对前期预学中的疑问和期待,进一步对研究的重点、难点开展有针对性的学习;"延学"是指让学习从实践回到书本和生活,不断延伸,为学生延伸学习提供途径和指导。

西湖,位于浙江省杭州市西部,是中国主要的观赏性淡水湖泊,三面环山,湖面面积约 6.38 平方千米,绕湖一周近 15 千米。湖中被孤山、白堤、苏堤、杨公堤分隔,按面积大小分别为外西湖、西里湖、北里湖、小南湖及岳湖等五片水面,苏堤、白堤越过湖面,小瀛洲、湖心亭、阮公墩三个人工小岛鼎立于外西湖湖心,夕照山的雷峰塔与宝石山的保俶塔隔湖相映,由此形成了"一山、二塔、三岛、三堤、五湖"的基本格局。2011 年 6 月 24 日,"杭州西湖文化景观"列入《世界遗产名录》。

练一练 根据以上西湖导游词进行研学导游词创作。在创作中要合理利用 PBL 教育法,以及"预学、共学、延学"等教育法。

杭州·西湖

4. 善于运用多样化评价方式促进学生内化学习

在研学旅行中,研学导游一定要运用多元化评价方式对学生进行评价,从而促进学生内化学习。在研学全过程,既有对学生把学到的学科知识加以综合并运用到实践中探究新知的评价,也有对学生在研学过程中客观存在的各种非智力因素的评价,比如对研学旅行过程中的认识、态度、方法、体验和品质的评价,还有对学生在旅行实践中发现问题与提出问题能力、收集和加工信息能力、人际合作交往能力、创新精神和创造能力的评价。这种对学生综合能力的评价体现了研学旅行评价内容的丰富性、灵活性、综合性和多导向的特征。研学旅行既是实施素质教育的重要途径，又承载着道德素养的养成、创新精神的培育、实践能力的培养等多方面的教育功能。

各位同学，我们刚刚完成了消防博物馆的探索学习，了解了上海消防的发展历史演变，探究了木制双筒人力泵、上海街头首批消防栓、救火联合会头盔、优胜奖盾牌等实体物品，通过视频和实物演示也掌握了火灾起因及遇到火情的应变处理方式等。

同学们请看，前方就是消防科技教育体验馆了。体验馆使用了目前国际一流的高科技展示技术，包括动感4D影院、虚拟逃生体验空间、互动虚拟火灾实验室等，让我们一起探索吧！

（探索完毕后）同学们是不是对消防知识又有了新的感知？（让学生发言，畅谈感悟）同学们都很棒，接下来毛豆老师把任务手册（手册中通关任务的设计主要结合消防博物馆的展品、火灾的应对处理方法、消防的历史文化知识等）发放给大家，同学们化身消防小能手，来完成手册中的通关任务吧。任务完成时间为30分钟，30分钟后我们在展厅A区集合。

（30分钟后）同学们把任务手册打开，举手回答毛豆老师的提问，检验大家完成任务的成果。

经过学习探索，同学们对消防知识有了更深层次的理解和感悟，活动的结束并不代表任务的完结。同学们回到家里可以和爸爸妈妈一起用手机扫描任务书上的二维码，点击小程序，里面有多个与消防相关的视频，还有升级的消防知识任务要完成哦！

今天的研学活动到此结束。

[分析] 多样化的评价方式能够较好地促进学生内化学习。

这段上海消防博物馆的讲解词，主要结合消防知识，更突出了让学生进行探究学习的内容。导游带领学生完成了消防博物馆的研学活动，并让学生实景化探索了消防科技教育体验馆，通过完成任务手册的活动让学生加深了对消防知识的感知。结合互联网等科技手段，学生们在活动结束后和家长一起扫二维码，观看视频、完成升级任务，更好地把研学旅行中的"研究"和"学习"落实到了实处，让学生学有所成，学有所长。

任务48
研学旅行讲解的基本要求

要想把研学旅行内容讲好，必须满足讲解的基本要求。

1. 弘扬爱国主义，培养学生的文化自信和价值观自信

在中小学生中进行爱国主义教育，弘扬爱国主义精神和社会主义核心价值观，能够激发青少年的爱国热情，对于培育社会主义接班人，实现中华民族的伟大复兴具有重要意义。研学导游讲解时一定要传递和弘扬爱国主义，培养学生的文化自信和价值观自信。下面以李大钊纪念馆功绩柱讲解为例。

各位同学，让我们一起看看"功绩柱"。功绩柱高3.8米，用淡红色毛面花岗岩镶砌而成。刚劲有力的柱体上端，雕刻着红旗托党徽的图案。八根功绩柱占位八方，围成一个圆形，象征着李大钊同志在中国革命史上立下的丰功伟绩。

李大钊一生的主要功绩归纳起来主要表现在八个方面：第一，领导了五四新文化运动，是五四新文化运动的主要发起人和领导者之一；第二，在中国第一个传播马克思主义，是中国最早的马克思主义者；第三，关心青年的成长，培养了一代革命领袖人物；第四，创建了中国共产党，是中国共产党的主要创始人之一；第五，领导了北方工农运动，是北方工农运动的伟大领袖；第六，建立革命统一战线，促成了国共首次合作；第七，提出了党抓武装的军事思想，培养了一批军事人才；第八，提出了中国走社会主义道路的理论，为中国昭示了社会主义的发展方向。八根巍然耸立的功绩柱，令人肃然起敬，仿佛有一股伟大的力量在带着我们前行。

[分析] 这段讲解词，在简单介绍了李大钊纪念馆八根功绩柱的高度、形状、材质后，具体介绍了李大钊一生功绩的八个主要方面。通过这段讲解，能够激励青少年学生不忘初心，砥砺前行。

2. 强化教育，注重系统性、知识性、科学性、趣味性

在中小学生研学旅行讲解中，导游要突出研学旅行的"教育"意义，让研学旅行的讲解更加系统化、更富有知识内涵和科学性，同时融入故事、场景及多样化讲解方式，从而更好地让学生接受和掌握相关知识点。

三江源，一个神秘的地方，一个人烟稀少的地方，一个鲜为人知的地方。这儿却是孕育着中华民族三大河流的发源地。

长江、黄河、澜沧江共同发源在青藏高原，共同发源在30多万平方千米的地区，这个地区叫"三江源"。三江源雨水丰沛，一年365天有300多天在下雪，正因为这个原因，使得三条大河能在这儿开始它们的万里之行。

直到近代，科学家们才发现了三江源。原来，唐代时期，人们去探寻黄河的源头，最远只走到了星宿海，人们便误认为星宿海是黄河的源头。后来，人们才寻到了黄河的源头——约古宗列曲。晋代时期，人们误以为岷江是长江的源头。1949年以后，人们也才寻到了长江的源头——沱沱河。至于澜沧江，那是现在才寻到它的源头。

三江源野生动物种类十分庞杂。有藏羚羊、岩羊、棕熊、雪豹……其中，数藏羚羊最为珍贵。藏羚羊是一种生长在高海拔地区的羊类，它能充分适应高原空气稀薄的环境，活动在海拔4000~6000米的地方，主要栖息在三江源、藏北羌塘、青海可可西里及新疆阿尔金山一带令人类望而生畏的"生命禁区"。

棕熊体形较大，体长180~200厘米，体重达200千克，栖息在青藏高原的高山草甸和荒漠草原。

三江源的植物也特别多。植被类型有针叶林、阔叶林、针阔混交林、灌丛、草甸、草原、沼泽及水生植被、垫状植被和稀疏植被等9个植被型。灌丛植被主要有杜鹃、山柳、沙棘、金露梅、锦鸡儿、绣线菊、水栒子等。草原、草甸植被主要为蒿草、针茅草、鹅观草、早熟禾、披碱草、芨芨草及藻类、苔藓等。这些植物大都是耐寒植物，有着自己的一套本领，才能在三江源这片荒凉的土地上生存。

青海·三江源

[分析] 在介绍三江源景观时，从中华民族三大河流的发源地说起，较系统地介绍了三江源丰富的动植物资源。在研学讲解过程中，可详细对三江源的科学成因、动植物的特色开展探究，突出研学三江源的科普意义。

3. 主题明确、突出实践性

研学旅行讲解要求主题明确，在介绍相应内容时，要突出"实践性"，能够让学生寓教于乐，从而对相关研学内容的了解和认知提升到一定高度。

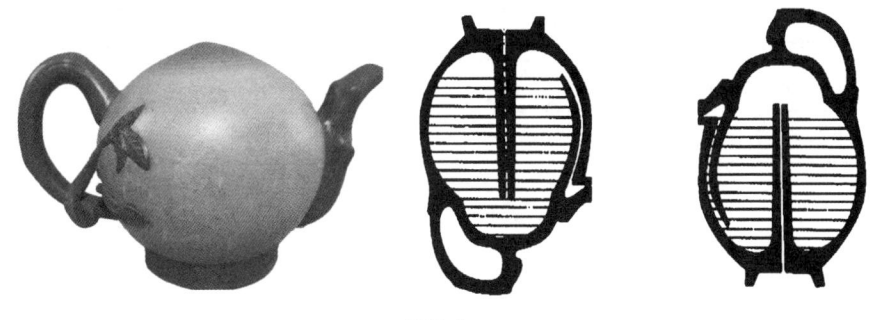

倒流壶

各位同学大家好，请看这件器物（让学生观看20秒左右）：如果它是一个壶，无论是用来盛水还是用来盛酒，总该有一个入口吧。此壶虽然有"盖"，但壶盖与壶身设计制作为一体，根本无法打开。古人总不能将酒或水从壶嘴注入再倒出来吧。把壶倒过来，我们发现，在壶的底座有一个除壶嘴外唯一能进入壶的内部的通道。这究竟是一把怎样的壶呢？原来，这把壶的名字叫倒流壶。壶底中心有一通心管，又称"内管壶"。这是始于春秋、流行于唐宋、完善于明清的壶式之一。倒流壶奇特的构造，巧妙的内部设计，充分体现了古代能工巧匠的智慧和创造力，是我国陶瓷艺术中的一朵奇葩。（可在讲解现场进行实物演示）

　　同学们，倒流壶的现代叫法有好几种，比如倒灌壶、倒装壶等。它叫什么名字并不重要，重要的是它能给我们现代人一个启示，这就是：倒既正，正是倒，倒的终点为正，正的终点为倒。做任何事情，都要有度。

　　[分析]研学旅行讲解员运用实物演示，结合展品的制作原理，让同学们不仅能体味到中国博大精深的陶瓷文化，还能从制壶工艺中学到人生哲理。

课后任务

　　[领取任务]请为青少年学生介绍世界文化遗产——长城。

　　[任务提示]（1）通过开场白，给青少年学生留下良好的"第一印象"。

　　　　　　　（2）介绍万里长城的建造背景。

　　　　　　　（3）融合"探究学习"和"旅行"。

　　　　　　　（4）运用我们所学的触景生情法。

长城研学讲解评价表

编号	表现	Yes	No
1	旅行开场白运用是否合理		
2	万里长城的建造背景		
3	建造万里长城的历史意义		
4	能合理运用相关讲解方法		
5	能运用触景生情法进行讲解介绍		
6	整体字数在500字左右		
7	讲解时口齿清晰		

讲解者＿＿＿＿　　评价者＿＿＿＿　　通过□　不通过□

红色旅游主题讲解

发展红色旅游是加强爱国主义和革命传统教育、培育和践行社会主义核心价值观、促进社会主义精神文明建设的重大举措。近年来,党和政府大力推广、充分发掘和利用革命历史文化资源,积极发展红色旅游产业。小王所在的旅行社也将红色旅游作为特色旅游线路重点开发、大力推广。抓紧时间学习红色景点的相关讲解工作,成了小王迫切需要完成的一项重要任务。

和前面所学景区(点)表意直白、内容明确的名称相比,"红色景点"这个名词还真有点"陌生"。那么,什么样的景点会被称为"红色旅游景点"?我们在讲解"红色景点"的时候又有什么特别的注意事项和技巧呢?

下面,就让我们跟随小王一起来了解该如何介绍"红色旅游景点"吧。

任务 49
了解"红色旅游"与"红色旅游景点"

中华文明源远流长,前面同学们跟随导游小王,已经了解了导游讲解过程中经常遇到的"优秀建筑""古典园林""宗教景观""民俗风情"等贯穿古今、融汇中外的讲解知识和技巧。在上一个项目中,我们又与小王与时俱进地学习了"都市风光"的讲解知识和技巧。现在我们不妨再次重温历史,回到20世纪那火红的年代——跟随小王一起走进"红色旅游景点"。

在开始学习之前,我们先来了解两个概念——"红色旅游"和"红色旅游景点"。

中共中央办公厅、国务院办公厅印发的《2004—2010年全国红色旅游发展规划纲要》对红色旅游的定义是:以中国共产党领导人民在革命和战争时期建树丰功伟绩所形成的纪念地、标志物为载体,以其所承载的革命历史、革命事迹和革命精神为内涵,组织接待旅游者开展缅怀学习、参观游览的主题性旅游活动。简单说,就是组织人们通过参观革命旧址,聆听故事,了解党领导人民进行革命、建设、改革的光辉历史,在旅游活动中缅怀先辈业绩,弘扬革命传统。

"红色旅游景点"就是"红色旅游"中所指的分散在全国各地的革命旧址、遗迹遗存等。

任务 50
红色旅游景观的讲解内容和原则

红色旅游，简单说，就是通过导游讲解，能够让游客了解与景区（点）相关的革命历史事件，了解在艰苦卓绝的环境中革命先烈坚定信仰、前仆后继的光荣事迹。让游客在游览过程中潜移默化地接受革命传统和爱国主义教育，提高爱党爱国的革命情操。

我们在讲解这类景区景点时，更要遵循原则、讲究技巧、情景交融、张弛有度。

红色旅游讲解服务主要以红色旅游景区游览线路中的各个景点讲解为主，同时，还要考虑回答游客的问题。在准备讲解前，要对以下内容做认真准备和设计：此次讲解主要讲哪些内容，先讲什么，后讲什么，中间穿插什么典故或逸闻趣事……

对大多数红色旅游景点来说，可以根据移步换景的原则，按照先总后分或按空间顺序分段讲解，再突出重点选择一个专题详细讲解。

通常来讲，讲解的主要内容包括景区的概况，各景点曾发生的主要革命历史事件及其在革命历史中的地位，曾战斗在各景点的革命人物及其斗争情况，与景点相关的革命故事或传说。

此外，在移步换景中也可以适当地向远道而来的游客介绍一下本景区、景点独特的自然风光、独特的民俗风情及当地的特产等相关信息。这样既有助于游客更好地领略当地的风土人情，又可以为以后开展活动蓄势铺垫。

下面就让我们通过实例来具体学习该如何重点讲解红色旅游景点吧。

1. 讲解红色景区（点）概况

在讲解开始时，我们一般要在景区（点）的正门口，或者正门导览图前，或者该景点标志性建筑物前，向游客讲解整个景区（点）的概况。包括景区（点）的地理位置，设立的时间及其历史背景、规模、布局、特征、价值、游览线路安排等相关情况。对一些"古今异义"的提法（如新旧地名的改称、历法的换算、特殊时期的用法等），要在一开始就给游客一个清晰的解释。比如在介绍"察哈尔民众抗日同盟军"时，因为"察哈尔"曾经是我国的一个省级行政区，对于游客来说是一个相对陌生的名词，因此我们首先要告诉游客："'察哈尔民众抗日同盟军'中的'察哈尔'是一个地名，今分属内蒙古自治区、河北省、山西省和北京市。'察哈尔民众抗日同盟军'所在地就是今天的河北省张家口市。"这样，游客就不会带着疑惑听讲解了。

向游客介绍游览线路时，如果能用简洁、形象、包含景区景点特色的语言进行讲解，一定会让人印象深刻，对激发游客游兴也能起到事半功倍的作用。

今天和明天，我们将游览其中最负盛名的四洞沟、燕子岩和十丈洞三个景区，体验"走的是长征路，喝的是茅台酒，看的是大瀑布，吃的是熊猫餐，祭的是英烈魂"的赤水旅游的浪漫与神奇。

景点内如果有哪些特殊的游览规定和注意事项，则要及时提醒各位游客。像有的景点不允许拍照、摄像，或者允许拍照但不能使用闪光灯等，这些都要在进入景点之前提前告知游客，让游客预先有个心理准备。

各位游客，井冈山，是第二次国内革命战争时期毛泽东等老一辈无产阶级革命家创建的中国第一个农村革命根据地所在地。井冈山风景名胜区位于江西省西南部，地处湘赣两省交界的罗霄山脉中段，是以革命人文景观为主体与秀丽的自然风光相融合的独特的风景名胜区。茨坪是风景区的中心景区，是一块四面青山环绕的山中盆地。井冈山革命烈士陵园（以下称"陵园"）是中心景区新辟的主要革命人文景观，它位于茨坪北面的北岩峰上。

北岩峰，山体犹如一座罗汉大佛像，坐北朝南，端坐神坛。陵园按"佛"形山体因山就势兴建，占地面积400亩。陵园始建于1987年，同年10月建成并开放参观游览。1997年10月，由邓小平题字的"井冈山革命烈士纪念碑"落成剪彩。

江西·井冈山

在开始今天的正式游览之前，我要向大家交代两件事情：一、在陵园内务必保持庄严肃穆的气氛，请勿喧哗；二、请大家一定跟着我同进同出，因为我们不走回头路。

[分析] 从井冈山到茨坪再到北岩峰，不断聚焦，让游客对烈士陵园地理位置的重要性有了明确认知。在正式游览之前，导游将景区内的注意事项也及时告知了游客，从而避免了一些可能发生的不文明旅游行为。

[试一试] 找一找全国"重点红色旅游区"的主题形象分别是什么？试找出离你最近的，或你最感兴趣的红色旅游景区景点，写一段概况介绍，与同学交流学习。

[想一想] 下面是对"歌乐山烈士陵园"的概况介绍，你认为哪一段导游词更能打动游客？为什么？

导游词1 我们将要参观的歌乐山烈士陵园，修筑于原"中美特种技术合作所"旧址上，地处重庆市西北郊的歌乐山下。1949年11月27日，国民党军统局在这里制造了惨绝人寰的大屠杀，300多名革命者恨饮枪弹，壮烈捐躯。

导游词2 歌乐山烈士陵园，以前称"中美特种技术合作所"，国民党在此修建集中营，建筑房屋800余间，将包括渣滓洞、梅园、白公馆、朱公馆、步云桥、岚垭等地在内的大片土地划为禁区。周围用碉堡、岗亭和铁丝网封锁，任何人都不能通行。里面有渣滓洞、白公馆等大小20余所监狱。为纪念1949年11月27日壮烈捐躯的300多名革命烈士，重庆市政府于1954年修建歌乐山烈士墓、烈士纪念碑和展览馆。1988年，这里被国务院列为全国重点文物保护单位。

2. 讲解红色旅游景区（点）内容

对于红色旅游景区（点）曾发生的主要革命历史事件和相关革命历史人物，及其在革命历史中的地位等，我们要尊重客观史实，尽可能准确、翔实地进行讲解。在讲解著名的革命战斗或战役时，除了告知游客我们取得的战绩，还应该把我军在战斗中的伤亡情况告诉游客，这样有利于客观、全面地反映历史。为此，我们可以采用列数字、举例子、作对比或类比的方式。

在人类浩如烟海的历史长卷中，有一部史诗，那就是二万五千里长征。其中，1934年10月17日，中央红军从江西于都出发，历时367天，于1935年10月19日胜利到达陕北。在这367天中，有15个整天被用于大决战，有230天被用于白天行军，有18个晚上被用于急行军，有100多天被用于打遭遇战和停顿休整上。在1年多的时间里，中央红军翻过了18条山脉，跨过了24条河流，占领过64座城镇。除了国民党军队几十万人马的围追堵截外，红军还躲过了10个省不怀好意的军阀的攻击。在1934年12月12日的通道会议上，红军决定转兵贵州。从两天后即12月14日红军主力进入黎平县城算起，到1935年4月23日离开贵州进入云南，在4个多月的时间里，红军的足迹踏遍贵州、黎平、遵义等40多个县市，给贵州留下了许多传颂不尽的红色故事。

[分析] 该段导游词用翔实的数据说明了二万五千里长征的艰难与辉煌的战果，让游客从这些看似枯燥的数字中，更加领悟到革命胜利来之不易。

导游还可以通过文娱活动激发游客的游兴、引起他们的共鸣。比如可以根据实际情况适当穿插唱歌、猜谜、游戏、特长表演等文娱活动，可以增加游客与导游、景点间的互动交流和实践感受。

例如，在介绍赤水风景名胜区时，可以这样开头：

今天我们到达的赤水就是一块红色的圣土。在这里我们能亲身体验当年红军"四渡赤水"的伟大与传奇。首先，作为一名土生土长的赤水人，我先用一首红军歌谣——《红军都是英雄汉》来欢迎大家，并预祝我们的这次赤水之旅获得圆满成功：（唱）红军都是英雄汉，不怕艰苦不怕难，千山万水脚下踩，革命重担一肩挑，勇渡赤水敌胆寒……

也可以这样开头:

四渡赤水的军事行动,使红军终于转败为胜,与后来的佯攻贵阳、直逼云南、巧渡金沙江相衔接,最终摆脱了敌人,赢得了胜利,因此,"四渡赤水"成为毛主席的神来之笔、得意之作。有红军歌谣为证:(唱)太阳出来心喜欢,春风吹上娄山关,四次踩直赤水河,一夜踏平乌蒙山。

再如,在延安讲解时,可以组织有兴趣的游客学唱陕北民歌《信天游》:

"住一天窑洞,烧一回炕……"

这些互动活动既能让游客留下深刻记忆,又使讲解生动、生活化,寓教于乐。

3. 与景点相关的革命故事与事迹

导游的讲解,既要有意义,又要有意思。通过英雄故事,使得久远的历史事件和曾经高高在上的历史人物重新鲜活和丰满起来。讲故事、朗名诗、提问题,可以增强讲解的趣味性;比喻、对仗、排比,可以增加讲解的感染力。将革命先烈的英雄事迹通过形象、生动、人性化的故事进行讲解,很容易让老百姓接受。

例如,在介绍"中共一大会址"纪念馆里陈望道与共产党宣言的事迹时,可以讲述"真理的味道有点甜"的故事。

陈望道先生在翻译《共产党宣言》期间发生过这样一个小故事。一天,陈望道在家里奋笔疾书,他的母亲怕他太辛苦给他做了粽子,让他蘸着红糖水吃,过了一会儿啊,母亲担心不够甜,就在外面喊着问他:"儿啊,需不需要再加些红糖?"他说:"够甜了,够甜了!"结果母亲进门一看,这个小伙子正埋头写书,嘴上全是黑墨水,旁边一碗红糖水根本就没动,他竟是蘸着墨水吃的粽子。他浑然不觉,还说:"可甜了,可甜了!"这真是应了一句话:真理的味道非常甜。旁边还有关于这个故事的小视频,大家有兴趣的话可以看一下。

[分析] 通过小故事,说明了正是因为有陈望道这样废寝忘食工作的人,有着众多进步人士的共同努力,只用了6个月时间就创造了将《共产党宣言》从翻译到出版的奇迹。

又如,在介绍上海毛泽东故居时,一个不完美的完美全家福故事引人深思。

室内墙壁上挂着几张当年珍贵的照片,分别是毛泽东和杨开慧的单人照片,还有一张是杨开慧和幼年时的毛岸英、毛岸青拍的全家福照片。让我们一起看一下这张照片。大家一定好奇,明明是全家福,为什么缺少了毛泽东的身影?作为孩子的父亲,毛泽东当时身在何处?照片中的杨开慧为何没有一丝笑容,反而显得有些惆怅?现在,就让我来为大家一一揭秘。其实,当时一家四口都在现场,由于中共中央有严格的纪律规定,为了保密,党内高层不能拍照。毛泽东严格遵守这一规定,所以毛泽东没有能够入镜,这也成了他永远的遗憾。虽然没有父亲、丈夫的身影,但它完美诠释了一个共产党人严格遵守党的规章制度、舍小家为大家的家国情怀。这也是我们现在称这张照片为"不完美的完美全家福"的原因。

[分析] 此处以毛泽东众多旧居中与家人生活时间最长、拥有最温馨生活记忆的点

为导游词创作重点，与"不完整的全家福"的遗憾，众多为革命牺牲了亲人的悲痛形成了强烈对比，让普通参观者能够产生情感共鸣，体会革命家的伟大牺牲精神和高尚的人格魅力。

任务 51
红色旅游景点的讲解原则与技巧

红色旅游的主题是严肃的，这种使命的特殊性，要求我们在讲解过程中应严格遵循以下原则：

1. 要尊重历史，不道听途说

在讲解过程中，我们要本着对历史负责的态度，讲述正史。对于有争议的历史内容，可以暂时不做介绍，绝不能把道听途说、没有事实根据的事情讲给游客，更不能"以俗媚人"说些"荤段子"，玷污了红色景点的凛然正气。如果游客有争议，我们可以耐心倾听，表明这是历史争议内容，请游客暂时客观对待，相信历史自有公论。对于一些别有用心的游客提出的问题，我们应该提高警惕、巧妙应对。

2. 要以情动人，不敷衍了事

可以这样说，全国每一处红色旅游景点中都有着可歌可泣的英雄人物和他们的英勇事迹。几十或者几百年后，当游客再次踏上这曾经让无数英烈甘愿抛洒热血与青春、牺牲生命与小家的革命土地时，如何让他们也能感受、理解英雄们那时、那地的决心，这就要靠我们红色景区的小导游们，用我们的真情，用真实的历史事件和人性化的表达来感染游客、教育游客。在这一点上，千万要记得："己所不欲，勿施于人。"讲解的时候，自己得先动情，不然，你自己都不感动，讲解出来的内容一定也是机械、麻木、定义式、概念式的，不仅不能让游客接受爱国主义、革命英雄主义和优良革命传统的教育，反而会让游客感觉整个讲解索然无味。

讲解技巧 ⑮

触景生情法

触景生情，就是见物生情、借题发挥的一种导游讲解方法。触景生情法有两个含义，其一就是导游不能就事论事地介绍景观，而是由此及彼，借题发挥，丰富所见景观，也可拓展和延伸讲解的内容。其二是导游讲解和所见景观相一致，并力求达到和谐统一，情景交融，使游客感到情中有景、景中含情。

如讲解井冈山上的荷树时，可介绍当年毛泽东教育青年战士的情景：

这棵枝繁叶茂的荷树，在这里已经生长了百余年。它看上去很平常，但在1928年的冬天，它却见证了一段不平常的历史：那时，毛泽东、朱德和井冈山军民一起挑粮上山，经常在这棵树下休息，毛泽东利用休息间隙为群众讲授革命真理。这天，毛泽东问战士们，站在这里能看多远？战士们说："能看到江西和湖南"。毛泽东听后坚毅地说:"站在这里,不仅要看到江西和湖南,而且要看到全中国、全世界。"

站得高,看得远!正是由于中国共产党人这种胸怀天下的气度,才能将自身命运与国家、民族的命运紧密相连,始终以国家和民族利益为重,才能团结和带领人民不断从胜利走向新的胜利。

[分析] 所谓触景生情,是要有"情"在。景与情要相符合相映衬,不能无实际联系。

3. 导游讲解的深刻性

深刻,是指达到事情或问题的本质。导游在进行讲解时,需要把握好讲解内容的深刻性,让游客通过讲解,从内心深处产生强烈共鸣,继而于无声处接受革命传统教育。

比如我们在讲解中共"一大"会址时:

各位游客,这是一间只有18平方米的小屋。1921年7月23日,毛泽东、董必武、何叔衡等13位共产党人走进了这里。他们代表当时全国五十多名党员,在这里召开了一次必将载入史册的会议,这次会议被称为中国共产党第一次全国代表大会。这次会议宣告了中国共产党的诞生,这不大的空间里,因此树起了一座不朽的丰碑!

这原本是上海典型石库门建筑中的一间客堂,正中是一张长方形的餐桌,四周围着十二张圆凳。两边各有茶几一只、椅子两把,布局朴素而又简单。就在这俭朴的一方斗室中,13位共产党人庄严地书写了开天辟地的光辉一页。从最初的50多名党员,发展到如今拥有约9000万党员的队伍,我们的党走过风风雨雨一百年。在继往开来的道路上,我们伟大的党仍将坚定不移地继续往前走!

[分析] 上海被称为"红色之源",伟大的中国共产党诞生于上海。导游选取了上海一间"布局朴素而又简单"的石库门房子,由此拉开了共产党人开天辟地的光辉一幕,这就把讲解的主题体现得十分深刻了。从石库门到天安门,中国共产党的"第一步也是从这里开始的"。

[试一试]

(1)你知道"红军长征""抗日战争""民族解放战争"这三个中国共产党发展史上的重要时段分别发生在哪些时间段吗?

(2)请你找一找毛泽东诗词中曾提到过的革命纪念地、革命英烈、革命事件。

例如:"四渡赤水出奇兵"中的四渡赤水,"我失骄杨君失柳"中的_____。

课后任务

组织一次本地的"红色旅游景点"实地探访之旅,实地感受、模仿、学习、实践"红色旅游景点"导游讲解过程和要点。

[领取任务] 为当地的小学生介绍一处革命纪念地。

[任务提示](1)介绍纪念地的名称。

(2)介绍纪念的对象。

（3）介绍他们的英雄事迹。
（4）考虑到游客是小学生，讲解时请注意用词。
（5）运用我们学习的触景生情法。

红色旅游景观讲解评价表

编号	表现	Yes	No
1	红色旅游景观的地位		
2	红色旅游景观的历史沿革		
3	重要的历史事件		
4	对于中国革命的贡献与价值		
5	能运用情景法讲解介绍		
6	整体字数在500字左右		
7	讲解时发音正确、停顿适当		
8	讲解时有表情配合		

讲解者 _____ 评价者 _____ 通过☐ 不通过☐

城市微旅游
主题讲解

大约 2010 年前后,城市微旅游这种方式开始在国内出现。"微旅游"这个词最早见于《新民晚报》,是指"随时可以轻装出发,不需要太多精心策划与安排的短小的旅行"。

当前,国内城市微旅游产品主要有以下几个特征:

(1)游玩时长:在 2~6 小时。
(2)游玩方式:以步行为主,其他交通工具为辅。
(3)游玩范围:3~5 千米的城市空间。
(4)团队规模:20 人以下。
(5)核心体验:深度讲解。

任务 52
走进城市微旅游

1. 城市微旅游简介

城市微旅游这种产品形式源于西方,是都市旅游的文化产品,一般被称为"Urban Walking tour"或"City Walks"等,代表性的品牌有英国的 London walks、德国的 Berlin walks 与美国的 Big Onion Walking Tours 等。

国外城市微旅游领域已经发展得非常成熟。在英国伦敦,London walks 甚至已经成为都市文化旅游的"软性基础设施"。在 50 年的发展历程中,London walks 累计为伦敦设计开发了近 100 条微旅游线路,形成了完善的产品体系。按照城市文化主题将线路划分为:开膛手杰克线路,哈利·波特线路,室内之旅(美术馆博物馆),酒吧之旅,幽灵之旅,伦敦乡村,经典伦敦,特别的小路等,从大热到冷门主题一应俱全。现在,London walks 全年 365 天,从早到晚都有产品提供。他们的产品就像影院电影排班表一样,产品有固定的排期,按季度更换,甚至有固定导游带领。

传统的旅游活动一般包含三个要素:异地性、出行目的和停留时间。由于城市微旅游不包含大交通和住宿,在异地性与停留时间上和传统旅游产品有着非常大的差别。所以,在二者学术意义的界定上存在分歧。

抛开分歧，在形态上，城市微旅游是一种碎片化的产品，满足的是游客碎片化的旅游需求。在本质上，城市微旅游是一种深度都市文化旅游，游客体验的核心是聆听导游讲解。更准确地说，是聆听城市的文化故事，收获精神上的满足与愉悦。从这个角度出发，城市微旅游的导游更像是"城市的炼金术士"，他们发掘城市的文化故事，重塑城市形象，在互动中让游客发现一个不一样的有血有肉的新城市。

城市微旅游对导游的工作与能力提出了更高的要求。让我们先来看一下城市微旅游的产品设计思路。

2. 城市微旅游产品设计

城市微旅游拥有小而美的产品属性，它并不是都市旅游资源的简单堆叠和串联。数个小时内的旅游体验设计需要花费很多工夫，才能呈现以小博大的效果，让游客印象深刻。这其中，最核心的设计环节就是产品结构的设计。

所谓结构，就是产品的元素组合层次，最理想的组合层级是三层：顶层主题、中层框架与底层元素。

层次	作用	说明
顶层	产品主题	产品中心思想、定位、标题
中层	产品框架	作用是承上启下。向上，分解主题思路；向下，概括元素讲解角度
底层	产品元素	旅游资源，可以是建筑、故事、景区等

为什么说这个结构非常重要？

首先，结构体现了路线独一无二的设计感，这也是城市微旅游可以在传统资源中求新求变的关键。同一个区域和资源，可以因为不同的结构设计而产生完全不同的解读方向，这对于未来深度旅游产品的开发与设计提供了非常好的参考。

其次，城市微旅游体验侧重于讲解，但是，游客不可能记住游玩过程中的每一个故事。而如果记住了一个线路的框架，只要导游在讲解过程中有技巧地重复和暗示，游客就可以获得良好的体验。

最后，有了这个框架，可以更容易引导游客理解产品设计的思路和内涵，传递设计意图。这对于把控以讲解为核心的旅游体验至关重要。这个部分我们会在下面案例 1 的示范中具体说明。

讲解技巧 ⑯

主题挖掘的中层结构

产品结构设计的顶层主题依靠灵感和联想，底层元素依靠专业的业务积累，最有设计空间的其实是中层结构。常见的中层结构一般有三种维度：时间、空间、重要概念。时间维度，是指按事情发展的先后顺序去进行结构设计；空间维度，是按照区域划分进行结构设计；重要概念，是将路线元素整理分组之后，按权重分类。

下面我们将分别从这三个维度，分析两个实际案例。

案例 1：时间维度：桨声灯影里的秦淮河

顶层	南京厚重的历史底蕴			
中层	一座金陵古城	一段魏晋风骨	一缕人间烟火	半数天下英才
底层	秦淮河与金陵	乌衣巷	李香君故居	江南贡院
	—	王导谢安纪念馆	—	夫子庙

很多城市都有孕育它的母亲河，南京六朝古都的历史，离不开母亲河——秦淮河的滋养。这条线路正是围绕着南京与秦淮河厚重的历史底蕴展开。线路名称取自现代散文家朱自清和俞平伯的同名散文《桨声灯影里的秦淮河》。线路的中层设计依然是时间维度，"一座金陵古城"对应从战国到秦朝时期，"一段魏晋风骨"对应魏晋南北朝时期，"一缕人间烟火"对应明代，"半数天下英才"对应清代。

"一座金陵古城"讲述秦淮河历史和金陵的起源，通过"金陵"名称的由来与传说、六朝古都的王气与风水的相关传说引出对南京城市命运的思考。"一段魏晋风骨"通过乌衣巷王谢两家的故事，传达放浪洒脱的魏晋精神作为文化上的存在所拥有的千古生命力。"一缕人间烟火"，通过秦淮八艳李香君的故事，加深了游客对秦淮河与金陵关系的理解，江南贡院与秦淮河畔酒楼构成了才子与佳人相遇的绝佳城市空间。秦淮河畔的江南贡院是中国历史上规模最大的科举考场，展示了古代科举的发展脉络，烘托出江南贡院的突出地位，诠释了南京这个曾经的天下文化中心的城市形象。

秦淮河已经是相当成熟的城市旅游空间，凭借这样的结构设计，依然能带领游客走出一段完全不同的旅游体验之路。

案例 2：空间维度：行走苏州河

顶层	上海依水而建、因水而兴	
中层	公共租界	华界
底层	上海邮政大楼	西藏路桥
	河滨大楼	四行仓库抗战纪念馆
	上海总商会旧址	乌镇路桥
	山西路桥	新闸桥
	福建路桥	福新面粉一厂旧址

作为母亲河，苏州河影响并见证了上海这座城市从无到有、从落魄到繁华的过程。

与"桨声灯影里的秦淮河"一样，"行走苏州河"这条线路依然是有关母亲河的。不过在上海，其中心不再是历史的厚重，而是作为文脉的纽带，苏州河连接了上海这座城市的历史与未来。

为了诠释这个主题，中层框架使用了空间维度。

苏州河是一道天然的地理屏障,其无意间成为上海曾经的公共租界与华界的分界线。"河岸南北、租界东西",苏州河在空间上分割了城市,对上海城市空间的演变意义重大。河岸南北经济不同,城市风貌也很不相同。

作为河道,苏州河首先承担的是交通运输的角色。因为交通便利,公共租界商铺林立,天南地北的官员商客在这里中转,上海商会因此选址在这里;因为交通便利,物流发达,这里成为中国近代邮政业发展的起点;因为交通便利,地价飞涨,这里成为地产大亨施展拳脚的舞台……也正是因为苏州河这个地理屏障,抗战时期,日军才会忌惮火炮落入租界而不敢放手攻击,才有了"八百壮士"坚守四行仓库的传奇战役。

任务 53
城市微旅游讲解

1. 开场讲解

城市微旅游讲解开场非常重要,在有限的时间内我们需要快速且有效地吸引游客的注意力,并把最核心的信息传递给游客。在这样一个关键环节,我们至少要完成以下三个关键动作:介绍主题;调节游客预期;介绍行程安排与注意事项。

接下来我们以"三生花草梦苏州"这条线路的实际开场来做示范,并进行技巧分析。

(1)各位游客,大家好!现在能听到我的声音吗,听到的话希望大家把注意力给到我,接下来的5分钟,我会对今天的行程做一个整体介绍。

(2)这条线路的名字叫做"三生花草梦苏州",这是出自龚自珍的诗句。从字面上理解这句诗,很简单,如果我能做一株花草,我梦想着今生前世和来生做一株苏州城里的花草。花草能梦到苏州吗?并不能,是人梦苏州。那么人为什么会憧憬苏州呢?苏州最大的魅力在哪里?有人会说,苏州最大的魅力在江南园林,这个回答非常棒!园林是苏州重要的文化符号。不过,就像故宫不是北京的全部,兵马俑不是西安的全部,园林也不是苏州的全部。苏州作为江南水乡的代表,有着独特的魅力,那就是"水巷小桥多"。

明代的邵圭洁有这样一首经典的竹枝词:"鱼尾晴霞片片明,鸭头新水半塘生。平川荡桨一十里,深巷卖花三五声。"卖花者荡着小船,徜徉在阡陌的水道,穿梭于纵横的小巷,随后就传来了吴侬软语的叫卖声:"栀子花——白兰花——"这是苏州老城里平凡的场景,也是苏州人淳朴的生活风情,更是这条线路的主题。在平江河畔串巷子,就能近距离感受苏州所独有的水乡风情。

我们今天的线路一共有三大板块:小桥、流水、人家。"小桥和流水"板块,我们将沿着平江及其支流,探访苏州老城内"水陆并行"的格局,并了解它的形成过程。"人家"板块主要是介绍小巷里面传统苏州民居的结构和特点,曾经和现在生活在这里的人的故事。

（3）今天这一路我会尽我所能跟大家分享所见所闻，如果我的讲解中有任何疏漏，欢迎大家积极补充，这样我也能学习到更多见闻。

（4）接下来我要介绍今天的行程：今天是个半天的行程，不含餐。从我们现在的位置出发，以平江路为中心，走鱼骨形的路线，去探索这片区域，最后在礼耕堂结束。这一路上我们会路过中和堂汪宅、洪钧故居、古昭庆寺、礼耕堂等很漂亮的建筑。由于一些建筑是民居，并不是所有点都能进去参观，不过我们可以欣赏这些建筑的外观。这些建筑背后的故事才是我们进行城市探索的意义所在。伴随着我的讲解，你也许会惊叹："哦，原来看似平凡的小巷人家背后充满了不平凡的故事！"

（5）今天的活动全程都是步行，行走的距离在3.5千米左右，整体是比较轻松的，但还是有一些体力要求的。我们可以慢慢走，细细品味每一栋建筑背后的故事。

（6）大家请跟紧我，先听我讲解，然后再拍照，过马路的时候要注意安全。平江路人比较多，大家一定要跟上。好了，大家还有什么问题？都清楚的话，我们就出发吧！

[分析]

第1步：聚拢游客的注意力（1）。城市微旅游的互动空间常常是露天的街道，环境比较嘈杂。我们需要有意识地管理游客的注意力，让他们尽可能把注意力给到正在讲解的导游身上。这是保证游玩体验质量非常重要的技巧。

第2步：点题与介绍设计框架（2）。聚拢游客注意力之后的下一步就是直入主题，介绍这个线路的主题是什么，我们通过怎样的框架呈现这个主题，游客会听到哪些故事。这里使用了竹枝词承上启下："平川荡桨一十里，深巷卖花三五声"，传神地描绘了姑苏水乡风情，方便我们引入"小桥、流水、人家"的结构框架。

第3步：介绍行程与管理预期（3）~（6）。这里的一个经验是，先介绍主题引起游客兴趣，或者与游客建立了连接之后再介绍行程。因为行程的介绍往往是比较干涩的，如果一上来就介绍行程，游客容易失去兴趣。（3）部分一方面放低姿态，另一方面给予游客一个比较好的讲解预期。（4）介绍当天的行走路线，并且告知沿途有哪些景点是可以进入参观的。由于城市微旅游常常利用的是城市公共旅游资源，可否进入参观是影响游客体验的一个核心变量，在一开始就明确告知，可以有效减少因信息不对称或者不合理预期所带来的体验损失。（5）因为全程徒步，需要一开始就说明路线长度和体力要求，提前打好预防针。（6）明确注意事项，然后宣布出发。

2. 行程中讲解

在城市微旅游的讲解过程中，对城市、线路的背景与历史文化做出铺垫十分必要。一方面可以补充知识背景，方便游客理解线路主题；另一方面可以为后续线路展开进行铺垫。接下来，我们以"桨声灯影里的秦淮河"这条线路的背景介绍做示范，并进行技巧分析。

（1）此刻，您眼前这条碧波荡漾的清流就是秦淮河了。秦淮河全长110千米，其有两个源头：一股源头在溧水的东庐山，另一股源头在句容的宝华山，两股水系在江宁方山脚下汇合后流向南京主城区。汇合后的主干流经通济门时又分成两支：一支没有入城，从南京城外流过，被称为"外秦淮河"；另一支从东水关入城，西水关出城，长约十里，人称"内秦淮"，也就是著名的"十里秦淮"。一内一外两条支流在水西门外汇合流入长江。我们今天的线路围绕内秦淮展开。

（2）秦淮河，古名叫龙藏浦，唐以后改称秦淮河。这里在战国时代是属于吴王夫差的，就是卧薪尝胆那个故事里的夫差。越王勾践击败了吴王，在长江口建立了"范蠡城"，因为是勾践建的，因此这里也叫越城。可以说，这是南京最早的城建记录。一百多年以后，楚威王兴兵伐越，大败越国，杀越王无疆，夺取了南京地区的统治权。传说中，楚威王身旁的术士说南京有王气，楚威王因而埋金于此，以镇王气，故称此地为金陵，从此，金陵成为南京最广为人知的别称了。

又过了一百多年，秦始皇统一六国，设置秣陵县取代了金陵邑。讲到这里，又来了一个传说。秦始皇东巡路过金陵地界的时候，听其手下方士说，金陵东南方向不远处方山的赤山湖那里紫气缭绕。秦始皇赶紧派人去探寻，去人回禀：湖里藏有一条蛟龙，不过，此时蛟龙还在沉睡，五百年后，此地会有王气，必出一代英主，当年楚威王埋金无法将其镇住，还需挖水引渠倾泻王气。秦始皇一听：这还了得。为了保住大秦朝千秋万世的江山，他一声令下，开始大动干戈"凿方山，断长垄"，以泄王气，引淮水与长江沟通，这条"九曲十八弯"的河流，后人将其命名为龙藏浦，也就是今天的秦淮河。按照传说来看，秦淮河是秦始皇为了泄龙盘虎踞的金陵王气而开挖的人工河，这也是刘禹锡在《西塞山怀古》里那句"金陵王气黯然收"的由来。

传说归传说，不过，淮水姓秦并非偶然。按古书记载，第一个大力整治秦淮河的确是秦始皇。他开凿了一条长约15千米的渠，便于淮水奔流入江，使龙藏浦一带的湖泊沼泽变为万顷良田，这可能是淮水改称秦淮河的真实原因。

（3）南京与秦淮河随后的发展，多少印证了当年楚威王和秦始皇的传说，南京城的命运与王朝的兴衰紧紧地联系在了一起。

三国东吴时期，国主孙权定都建邺（南京），因为秦淮河交通便利，促成了建邺经济上的繁荣。吴国覆灭，晋室南迁，又意外地将魏晋之风带到秦淮河，从此，王谢两家的堂前之燕可以飞入寻常百姓家了。我们稍后会去乌衣巷游赏。魏晋的文化大繁荣，是继春秋战国之后中国历史上的第二次。不过，这样的繁荣并没有持续太久。南朝由宋、齐、梁、陈四个短命王朝组成，随着我们耳熟能详的陈叔宝和玉树后庭花的故事，南朝覆灭。隋文帝杨坚完成中国大一统，隋朝定都长安，政治和经济中心全部往北方转移，金陵从此沉寂，所谓"六朝如梦鸟空啼"。这种命运的捉弄让无数文人墨客为南京的幻化如梦哀叹，罗世珍在《秦淮后竹枝词》里这样写道："一代风流叹绝踪，留宾无复旧司农。半生明月秦淮梦，付与西州一恸哭。"南京再次复苏就要到明朝朱元璋定都了。不过也是好景不长，自永乐皇帝迁都北京后，南京就不再是政治经济中心了，但文化却很昌盛，这段时间，以江南贡院为代表的科举兴盛，还有后面为人津津乐道的秦淮八艳，给了人们更多的想象空间。随着我们旅程的展开，后面都会陆续讲到这些故事。

[分析]这个背景讲解比较长,游客注意力难以长时间高度集中,建议对讲解词进行适当分隔,采用"移步换位"的讲解方式。在户外的单点站立的讲解时间一般是3~5分钟,语速控制在180~200字/分钟,这样,一段讲解词一般在500~1000字。我们上一段的讲解就被切分成了三个部分。每一个部分讲解完,都可以适当带领团队在目标讲解区域内移步换位,更换游赏角度再继续讲解,这样控制讲解节奏能有效缓解游客的听觉疲劳度。

整个背景讲解导游词分成三个部分,(1)(2)两部分采用了虚实结合的讲解手法,(1)侧重于介绍历史地理等客观信息,侧重于"实"的部分,可以使用数字"110千米""十里"来明确秦淮河的具体特点,这里要注意"实"的讲解往往是枯燥无聊的,虽然客观准确,但是游客往往难以形成记忆点,所以(2)部分我们可以引入故事与传说进行补充,也就是"虚"的部分。无论是楚威王埋金,还是秦始皇凿方山,这样的内容很容易引起游客的兴趣,所以这段讲解内容可以适当增多。(2)部分的结尾,我们适当回归更加科学的视角,在尊重历史与科学事实的基础上,使虚实有机结合,从而得到游客的喜爱。(3)开头承上启下,解释我们在上一段中的故事与线路主题的关联。随后简要概括南京的历史发展,同时铺垫后续要去的参观景点。这样三段阶梯式的讲解,为游客体验和后续讲解都做好了铺垫。

3. 结束收尾讲解

诺贝尔奖得主丹尼尔·卡尼曼发现了峰终定律,即人对体验的记忆由两个关键因素决定:高峰时与结束时的感觉。这个定律在旅游体验上同样适用,所以,给游客一个好的结束体验非常重要。在微旅游收尾环节,导游应该至少完成以下几个必要动作:第一,回扣主题与设计框架;第二,总结行程,帮助游客回忆关键记忆点。接下来我们以"行走苏州河"这条线路的结尾词做示范,并进行技巧分析。

(1)各位游客,我们今天的旅程接近尾声了。让我们回看一眼今天一路走来的缓缓流淌的苏州河……她经历了从大禹治水的吴淞江到成为苏州河的千年历程,最终,她带着自己的命运与黄浦江相遇在外白渡桥下。

(2)我们今天从前公共租界沿着苏州河走到了前华界,大家可以跟我回想一下:因为苏州河,这里有了租界的南北划分;因为苏州河上的桥,这里有了租界东西的划分,华界与公共租界就这样分开。因为苏州河,这里有了邮政大楼、有了上海总商会。因为苏州河,这里有了荣家的面粉厂。因为苏州河,四行仓库的保卫战才能成为传奇。

(3)一座城与一条河就是如此紧密地交织在一起的。我们才说上海依水而建、因水而兴。如今对于上海,苏州河的意义已经不在于交通运输和创造更多的经济价值,而在于她能够成为文脉的纽带连接城市的历史与未来,连接东方与西方。

余槐青在《上海竹枝词》里这样写道:"吴淞江上泊舟齐,潮去潮来浪拍堤。毕竟沟通文化地,一衣带水贯中西。"这是对我们旅程一个非常好的总结。这也许就是我们今天行走苏州河的意义。

今天的旅程就到这里。谢谢大家!

［技巧分析］在收尾之前，我们需要一个简单的过渡，提示游客旅程要结束了，这就是（1）部分的作用。然后，我们需要回顾行程（2），一路上的讲解点非常多，我们一方面要拎重点，向游客反馈印象深刻的体验点，每段旅程游客不同，关键记忆点可能不同，需要导游灵活应变。另一方面可以复述线路框架，向游客强化线路独特的设计思路。在技巧上，导游使用一连串的排比会增强气势和韵律。最后回扣主题（3），这段结尾还引用了竹枝词升华主题，可以很好地提升游客的听觉体验。

［分析］上面三个导游词设计案例，全部都用到了竹枝词。《竹枝词》简称《竹枝》，产生于盛唐时期的四川东部到湖北西部的长江沿岸山区。当时的老百姓多用"七言四句"的形式歌咏自然风光，描绘当地的风土人情。唐朝诗人顾况被贬时，被当地老百姓所唱的竹枝词所感染，不禁潸然泪下，并留下《早春思归有唱竹枝歌者坐中下泪》，其中写道："渺渺春生楚水波，楚人齐唱竹枝歌。"在大诗人刘禹锡继承和发扬后，竹枝词成为一种新的文学形式，流传甚广，最后全国各地皆有之，几乎到了"有井水出无不歌之"的程度，成为我国独特的文化遗产。

因为竹枝词是文人泛咏风土人情的地方性纪事诗，内容极广，有"以诗补史""以诗补志"的作用。明清以后，竹枝词一般都附有诗注，解释地方人物、掌故、风俗等，成为非常重要的文字史料。这对旅游向导产生了积极而深远的影响，尤其对于城市微旅游这样重讲解的产品形式其影响更是深远。

近年来，已经有不少学者开始从事《竹枝词》的搜集与整理工作，编纂了多种《竹枝词》书目。导游可以在前人创作的基础上，有意识加强这方面的积累，将竹枝词灵活融入未来导游讲解的设计之中，以便提升讲解词的品质，给游客以极大的精神享受。

课后任务

［任务领取］请介绍您家乡的一条特色街。

［任务提示］（1）注意主题的挖掘。

（2）能按照线路空间顺序进行介绍。

（3）能按照文化发展时间顺序进行介绍。

城市微旅游主题讲解评价表

编号	表现	Yes	No
1	能够为线路起一个文艺的名字		
2	线路中有名人逸事		
3	线路中有时尚元素		
4	线路中有空间线索		
5	线路介绍中有时间线索		

讲解者 _____ 评价者 _____ 通过 □ 不通过 □

项目20 仁者传承——"非遗"主题讲解

"非遗"主题讲解

1997年,联合国教科文组织通过了建立"人类口头与非物质遗产代表作"的决议;2003年10月17日通过了《保护非物质文化遗产公约》。2005年3月26日,中国国务院发布了《关于加强我国非物质文化遗产保护工作的意见》,2011年6月1日又施行了《中华人民共和国非物质文化遗产法》,全面启动了中国非物质文化遗产(以下简称"非遗")保护工作。

[考一考] 导游讲解"非遗"专题有较大的难度,因为"非遗"涉及全国各省市自治区及各行各业,其涉及的类别更是名目繁多。导游是民间大使,宣传中国文化责无旁贷。导游不仅要了解中国的历史文化和自然景观,更要了解中国的"非遗"项目,研究探讨各类"非遗"的特点、技艺传承和接班人的传承,弘扬中国元素,成为名副其实的中国文化传播者。

如何讲好"非遗"专题,对于导游而言具有很大的挑战性。请完成下面的题目,看看能不能挑战成功。(答案在本单元中找)

(1)非物质文化遗产又称_____。与物质文化遗产不同,其特征是_____,本质是_____。

(2)2001年联合国教科文组织将中国的_____列为《人类口头和非物质文化遗产代表作名录》,从而开创了中国"非遗"入选世界名录的先河。

(3)中国传统营造技艺列入中国"非遗"名录的有北京_____和上海的_____。

(4)中式服装制作技艺中,女性的_____列入了中国"非遗"名录。

(5)表演艺术项目入选联合国教科文组织"非遗"名录(名册)的有_____。

无论你能否很快回答上述问题,都需要认真地学习下面的内容。

答案 (1)无形文化遗产 活态流变 传承人的培养
(2)昆曲
(3)四合院传统营造技艺 石库门里弄建筑营造技艺
(4)旗袍
(5)古琴艺术、京剧、粤剧、西安鼓乐、中国皮影戏

任务 54
熟悉世界和中国"非遗"名录类别

2003年10月17日,联合国教科文组织第32届大会通过了《保护非物质文化遗产公约》,中国于2004年加入该公约。

截至2022年12月,中国列入"联合国教科文组织非物质文化遗产名录(名册)项目"的共计43项,总数位居世界第一,其中,人类非物质文化遗产代表作35项(含昆曲、古琴艺术、新疆维吾尔木卡姆艺术和蒙古族长调民歌等);急需保护的非物质文化遗产7项;优秀实践名册1项。43个项目的入选,体现了中国日益提高的履约能力和非物质文化遗产保护水平。非物质文化遗产保护对于增强遗产实践社区、群体和个人的认同感和自豪感,激发传承保护的自觉性和积极性,在国际层面宣传和弘扬博大精深的中华文化、中国精神和中国智慧,都具有十分重要意义。

中国入选联合国教科文组织非物质文化遗产名录(名册)项目一览表

类别	项目名称
急需保护的 非物质文化遗产 (7项)	1. 羌年(四川羌族传统节日) 2. 黎族传统纺染织绣技艺 3. 中国木拱桥传统营造技艺 4. 麦西热甫(新疆维吾尔族习俗和表演艺术) 5. 中国水密隔舱福船制造技艺 6. 中国活字印刷术 7. 赫哲族伊玛堪(用诗歌和散文形式即兴创作说唱故事)
人类非物质文化 遗产代表作 (35项)	8. 昆曲 9. 古琴艺术 10. 新疆维吾尔木卡姆艺术 11. 蒙古族长调民歌 12. 中国篆刻 13. 中国雕版印刷技艺 14. 中国书法 15. 中国剪纸 16. 中国传统木结构建筑营造技艺 17. 南京云锦织造技艺 18. 端午节 19. 中国朝鲜族农乐舞 20. 妈祖信俗 21. 蒙古族呼麦歌唱艺术 22. 南音(中国现存最古老的用泉州方言演唱的乐种之一) 23. 热贡艺术(藏传佛教的唐卡、壁画、堆绣等佛教造型艺术) 24. 中国蚕桑丝织技艺 25. 龙泉青瓷传统烧制技艺 26. 宣纸传统制作技艺 27. 西安鼓乐

续表

类别	项目名称
人类非物质文化遗产代表作（35项）	28. 粤剧 29. 花儿（流传在中国西北部的多民族共创共享的民歌） 30. 玛纳斯（柯尔克孜族传唱千年的中国三大史诗之一） 31. 格萨（斯）尔（藏族古代英雄格萨尔神圣业绩的宏大史诗） 32. 侗族大歌 33. 藏戏 34. 中医针灸 35. 京剧 36. 中国皮影戏 37. 中国珠算 38. 二十四节气 39. 藏医药浴法 40. 太极拳 41. 送王船（流传于中国闽南和马来西亚马六甲沿海地区的禳灾祈安仪式） 42. 中国传统制茶技艺及其相关习俗
优秀实践名册（1项）	43. 福建木偶戏后继人才培养计划

《中华人民共和国非物质文化遗产法》明确规定："国家对非物质文化遗产采取认定、记录、建档等措施予以保存，对体现中华民族优秀传统文化，具有历史、文学、艺术、科学价值的非物质文化遗产采取传承、传播等措施予以保护。"

国务院先后于2006年、2008年、2011年、2014年和2021公布了五批国家级项目名录。前三批名录名称为"国家级非物质文化遗产名录"，《中华人民共和国非物质文化遗产法》实施后，第四批名录名称改为"国家级非物质文化遗产代表性项目名录"。本教材将五个批次的国家级名录统称为"国家级非物质文化遗产代表性项目名录"。

为了对传承于不同区域或不同社区、群体持有的同一项非物质文化遗产项目进行确认和保护，从第二批国家级项目名录开始，设立了扩展项目名录，其与此前已列入国家级非物质文化遗产代表性项目名录的同名项目共用一个项目编号，但项目特征、传承状况、保护单位存在差异。

国家级名录将非物质文化遗产分为十大门类，其中五个门类的名称在2008年有所调整，并沿用至今。十大门类分别为：民间文学，传统音乐，传统舞蹈，传统戏剧，曲艺，传统体育、游艺与杂技，传统美术，传统技艺，传统医药和民俗。

截至2021年，共有5批次、10大类、1557个国家级项目、3610个子项入选国家级非物质文化遗产代表性项目名录。

国家级非物质文化遗产代表性项目名录一览表

非物质文化遗产	类型	项目代表
中国"非遗"2006—2021年分五批名录（共1557项）	民间文学	白蛇传传说、梁祝传说、畲族小说歌、牛郎织女传说、屈原传说、王昭君传说、木兰传说等
	传统美术、音乐、舞蹈、戏剧和曲艺类	桑植民歌、陕北民歌、阿里郎、信阳民歌、大别山民歌、鼓舞、麒麟舞、灯舞、昆曲、京剧、越剧、沪剧、淮剧、锡剧、甬剧、苏州评弹、相声、京韵大鼓、吴桥杂技、围棋、象棋等
	传统技艺、医药类	剪纸、面人、草编、木雕、玉雕、木版年画、金山农民画、顾绣、苏绣、湘绣、蜀绣、唐三彩烧制、中式服装制作技艺（龙凤旗袍手工制作技艺）、北京四合院传统营造技艺、石库门里弄建筑营造技艺、中医、中药等
	民俗类	春节、清明、端午、七夕、中秋、重阳、京族哈节、傣族泼水节、黎族三月三节、瑶族盘王节、苗族鼓藏节、侗族萨玛节等
	传统体育、游艺与杂技类	峨眉武术、天桥摔跤、螳螂拳、精武武术、梁山武术、梅山武术、意拳、绵拳等

"非遗"文化的传承需要政府支持，需要培养专业人才，也需要导游讲解和宣传。下面对几个不同的"非遗"项目从不同文化角度，用不同的讲解方法和讲解技巧进行分析。让我们一起走近"非遗"，了解"非遗"。

任务 55
中国"非遗"文化的讲解内容

中国"非遗"文化的讲解内容主要包括"非遗"项目的历史沿革和地位价值，重点突出工艺技术流程的传承和继承人，以及目前的发展情况。

1. 突出"非遗"项目历史沿革

非物质文化遗产，又称无形文化遗产，它与自然和物质文化遗产的固态不同，其特征是"活态流变"。非物质文化遗产是指以人为本，以技艺为主，以经验取胜的动态文化遗产，它既有声、像、形、技等表现形式，更多的是口口相传、艺技相教。非物质文化遗产传承的本质是传承人的培养。

2001年，联合国教科文组织将中国的昆曲列为《人类口头和非物质文化遗产代表作名录》，从而开创了中国"非遗"入选世界名录的先河。中国的非物质文化遗产是指各族人民世代相传并视其为文化遗产组成部分的各种传统文化表现形式，以及与传统文化表现形式相关的实物和场所。如：昆曲、京剧列入世界"非遗"表演艺术门类；

北京四合院传统营造技艺、上海的石库门里弄建筑营造技艺列入中国"非遗"传统技艺门类；中医诊法列入中国"非遗"传统医药门类等。下面进行昆曲的讲解。

有人说，中国的昆曲和中国的瓷器一样美。只是，一种是动态的美，一种是静态的美。昆曲的动态美在中国著名作家白先勇集众多艺术家共同制作的青春版昆曲剧目《牡丹亭》中展现得淋漓尽致。在美国、英国、希腊等地巡回演出的成功就证明了昆曲的巨大魅力。海外观众非常喜爱《牡丹亭》，说它非常美，美到让人无法抗拒。

它到底有多美，为什么能得到世界各地观众的喜爱？今天我们就带着大家来了解一下以《牡丹亭》为代表的中国现存最古老的剧种之一——昆曲。

昆曲是如此的美妙！2001年5月18日，联合国教科文组织颁发证书，授予昆曲"人类口头和非物质遗产代表作"的称号。申报书这样指出，"昆曲是中国现存最古老的剧种之一。它在艺术、文学、历史方面都有无可替代的价值"，"中国戏曲共有三百多个剧种，昆曲是现存戏曲剧种中历史最悠久、最能体现民族戏剧特色、影响最为深远的一个剧种。"曾经沉默很久的昆曲，重新引起社会各界的关注，人们也纷纷议论着这朵艺术百花园中的"兰花"。

昆曲，发源于中国苏州的昆山一带，明朝时通称为昆山腔或昆腔。昆山腔开始只是民间的清曲、小唱。苏州一带的地方话很轻柔，很清丽，就像江南的小桥流水一样，我们叫它"吴侬软语"，流行在这儿的昆山腔也是这样的婉转轻柔。明代中期的苏州，和现在一样是在经济、文化等方面都遥遥领先的鱼米之乡，是中国有名的大都会，而昆山，是一个海运便捷、很繁华很热闹的地方。很多有才华的音乐家、剧作家都聚在这里。当时，中国有一个士大夫阶层，就是读书人，家里挺富裕，不像现代人一样整天忙于工作。他们很喜欢聚会，喜欢当时流行在昆山一带的地方小戏，有的还蓄养戏班子，甚至亲自参加演出，自己创作昆曲。昆曲就这样渐渐地繁盛起来。明代万历以后，由于这些文人雅士的推波助澜，昆曲在整个社会迅速普及，上至最高统治者，下至走街串巷的小商小贩，都陶醉在昆曲中，昆曲成为当时人们的共同爱好。

昆曲《牡丹亭》剧照（俞玖林、沈丰英饰，许培鸿摄，苏州昆剧院提供）

这一共同的爱好成就了两百年之久的苏州虎丘中秋曲会的盛况。这是一年一度的全民性的戏曲比赛盛会，以演唱昆曲为主。每年中秋节那天，苏州城的老百姓倾城而出，浩浩荡荡来到虎丘，外地唱曲家也从四面八方赶来。先是万人齐唱，然后比出优胜者数十人，接着再唱再比，最后决出一名演唱水平最高者，在一片宁静中登场演出。

　　明代文学家袁宏道在《虎丘记》详细描绘过中秋曲会盛况，还写了水平最高者的演唱："一夫登场，四座屏息，音若细发，响彻云际，每度一字，几尽一刻，飞鸟为之徘徊，壮士听而下泪矣。"意思是说，一个演员上台开始演出了，台下的观众都安静地听着，演员的声音很细，但很悠远，唱一个字，声音拉得很长，曲折婉转，连鸟儿听了都不愿意离开，粗壮的男子听了也会落下眼泪！

　　当代中国学者余秋雨曾说，虎丘中秋曲会中铺天盖地的全民性痴迷成了昆曲艺术生存的浓烈氛围，使人联想到古希腊圆形剧场中万众向悲剧演员欢呼的场面。的确，虎丘中秋曲会，不仅是普通意义上的戏曲赛会，还是苏州民众几乎用全部身心投入的盛大而庄严的生命仪式。

　　欣赏昆曲，你有时候可能很困惑，因为你可能听不懂演员们唱的是什么，即使配有字幕，你也弄不明白是什么意思。这一点儿也不奇怪！因为，昆曲保留了比较原始的样子，使用的是当时作家创作的语言，而且引用了很多典故。你想想，它六百岁前的样子，肯定和我们现在的生活差距很大。但是，听不懂昆曲并不影响欣赏它。大多数中国人对外国歌剧也听不太懂，不是还有很多人用心去欣赏吗？音乐是没有国界的。昆曲是那个美丽、害羞、聪慧、多情的妙龄少女，你可以听不懂她的语言，但她那妙不可言的美好会给你留下深刻的印象！

（景晓莉《戏曲中国》）

　　[分析]　许多导游可能知道昆曲，但是并不了解她的发生、发展、鼎盛、衰败和新生的过程，也就很难理解为什么昆曲会被联合国教科文组织第一批纳入"人类非物质文化遗产代表作名录"。己不知何以传人？己不详何以育人？对于各种类型的非物质文化遗产，导游都需要熟知其历史沿革。

2. 突出"非遗"的地位和价值

　　文化遗产是一个国家和民族历史文化成就的重要标志，它在研究历史、保护民族文化中具有重要价值，在研究中国文明的各个阶段中具有重要意义，在研究世界文化中也有十分独特的作用。中国的非物质文化遗产是人类共同的文化财富。

　　北京四合院的营造蕴含着丰富的文化理念。院落的进深、开合及大门、影壁、屋饰等细节上，均鲜明地反映了古代民居的等级色彩。家庭成员及仆佣分别住在正房、耳房、厢房、倒座房，通过建筑的位置、朝向、宽窄、高低不同体现着地位和等级的差别，各向房屋又连接为统一的整体，尊卑有序，折射出传统社会家庭组织的伦理内涵，具有重要的社会学意义。北京四合院的灰墙灰瓦构成了北京城的基本城市色彩，形成了京城特有的民居文化情调。

　　北京四合院建筑木结构的制作和使用，不但具有实用性、科学性，更具有很高的艺术性。观赏那些青砖磨缝、雕梁画栋的四合院建筑制造工艺，处处都有一种诱人的魅力。

　　北京四合院承载着老北京的风土人情，进入这个庭院，琳琅满目的文化符号，就好像步入了一座中国传统文化的殿堂。四合院的装饰、彩绘、雕刻乃至花草树木中，处处表达着人们对幸福生活的追求。老胡同更是北京四合院的一部分，也是其文化的象征，老胡同里总是传来几声："豆汁儿，焦圈儿，小豆冰棍儿——"让人听着那么顺耳，所以现在崇尚中国文化的老外也十分想买一套充满着中国味儿的四合院和家人一同居住。

　　北京四合院的地位非常特殊，因为它是一个不可再生的资源。与其说它是一套房子，更不如说它是国家的古董级文物。

（参考自《非遗中国——浅谈北京四合院传统营造技艺》）

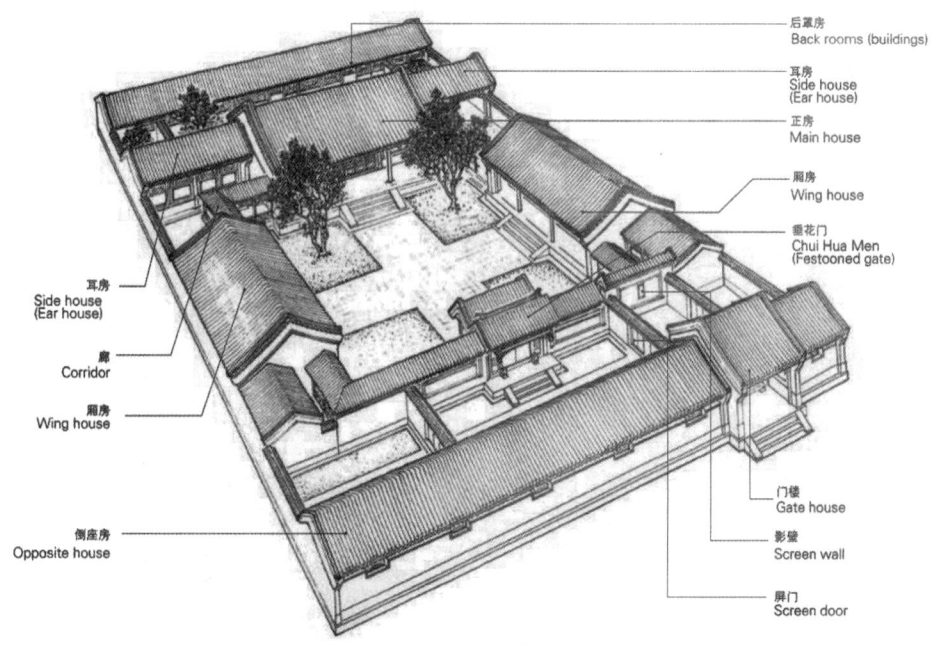

北京·四合院

　　[分析] 北京四合院是有独特地位和价值的中国"非遗"项目，在中国建筑文化的传承中它的地位是至高无上的。这里有历代王朝的缩影，有平民百姓的居所，有耐人寻味的胡同吆喝声，有中国民俗的遗存。导游应该从这几个方面讲述非遗四合院的价值。

　　石库门建筑是上海独具特色的里弄住宅，拥有丰富的上海市井文化特色。20世纪二三十年代，大部分市民和各地移民在此栖身。在四通八达的石库门弄堂里，旅馆、作坊、报馆，都来占用一方天地；馄饨摊、修鞋匠、剃头的、算命的，以及穿街走巷的，各种小贩都来石库门租借几平方米的小屋谋求营生，甚至一个亭子间，一个楼梯角，一个汽车库都会蜗居着一个家，五六口人。上海人戏称为"七十二家房客"。

石库门弄堂口往往设有"烟纸店"，一个单开间小店，提供香烟、草纸、老酒和各种小百货，二十四小时做着买卖；形形色色的人物，五花八门的行当让弄堂内每天熙熙攘攘，招呼声、嬉笑声、吆喝声、打闹声不绝于耳；邻里间一家有肉馈赠四方，一家有难众人帮，天天相见亲如一家，体现了远亲不如近邻的亲情。石库门的魅力——浓浓的市井文化，成为上海这座城市中最浪漫、最能触动人心的部分，也折射出上海这座城市的"海纳百川""有容乃大"。

当我们走近石库门，感受到红色文化的传承——中国共产党的星星之火在上海石库门内诞生；当我们走近石库门，感受到艺术文化的传承——中国著名文学家鲁迅、蔡元培、郭沫若、茅盾、巴金、丁玲、丰子恺等都在石库门亭子间里居住过并写下许多经典名著；当我们走近石库门，感受到市井文化的写照——张爱玲和苏青笔下那些穿着紧身旗袍和美国丝袜，从亭子间窗口吊下篮子购买进口胭脂花粉的女子等作品都是描述石库门弄堂的小人物；当我们走近石库门，可以深深地感悟到，这里是一个现代繁华与传统历史相结合的地方，是海派中西文化交融的地方，是艺术文化最贴近生活的地方。

石库门

[分析] 上海石库门弄堂的价值和北京四合院有所不同。四合院属于地道的中国传统文化的一部分，而上海本是近代移民城市，它蕴含着"海纳百川"的海派文化因子。石库门里弄不仅有她独特的中西合璧建筑及中西文化底蕴，还保留了有容乃大的浓浓的市井文化气息。导游进行讲解时可以运用一些小故事来突出海派石库门建筑的价值。

[试一试] 请根据上面的导游词写出你所了解的四合院或石库门的地位价值：
（1）_____
（2）_____
（3）_____
（4）_____
（5）_____

3. 突出"非遗"技艺传承

顾绣、苏绣、湘绣、蜀绣、剪纸、面人、草编、木雕、玉雕、木版年画、唐三彩烧制、中式服装制作技艺（龙凤旗袍手工制作技艺）等都被列入了中国"非遗"名录。导游在讲解这类"非遗"时，不仅要突出其技艺的精湛，更要介绍其技能的精髓，使游客由衷感叹中国"非遗"技艺的伟大和技艺传承的不易。下面以苏绣的工艺流程为例进行讲解。

（1）选稿。绣稿的来源大体有两种：一种是专为刺绣而作的画稿；另一种是选自名家的作品（包括国画，油画，照片等）。选稿的标准：第一，由于刺绣品分日用品和艺术欣赏品两种，所以还要看何种画稿适用于何种绣品。第二，要计算画稿的简繁及所需的绣制时间。

（2）上稿。上稿前先要审查拟用的画稿，根据画稿的内容和题材考虑绣种、针法，确定用哪一种质地的底料。一般多以绣种决定所用底料：单面绣以绫、绸缎为绣底；双面绣以真丝塔夫绸、真丝绡、尼龙绡等薄的底料为绣底。上稿有着色和不着色两种。着色的，是把画稿全部线条色彩一一画在绣底上；不着色的仅描其轮廓线在绣底上，由绣者在绣的时候对准画稿用针配色。苏绣现在多用不着色的上稿方法。上稿最重要的是细心，轮廓要精确，勾线不能有丝毫差错。尤其是肖像与动物，其光线明暗部分都需要一一勾出。

（3）操作。刺绣是一种长时间坐着操作的安静的劳动，又是一种艺术性的劳动。要求刺绣者具备一定的艺术修养，懂得一些基本画理，同时还要耐心细致、一丝不苟、持之以恒、刻苦钻研。

（4）成品。绣品完成后，可以用熨斗熨平，使其服帖。要妥善收藏刺绣成品，切不可放于潮湿处，以防绣品霉变。

下面以龙凤旗袍的工艺流程为例进行讲解。

旗袍制作工艺十分复杂，顾客预订一件纯手工制作的旗袍，仅首道量身工序，就非常烦琐，得量全身36个部位。运用现代工艺制作的，量身环节略减一些，但也需要量16个部位。裁剪工序分成裁剪纸型和裁剪表布，按照尺寸先剪纸型，然后根据纸型才能裁剪布面，不能有丝毫差错。接着经过绲边、开线、喷水、定型、裁剪、修整、做工、归拔、试样、整烫面料等数十道工序，旗袍制作初步完成。第二大部分是在旗袍上融入镶、嵌、绲、宕、绣、绘、镂、雕、盘等工艺。这些工艺主要是对旗袍进一步美化加工，使其具有独特的工艺品价值和观赏价值。旗袍是精工细活、精雕细琢，来不得半点马虎。一件旗袍完成复杂的盘扣需要7天时间，从量身开始直至完成制衣一般都要20~30天。龙凤旗袍的制作过程是中国传统工艺和西方测量裁剪技术完美结合综合运用的过程。"龙凤旗袍制作技艺"具有独特的设计思想和精妙的制作技艺，是海派旗袍制作技艺的代表，更是中国传统服饰工艺的精华所在。

[分析]"非遗"传承重在技艺的传承，普通百姓的审美往往局限在美的享受上，对于美的产生和历史积淀形成的工艺、规范、流程大都一无所知，一名优秀的导游不能泛泛而谈，而要引导大众审美。在"非遗"作品技艺讲解中，需要把千百年流传至今又濒临失传的操作技艺一一讲清楚，说古论今，将来之不易的传统技艺结晶通过讲解说出来并发扬光大。

4. 突出"非遗"项目的传承人

非物质文化遗产和自然文化遗产、历史文化遗产最重要的区别在于，后两者是固态遗产，而"非遗"是活态流变遗产，依靠人进行传承。

旗袍由满族妇女的长袍演变而来。因满族人被称为"旗人"，故将其所穿长袍称为"旗袍"。20世纪20年代，旗袍被定为中国女性的国服，发展至今已百年有余。旗袍按传统分为京派（式）、海派（龙凤）、苏式和粤式（港式）四类，并又衍生出许多新生代。其本质相同，风格独创，各有千秋。

旗袍的制作全部是手工技艺，传承人如京派的杨淮芝、陈德、李侃、李燕春、张凤兰等，上海龙凤旗袍有六代传承人，其他各派均有后代传承。

龙凤旗袍制作技艺的第一代传人朱林清，从20世纪30年代末起，就在上海著名的广帮裁缝铺拜师学艺，勤奋的他掌握了各道裁剪缝制工序，并创办了"朱顺兴"中式服装铺，成为缝制海派旗袍的创始人。1959年，"朱顺兴"等五家服装铺合并成立了上海龙凤中式服装店。50年代是上海旗袍的盛装期，女性旗袍风靡大上海。60年代，女性开始摒弃旗袍换上裙装。那个时期，上海龙凤旗袍渐行渐退，直至消失殆尽。

80年代，电视剧中各种旗袍绚丽多彩，受其影响，旗袍热在国内再次兴起，年逾百岁的海派名师褚宏生就是龙凤旗袍的第二代传承人，所有旗袍的经典款式，都深深印在他的脑海中。他制作的旗袍成为上海的经典文化之一。面对不同身材和气质的女性，褚宏生一眼就可判断其适合穿丝绒旗袍、绿底大花旗袍、素色条纹旗袍，还是贴身短打旗袍……

徐永良在上海龙凤中式服装店已经工作了30多年，制作出300多种特色盘扣，将传统的龙、凤、孔雀、福、禄、寿、喜、吉祥如意图案融入特色盘扣中形成新工艺，成为龙凤旗袍的第三代传人。

龙凤旗袍第四代传人焦义刚，也是一位在店中做了三十余年旗袍的大师。为了让龙凤旗袍后继有人，他们开始和上海的职业学校合作办学。焦义刚着手培养人才梯队，兢兢业业地传授技艺。随着学生对工匠精神的认可和社会观念的转变，龙凤旗袍有了"旗袍制作专业毕业生"，燃起了龙凤旗袍制作的新希望。

2011年，"龙凤旗袍手工制作技艺"被列入"国家级非物质文化遗产代表作名录"，其第五代传承人是平均年龄只有25岁的年轻人，他们齐心协力完成了一批旗袍艺术作品，并走出国门，在法国罗浮宫展出。

龙凤旗袍第六代传承人吴雨婷是一位20岁出头的姑娘，她志在承上启下，和同学边学习边实践。她们深知旗袍制作是一门有血有肉的艺术，每个师傅都有各自的绝活。通过一对一带教，循序渐进地传承龙凤旗袍的制作工艺，使龙凤旗袍制作后继有人。

［分析］旗袍的制作历史源于清代，20世纪20年代开始风靡，60年代出现断层，80年代开始创新。这段历史的维系和发展得益于传承人口口相传、手把手相教。导游宣传"非遗"的重点就是要突出"非遗"传承重在对人的培养。

任务56
中国"非遗"文化的讲解方法

在导游讲解方法中有概述法、类比法、情景法、重点法、数字法、虚实法、问答法、悬念法等，在讲解"非遗"时都能用上，但必须运用合理才能相得益彰。

例如，讲解"非遗"历史概况时，导游可以按照历史顺序或"非遗"发展进程，运用概述法进行讲解。在讲述过程中有详有略，讲解时要融入情感，配合肢体语言，使游客没有枯燥乏味的感觉。

又如，在讲解"非遗"技艺类玉雕工艺时，导游可以运用类比法，把游客熟悉的现代普通玉雕品和"非遗"类玉雕艺术品进行比较，比出何为相同，何为相异，接着运用渗透法道出精湛的"非遗"玉雕技艺，使游客理解和认同这一观点："非遗"就是技艺的传承。

再如，任何一项"非遗"都有它的特点，导游应突出重点、突出与众不同，突出技艺和人的传承，让游客由衷赞叹并感受到"非遗"必须世代相传。

下面，将对用虚实法以传说故事讲解"非遗"和用数字法介绍"非遗"的两个案例进行分析。

过桥米线的传说最初起源于滇南的蒙自市。据说有个书生到湖心的小岛去读书备考，但因为埋头用功，常常忘记吃妻子送去的饭菜，等到吃的时候饭菜都凉了。由于进食不规律，天长日久，书生日见消瘦，贤妻十分心疼。

有一次，妻子杀了一只肥母鸡，用砂锅熬好后，放入当地人喜欢吃的米线和其他辅料，不但味道鲜美，而且很长时间保持温热，书生很喜欢吃。

后来，书生金榜题名，但他念念不忘妻子的盛情，戏说是吃了妻子送的鸡汤米线才考中的。因为他妻子送米线到岛上要经过一段曲径小桥，书生便把这种做法的米线叫做"过桥米线"。过桥米线的传说一时成为美谈。

蒙自过桥米线分为米线、高汤、拼盘三个主要部分。米线是基础，高汤是灵魂，拼盘辅料则是米线的生命。过桥米线的拼盘辅料主要由各种优质肉类和新鲜蔬菜组成，是构成过桥米线的基本元素,为过桥米线的制作提供了丰富而优质的原材料。

[分析]一种"非遗"美食就是一个故事,她浓缩了一群人、一座城市的民风民俗和生活习惯,导游用虚实法讲解传说和"非遗"美食,有虚有实,以实为主,带着人间烟火,饱含其独特的历史味道。2014年,蒙自过桥米线制作技艺被列入第四批"国家级非物质文化遗产代表性项目名录"。

经过几代"笼"人的传承和创新,南翔小笼包的制作日益规范:和、压、揉、搓、掐、擀、捏、蒸,各道工序的时间节点控制得非常严格。用料精确到克,成品24克/只(8克面和16克馅)。和面工序中500克面粉加300克水,必须冷水和面并保证搅拌时间,才可以使皮子薄得能见汤。包子皮的制作工艺是关键。捏小笼包的褶子完全是指尖上的艺术,每只包子要捏出十八道纹路分明的精细褶子,收口好像鲫鱼张嘴,十分漂亮。捏褶子成为南翔小笼包独特手工技艺的精华。南翔小笼包制作工艺的第二个关键是制馅,最难掌握的技艺是熬皮冻,一份猪皮加两份水加葱姜和花雕酒,第一次熬3~4小时后放到绞肉机里搅碎,然后继续熬化,熬好后冷冻成胶状,第二天加入馅料搅拌在一起。小笼包加热后,皮冻就会化作汤汁。熬冻是制作小笼包最关键的工艺。

将包好的小笼包码放进笼屉蒸熟,整个过程只需5分钟。小笼包要趁热快吃,冷后再加热,汤汁被肉馅吸收会消失殆尽。一屉小笼包的最佳赏味期非常短,仅仅10分钟左右。刚上桌的小笼包用筷子提起时,造型如塔尖,玲珑剔透,皮子下坠,沉沉地垂到极限却又滴汁不漏,待咬破皮子,流出的汤汁盛满一勺,这样的小笼包才算合格,入口鲜而糯,韧而筋道。

[分析]导游在讲解小笼包制作技艺时,妙用数字述说小笼包制作的时间节点、数量配比等,使游客感叹看似简单的美食却有如此严格、规范的技术流程,充分展现出"非遗"项目和一般项目的迥然不同,更加凸显传承"非遗"的必要性。

能力训练⑥[①]

导游讲解语言的口语化

口语化,是指导游词具有鲜明的、通俗易懂的、亲切自然的口语风格的特性。口语化要求语言、词汇、修辞等各方面应服从口头表达的一系列特殊需要,对各方面作出相应的调整,使导游讲解浅显平白,轻松活泼,平易近人,容易被旅游者接受并理解。

1. 语言方面

语言方面,导游词不仅应该朗朗上口,而且应该易于入耳。它必须具有口语独特的灵活的音步和轻快的节奏。要达到这一要求,不仅要利用重音、语调等手段,还要利用音节的恰当搭配及音部的灵活调整。比如,为了使节奏平稳,常常采取增加音节的方法进行调整,使音步、节奏和谐匀称。请看下例。

---

① 能力训练⑥的内容经韩荔华老师授权,摘自其《导游语言概论》一书,见第37~40页。

漓江的风景，不仅奇巧，而且富于变化。山，<u>一时孤峰耸竖，一时奇峰一片，时而山海森林，时而平畴旷野</u>。江水，忽曲忽直，忽缓忽急，有江天浩然，波平浪静的场面，也有急浪涛涛，银花四溅的景观。

（张益桂《桂林名胜古迹》）

在整齐谐美的表达当中，仍然注意调节互相对称的句子的音步节奏，下划线的部分与下加着重点的部分的音节节奏分别两句配对，使整齐中有变化。

上例在调整节奏方面的努力，使文句的音步节奏自然轻快、流畅自如、平稳和谐，既上口，又入耳，给人以美感享受。

2. 词语方面

词语方面，应该使用浅显易懂的基本词汇、常用词汇、口语词汇，以及一些为人们熟悉的成语、惯用语、谚语、歇后语、格言警句，而要杜绝使用生冷艰涩的词语。大众化词语既便于导游上口，又使旅游者易于理解接受。因为旅游者接受导游词，一般情况下主要靠听觉，口语化的词语有助于旅游者对导游词的接受与理解，使导游交际变得轻松宜人。请看下例。

有些宫观依山傍岩，借助山势，逐层而上，层层叠叠，参差有别，形成居高俯视的气势；有些宫观建在皇城都市，与深院官衙为伴，与寺庙佛塔相傍，连片成垣，各显气派；有些宫观外观虽然不起眼，但却可能受过皇封，得过敕令，保留有前代祖师传戒修道的圣迹，享受祖庭的声誉，这些是我们观瞻的重点。

（梁晓红《中国寺庙宫观导游》）

上例的叙述风格基本介于口语与书面语风格之间的通语风格，亲切自然，十分流畅，特别是口语词语及一些口语句式的运用，使对旅游者来说比较陌生的道教内容的导游解说变得轻松，易于理解接受。

3. 语法方面

语法方面，口语化的导游词，往往表现出极大的灵活性和变通性，其句法格式不拘一格，灵活多变。请看下例。

例1：那么藏经洞是什么时候、为什么被密封的呢？一说是11世纪，西夏侵入敦煌，为了使经典不被西夏人破坏而藏；一说是将不用但又不能丢弃的经典集中存放。后来，收藏这些经典的僧侣，<u>逃的逃了，死的死了，还俗的还俗了</u>。直到20世纪初发现这个洞穴为止，人们才知道这件事。

（奕春鸣《敦煌莫高窟》）

例2：不过，民间关于亭名的由来还有另一种说法。据说当年江南才子袁枚曾专程来岳麓书院拜访过山长罗典，但罗典这时已经名满天下，根本不屑于见这样的后起之秀，袁枚也不言语，转身上了山，他只抄录了杜牧的《山行》诗，还漏了两个字，后两句抄成了"停车坐枫林，霜叶红于二月花"。罗典听说后，也跟着上山，一路上，他见袁枚的诗才华横溢，便赞不绝口。到了红叶亭，<u>一见这两句，他一下子全明白了：这是在变着法儿说我不"爱晚"呢，不爱护晚辈呀</u>。得了，这亭子就改名叫"爱晚亭"

吧。于是，红叶亭就这样变成了爱晚亭。

（赵湘军《爱晚亭》）

例1使用口语重复句式，说明收藏经典的僧侣们离开藏经洞的种种状况，通俗形象，给旅游者留下了深刻印象。例2使用日常谈话语句式，揭示罗典的内心活动，使对"爱晚亭"名称的由来的民间传说的叙述更加通俗、生动，也使旅游者更加乐于倾听。

口语风格的词语及句式的恰当运用，使导游解说具有亲切自然等一系列特点，也使导游讲解变得更加风趣幽默，缩短了旅游者与导游之间的心理距离，创造了更加轻松宜人的交际环境。

4. 修辞方面

在一般情况下，导游讲解不可能一口气说出很长的句子，在句式方面应多采用清爽、简洁的短句、散句，同时还要充分调遣并综合运用整句与散句、长句与短句，使他们错落有致，各尽其长。这不仅有利于表达，也便于旅游者对重要信息的捕捉。请看下例。

白堤的西墙是西湖十景之一的"平湖秋月"。平湖秋月地处孤山东南隅，是一座滨湖的楼台建筑，倚窗临水，高阁凌波，楼前有一片花栏灯柱围绕的水泥平台，三面接水，几与波平。楼台四周是曲栏画槛，两翼是对称的九曲石桥，绕湖与白堤相连，地方虽小，但回廊百转、兴味无穷。在这里游览全湖，东至湖滨，西迄苏堤，南到柳浪、南屏，都历历在目。无论晴雨阴晦，都是欣赏湖景的好地方。特别是皓月当空的秋夜，碧澄澄的湖水倒映着皎洁的月光，微风吹动，闪耀着万顷银波；环湖群山，湖中三岛，朦胧迷茫；沿湖花灯，灿若群星，灯月波光，荡成一片，使人仿佛置身于水晶宫中。

（时光庭等《西湖漫话》）

这种整散句式相间的使用方法，使表达在整齐中见变化，于不对称中有参差，收到了既生动活泼，又气势连贯的效果。

课后任务

[任务领取]请根据"国家级非物质文化遗产代表性项目名录"中的"中国书法"一项，为海外华侨介绍《兰亭集序》。

[任务提示]（1）介绍"非遗"项目的类别。
　　　　　　（2）介绍"非遗"的特点。
　　　　　　（3）介绍传承人。

"非遗"主题讲解评价表

编号	表现	Yes	No
1	"非遗"项目的历史沿革		
2	"非遗"项目内容		
3	"非遗"项目的技艺传承		
4	"非遗"项目的传承人		
5	能运用两种讲解方法进行介绍		
6	整体字数在500字左右		
7	讲解时口齿清晰		

讲解者 _____ 评价者 _____ 通过 □ 不通过 □

特级导游的N个力荐

文旅融合 传承创新
讲好中国故事 传播正能量

参考资料

［1］唐由庆.景区导游［M］.北京：高等教育出版社，2006.
［2］刘爱月.导游讲解［M］.北京：中国林业出版社，北京大学出版社，2008.
［3］中华人民共和国国家旅游局.走遍中国——中国优秀导游词精选（爱国史迹篇）［M］.北京：中国旅游出版社，2000.
［4］国家旅游局人事劳动教育司.导游知识专题［M］.北京：中国旅游出版社，2008.
［5］王德才，王浩.图说世界宗教文化［M］.长春：吉林人民出版社，2008.
［6］亨德里克·威廉·房龙.圣经的故事［M］.西安：陕西人民出版社，2008.
［7］王悦胜.我知道的土家族姑娘哭嫁［J］.鄂西文史资料.1993（2）.
［8］窦志萍.导游技巧与模拟导游［M］.北京：清华大学出版社，2006.
［9］中华人民共和国国家旅游局.走遍中国——中国优秀导游词精选（山水风光篇）［M］.北京：中国旅游出版社，2005.
［10］陈蔚德.导游讲解实务［M］.北京：旅游教育出版社，2004.
［11］王连义.幽默导游词［M］.北京：中国旅游出版社，2003.
［12］钱钧.华东黄金旅游线导游词［M］.杭州：浙江人民出版社，2000.
［13］刘锋.新北京导游词［M］.北京：中国旅游出版社，2007.
［14］庞守明.精编海南导游词［M］.北京：中国旅游出版社，2007.
［15］张中朝.天府四川——四川导游词精典［M］.广州：广东旅游出版社，2008.
［16］姚宝荣，陈锋仪.陕西导游词［M］.北京：中国旅游出版社，2006.
［17］梁思成.中国建筑史［M］.天津：百花文艺出版社，2005.
［18］吴弘毅，付程，杜丽华.实用语音教程语音发声［M］.北京：北京广播学院出版社，2002.
［19］王峥.语音发声科学训练［M］.北京：中国传媒大学出版社，2009.
［20］汪亚明.导游词编撰实务［M］.北京：旅游教育出版社，2019.
［21］韩荔华.导游语言概论［M］.北京：旅游教育出版社，2005.
［22］廖广莉.导游词创作和讲解技巧［M］.天津：天津大学出版社，2019.

后 记

《导游讲解》是中等职业学校导游专业的核心课程。教材秉承"做学一体"职业能力养成的课改精神，把导游资格证书考试中有关导游讲解能力要求的知识、技能融入教材编写中。

总体而言，本教材有四个特点：

第一，实践性。本教材的一大亮点是将导游讲解语言表达能力训练分解为六个子项目，按照由易到难的顺序安排在各个单元中，逐渐加大讲解的训练强度，从而形成了讲解内容和讲解能力两条培养线索。

第二，科学性。每个讲解项目从导游词的内容组成、讲解手法、讲解的原则技巧三个层次进行剖析，同时为一些单元设计了评价量表，有利于学生进行正确的自我评价。

第三，仿真性。本教材特别聘请特级导游李志军作为本书的副主编，他为同学们精心准备了特级导游的 N 个力荐，这些建议简单易行，是特级导游多年工作经验的积累。为了高度还原导游场景，教材选取了大量优秀的导游词，并加以分析，这对于初学者提高导游词的鉴赏能力和日后编写导游词有很大帮助。

第四，趣味性。本教材设置了考一考、试一试、练一练等不同形式、丰富多彩的教学活动，有利于提高学生的学习积极性与实效性。

本版教材由上海各职校和旅游教育出版社组成的编写团队共同修订完成。

教材由上海市商贸旅游学校董朝霞、李小华任主编，特级导游李志军（已故）任副主编，全国金牌导游、国家高级导游朱翔、毛松松，高级导游吴本南，英语导游黄佳蕴参与编写，这些资深行业专家的加入极大提升了教材的行业适用性和前瞻性。参与编写的还有上海市商贸旅游学校韩琴、孙天星，中华职业学校徐耘，上海现代职业技术学校郁彧，上海工商信息学校谢俊琳。旅游教育出版社副编审景晓莉负责此版修订工作（具体修订情况详见"第4版出版说明"），对教材插图重新配图、选图、修图及编写图注，并拍摄了部分图片。"中西建筑比较图"引自赵广超《不只中国木建筑》，"承德避暑山庄分区示意图"引自彭一刚《中国古典园林分析》，项目12、项目13中的部分手绘图引自刘敦桢《中国古代建筑史》，其余图片由全景网和壹图网提供。导游词创作微课堂的图片部分由全景网提供，部分来源于上海档案馆、上海黄浦区档案馆。

可以说，本版教材是集大家智慧和努力于一身的集体创作成果。

在编写过程中，我们还参阅了大量的参考资料和文献，学习了专家们的优秀理论成果，在此对这些专家和同人致以衷心的感谢！由于作者水平有限，书中难免有偏颇之处，敬请读者与专家斧正。

编　者